국새와 어보

왕권과 왕실의 상징

본 저서는 2013년 대한민국 교육부와 한국학중앙연구원(한국학진흥사업단)의
한국학총서(왕실문화총서) 사업의 지원을 받아 수행된 연구임(AKS-2013-KSS-1230005)

국새와 어보

왕권과 왕실의 상징

초판 1쇄 발행 2018년 7월 25일

지은이 | 성인근
펴낸이 | 조미현

편집주간 | 김현림
디자인 | 정은영

펴낸곳 | (주)현암사
등록 | 1951년 12월 24일 제10-126호
주소 | 04029 서울시 마포구 동교로12안길 35
전화 | 365-5051~6 · 팩스 | 313-2729
전자우편 | editor@hyeonamsa.com
홈페이지 | www.hyeonamsa.com

ISBN 978-89-323-1910-0 04910
ISBN 978-89-323-1908-7(세트)

이 도서의 국립중앙도서관 출판예정도서목록(CIP)은 서지정보유통지원시스템 홈페이지
(http://seoji.nl.go.kr)와 국가자료공동목록시스템(http://www.nl.go.kr/kolisnet)에서
이용하실 수 있습니다.(CIP제어번호 : CIP2018018797)

국새와 어보

왕권과 왕실의 상징

성인근 지음

ᏽ현암사

| 차례 |

필자는 2008년 봄 『조선시대 인장 연구』로 박사학위를 받았다. 미술대학에서 서예를 전공하여 시각적 사고에 익숙한 필자가 역사학 전공 대학원에 진학하여 과정을 밟고 논문을 써내는 일은 쉽지 않았다. 그러나 대학 시절 김양동 선생님, 대학원에서 허흥식 선생님과의 만남은 큰 행운이었다. 두 분은 인장(印章) 분야의 중요성과 학문적 정립의 필요성을 필자에게 심어주고 연구 방법을 친절하게 안내해주셨다. 어느 더운 여름날, 필자의 논문 자료를 위해 사립 박물관에서 땀을 뻘뻘 흘리며 자료 조사를 함께 해주신 은혜는 잊을 수 없는 감동으로 남았다.

대학원을 졸업하고 5년이 지난 2013년 봄, 필자는 학위 논문을 저본으로 편차를 재구성하고 새로 밝혀진 사실을 보완하여 『한국인장사』를 펴냈다. 이 책에서는 한국의 인장을 고대, 중세, 근세의 시대별로 정리하였고, 조선시대의 경우 '국새, 어보, 관인, 사인'의 주제로 나누어 집필하였다. 시대는 낙랑을 상한으로 하고 대한제국을 하한으로 하여 전통 시대 한국의 인장을 통사적으로 접근하고자 하였다. 이 책을 출간하고 여러 기관에서 강연 요청이 들어와 연구한 주제를 대중 앞에서 펼처 보일 기회도 가졌고, 국내의 발굴 유물과 해외 환수 대상 인장 문화재에 대한 자문으로 이리저리 불려 다니기도 했다. 이런 일들은 필자가 수집하여 보아왔던 자료와 연구 방법이 그리 그르지 않았음을 확인할 수 있는 계기가 되어주었다.

그런 시간을 보내던 2013년 여름, 한국학중앙연구원의 과제로 '조선시대 왕실 문화의 상징 코드'라는 대주제의 프로젝트에 참여하는 기회를 가졌다. 왕실 문화 관련 총 7개 분야(국왕, 왕비, 국새와 어보, 종묘와 신주, 국장과 왕릉, 의궤, 등록)에서 3년에 걸친 연구를 통해 각각의 대중 학술서를 집필하는 목표였다. 연구자들은 모두 각 주제의 최고 전문가들이었고, 이 모임을 함께하는 일은 필자로서도 또 다른 기회였다. 전문가들과 함께하는 모임에서 왕실 문화에 대한 이해의 폭을 넓힐 수 있고, 한국의 인장 가운데 오로지 '국새와 어보'에 대한 밀도 있는 연구와 집필을 위한 기회로 여겼다.

이 책은 프로젝트를 통해 지난 3년간 수행한 연구의 결과물이다. 2013년 출간한 『한국인장사』가 한국 인장의 전모에 대한 전반적 개설이었다면, 이 책은 그 가운데 국새와 어보에 집중한 저술이다. 왕조시대 국가와 왕실에서 국새와 어보가 갖는 의미가 무엇이었는지를 밝히고, 유물의 곳곳에 담긴 상징성을 추적하는 데 집중하였다. 또한 조선시대와 현대의 전쟁과 약탈로 인한 왕실 인장의 수난사를 정리하고 최근 해외로부터 환수한 몇몇 사례를 소개하였다. 3년의 연구 기간 동안 왕실 인장에 대한 몇 편의 논문을 발표하였고, 대중 학술서로 재집필하여 이 책에 반영했다.

연구 기간 동안 연구자들은 서로의 원고를 윤독하며 조언을 아끼지 않았고, 때로는 왕실 문화를 보는 시각차로 학술적 논쟁을 벌이기도 했다. 이러한 과정들은 필자의 성근 원고를 깁고 메우는 데 큰 도움이 되었다. 특히 전공자 선생님들과 함께한 중국과 베트남 황실 답사로 얻은 정보와 자료들을 저술에 반영한 수확도 얻었다. 그러나 출간을 앞둔 시점에서 원고를 다시 검토하니 부족한 부분이 많다. 그동안의 게으름에 대한 반성으로 통증이 밀려온다.

3년의 연구 기간 동안 책임자로서 중심을 잡아주신 경상대 김해영 교수님과 다섯 분의 공동 연구원 선생님께 감사의 인사를 드린다. 특히 연구의 주제와 범주를 정하고 팀을 꾸리는 데 큰 역할을 하신 한국학중앙연구원 임민혁 선생님의 노고를 잊을 수 없다. 또한 7권의 총서 발간을 선뜻 허락하신 현암사 조미현 대표님의 용단이 없었더라면 이 책의 출간은 어려웠을 것이다. 거친 원고가 한 권의 책이 될 수 있도록 알뜰하게 꾸며주신 김현림 편집주간님께도 머리 숙여 감사드린다. 부족한 저술이지만 이 책이 한국의 국새와 어보를 이해하는 데 작은 도움이 되었으면 한다.

2018년 6월
성인근

국새(國璽)와 어보(御寶)의 상징성

2000년대에 들어, 해외에 불법으로 반출되었던 왕실의 인장들이 여럿 환수되었다. 조선과 대한제국의 국새와 어보를 비롯한 왕실 소장 사인 (私印)들이었다. 여러 환수 사례가 있어오면서 도대체 '국새(國璽)'란 무엇이며, '어보(御寶)'는 또 무엇인지, 우리가 흔히 말하는 '옥새(玉璽)'는 그것들과 또 다른 것인지에 대한 대중적 의미 설정이 불명확했다. 많은 사람들은 막연히 '왕이 썼던 도장' 정도로 인식하고 있는 듯했고, 이러한 현상은 각종 매체를 통해 여과 없이 노출되었다.

그간 학계에서는 한국 인장에 대한 분류 방법을 여러 번 제시하였다. 그러나 국새와 어보에 대한 명확한 기준이 마련되지 않은 상태에서의 분류 방법은 오히려 관점을 모호하게 만든 경향이 있었다. 필자는 국새를 '국가의 공식 문서에 찍는 국왕의 행정용 인장'으로 보고, 어보는 '왕실 사람들의 위호(位號)와 명호(名號)를 새긴 의례적 성격의 인장'으로 이해하고 있다.

'국새'는 크게 외교용과 내치용으로 나뉜다. 외교용은 조선시대의 경우 명나라 · 청나라와의 외교 관계의 전례에 의해 인수하여 주로 외교 문서에 찍은 인장이며, 내치용은 여러 행정상의 필요에 따라 국왕의 결재를 위해 국내에서 제작하여 사용한 인장이다. 외교용 국새는 조선 건국 초에 〈조선왕보(朝鮮王寶)〉를 국내에서 자체 제작하여 사용한 시기가 있지만, 기본적으로 명·청과의 책봉 관계에 의해 인수하여 사용했다. 개화기에 들어서면서 국제 정세의 변화에 따라 국내에서 새로 만든 사례가 있었고, 대한제국기에도 청나라와의 사대 관계를 종식함과 더불어 황제국의 위상에 걸맞은 여러 국새를 제작하였다. 전근대에는 국새라는 용어 외에도 대보(大寶), 국인(國印), 새보(璽寶) 등으로도 쓰였다.

'어보' 또한 몇 가지 구분이 가능하다. 첫째, 왕비를 비롯하여 왕세자, 왕세제, 왕세손과 그 빈들의 책봉 때에 제작한 책봉보인(冊封寶印)이 있다. 해당 인물을 왕실의 일원으로 공식 승인하는 의물(儀物)로 교명(教命), 책(冊, 죽책·옥책·금책)과 함께 수여하였다. 책봉보인 또한 인장의 일종이므로 찍음으로써 그 효력이 발생한다고 볼 수 있지만, 이보다는 해당 인물을 왕실의 일원으로 인정하고 그 권위의 상징물로 수여하는 의미가 컸다.

어보의 또 하나의 갈래는 각종 명호(名號)를 새긴 경우이다. 국왕과 왕비, 상왕과 대비 및 왕실의 선조에 존호를 올릴 때 제작한 존호보(尊號寶)를 비롯하여 이들의 사후에 시호를 올릴 때 제작한 시호보(諡號寶), 국왕이 승하하였을 때의 묘호보(廟號寶) 등이 있다.

명호를 새긴 어보의 제작은 왕실의 의례적 관례에 따라 해당 인물의 생시는 물론 사후에도 꾸준하게 이어졌다. 이러한 행위는 효(孝)라는 유교적 덕목을 왕실에서 실행한다는 의미와 함께 왕실의 영속성과 권위를 나타내는 방편이기도 했다.

국가와 국왕의 인장이라 할 수 있는 국새와, 왕실의 의물인 어보는 그 자체로 왕권의 신성함과 왕실의 권위를 나타내는 상징체이다. 각각의 제작 방식에서도 신분에 따른 질서 의식을 상징적으로 부여했다. 그 상징은 인장의 재질과 크기, 손잡이의 모양, 서체 등 각각의 요소마다 오롯이 새겨져 있다.

한국에서 역대로 써왔던 국새와 어보의 재질은 옥, 금, 금속 합금 등이며, 손잡이의 모양으로는 용, 거북 등이 있다. 서체에서도 전서체(篆書體)의 여러 종류 가운데 국가와 왕실을 나타내는 서체로 한정해 권위와 상징성을 부여했다. 한편 어보는 보문(寶文)에 쓰인 용어에 따라 보(寶)와 인(印)으로 구분할 수 있는데, 왕과 왕비 및 왕실의 선조에게는 '보', 왕세자 이하는 '인'으로 구분했다. 전통시대 국새와 어보는 국가와 국왕을 위시한 왕실의 인장인 동시에 그 상징성으로 빚어진 집약체라 하겠다.

왕권의 상징, 국새(國璽)

1. 아시아의 국새 전통

국새의 기원과 전통

아시아에서 국새의 전통은 중국으로부터 시작하였다. 국새를 나타내는
용어는 주로 '새(璽)'와 '보(寶)'를 썼는데, 초기의 용어는 '새'이다. 선
진시대(先秦時代)에는 신분에 관계없이 모두 '새' 자로 쓰다가, 진시황
이 중원을 통일한 이후 '새'는 천자(天子)만 쓰고 신하나 관리들은 모두
'인(印)' 혹은 '장(章)' 자를 쓰도록 구분하였다.

선진시대에는 인장을 나타내는 용어로 '새(璽)'를 비롯하여 '새(鉩)'
혹은 '새(壐)' 등의 글자를 썼다. 이러한 용례는 선진시대 관인(官印)과
사인(私印)에서 흔히 찾을 수 있는데, 주로 옥이나 흙, 금속 등의 물질을
나타내는 글자와 '이(爾)' 자가 결합한 형태로 나타난다. 이러한 글자들
은 선진시대 인장을 제작한 국가와 지역에 따라 다르게 나타난다는 주
장도 있지만, 주로 인장을 제작한 재질과 관련이 깊다는 견해가 우세하
다. 제왕의 인장을 나타내는 용어로, 당(唐) 이전까지는 '새' 자를 쓰다
가 측천무후(則天武后)가 '새'의 발음이 '사(死)'와 같다는 점을 지적하

여[1] '보(寶)'로 쓰기 시작하면서 이후 '새'와 '보'가 제왕 인장의 의미로 정착하였다.

제왕 인장으로서 '새'의 시원은 진시황이 화씨벽(和氏璧)이라는 귀한 옥을 얻어 옥새(玉璽)를 제작하면서 시작되었다. 진나라 이후 이 옥새에 '전국새(傳國璽)'라는 명칭을 부여함으로써 황제의 권위와 국권의 상징으로 전수하는 전통을 이어왔다. 이 전국새는 한(漢)은 물론 위진(魏晉)부터 후당(後唐) 때까지 전수하면서 황제와 국가의 상징으로 간주하였다. 화씨벽으로 제작한 전국새에는 '수명어천(受命於天) 기수영창(旣壽永昌)'이라는 문구가 새겨져 있었다고 전한다. 국새를 주로 금속성 물질로 제작하는 전통을 이어오면서도 '옥새'라는 용어를 흔히 쓰는 한국의 경우도 이러한 전통에 대한 인식이 잠재한 결과로 해석된다.

국새의 시원이라 할 수 있는 전국새는 진나라로부터 후당까지 전승되면서 여러 곡절을 겪었다. 왕망(王莽)이 한(漢)을 찬탈(簒奪)할 때 그의 고모이자 당시 태황태후(太皇太后)였던 왕정군(王政君)이 매우 분노하여 이 옥새를 땅에 집어던져 버린 사건이 있었다. 이때 전국새의 한 귀퉁이가 깨졌으나 며칠 후 왕망이 이를 가져다가 깨진 귀퉁이를 황금으로 때웠다고 한다. 이후 이 옥새는 중원을 차지한 여러 국가에 전해지다가 당말(唐末)의 혼란기를 거쳐 5대 10국 시대에 후당(後唐)이 다시 얻었다. 그러나 거란의 낙양(洛陽) 침입 당시에 마지막 황제인 이종가(李從珂)가 이 옥새를 소지한 채 스스로 분신(焚身)하면서 소실(燒失)되었다. 이후 역사서에는 전국새를 되찾았다는 기록이 여럿 보이지만 현대의

---

1   현대 중국어에서 '새(璽)'는 'xǐ'로, '사(死)'는 'sǐ'로 발음한다.

관점으로 보면 대부분 신빙할 수 없다. 되찾았다는 전국새는 대부분 유사한 방법으로 다시 제작하여 전한 것으로 추측되며, 공식적으로 후당 이후부터는 행적을 알 수 없다는 쪽이 정설로 남았다.

한편 조선 후기의 실학자 박지원(朴趾源, 1737~1805)의 글 중에 「옥새론(玉璽論)」이란 문장이 보인다.[2] 진시황 때에 제작한 전국새로 말미암아 중국의 역대 왕조가 겪어야 했던 온갖 곡절이 주요 내용이다. 이 글에서 박지원은 이 옥새가 보물이 아니라 흉물이라는 주장을 펼쳤다. 그는 "고대에 나라를 전하는 것은

후대에 위조된 전국새(『明淸帝后寶璽』, 古宮博物院 編, 1996에서 전재)

도(道)였으나 지금 나라를 전하는 것은 보(寶, 옥새)"라고도 하고 "도가 있는 곳은 덕(德)이 모여드는 곳이고, 보가 있는 곳은 도적이 모여드는 곳"이라며 옥새의 가치를 부정했다. 연암은 아예 옥새를 부수어 없애버리고 제왕이 즉위할 때 옥새를 전수하는 대신 '유정유일 윤집궐중(惟精惟一 允執厥中)'이라는 여덟 글자를 외치고, 신하들은 "유천명미상 권우유덕 염재제(惟天命靡常 眷于有德 念哉帝)"를 외치자는 파격적인 제안을

---

2 『연암집(燕巖集)』, 연상각선본(煙湘閣選本), 논(論), '옥새론(玉璽論)'.

'수명어천(受命於天) 기수영창(旣壽永昌)'.
현재 전해지는 전국새의 인영(印影)은 여러 유형이 있지만 모두 새의 형상을 한 조전(鳥篆)으로 위의 글자가 새겨져 있다.
후당 이후 소실된 전국새는 이후 여러 모각이 있었고, 문구 또한 조금씩 다르게 나타난다. 조선 후기에도 중국의 여러 인보가 유입되면서 그 인영이 남았다.(『인보(印譜)』, 국립중앙도서관 소장)

내놓기까지 했다.

'유정유일 윤집궐중'은 요임금이 순임금에게 왕위를 선위할 때 전수한 제왕학의 비결로 '사람의 마음을 정밀하게 하고, 하늘의 도리를 전일하게 하여 그 중심을 잡는다'는 뜻이다. 이에 따라 신하들은 "천명(天命)은 일정치 않아 덕 있는 이를 돌봅니다. 명념하소서, 황제여."라 외쳐야 한다고 주장한 것이다. 연암이 이렇게 문구를 대체하자고 한 제안은 진시황이 옥새를 만든 저의 역시 좋지 않다고 여겼기 때문이다. 연암은 문장의 말미에서 "흉칙하고 상서롭지 못한 것이 이 기물보다 더한 것이 없을 것이다. 나라를 망하게 하는 기물이라 한다면 옳거니와, 나는 그것이 나라를 일으키는 보배인 줄은 모르겠다."라며 옥새의 기능을 부정하였다.

중원에서는 역대로 전국새 이외의 황제 인장을 제작하여 나랏일에 사용했으며, 이 또한 진나라로부터 시작하였다. 진에서는 모두 여섯 과(顆)의 국새를 제작하였는데, 전국새를 포함하여 흔히 승여7새(乘輿七

璽)라 부른다.[3] 이러한 국새들은 국가의 중요한 의식에서 여러 예기(禮器)들과 함께 어좌(御座)와 어여(御輿) 앞에 진설하여 황제의 지엄한 권위를 나타냈다.

이후 승여7새는 중원의 국가가 교체할 때마다 전승되었다. 이후 당 태종(唐太宗) 때에는 〈황제신새(皇帝神璽)〉를 추가로 제작하여 '승여8새'가 되었고, 송나라에서는 국가의 중요 예식에 진설하는 〈수명보(受命寶)〉(후에 제작한 전국새)와 〈서조지보(書詔之寶)〉, 〈천하합동지보(天下合同之寶)〉의 3과만을 사용하였다. 이후 송 휘종(宋徽宗) 때에 들어 당나라의 승여8새 제도를 부활하였는데, 황제의 정통성을 강조하

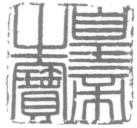

명나라 〈황제지보(皇帝之寶)〉(중국 고궁박물원 소장)

기 위한 방침이었다. 이 외에도 〈정명보(定命寶)〉, 〈진국신새(鎭國神璽)〉 등을 추가로 제작하였다. 남송에 이르러서는 〈대송수명중흥지보(大宋受命中興之寶)〉 등을 제작하였으며, 이는 명청(明淸) 황실에서 무수히 많은 새보(璽寶)를 증가시키는 계기로 작용하였다.

명초(明初) 홍무(洪武)와 영락(永樂) 연간에는 17보로 늘었고, 가정(嘉靖) 연간에는 24보로 늘어났으며 상보사(尙寶司)라는 기구를 따로 두어

---

3 여섯 과의 명칭은 '황제지새(皇帝之璽)', '천자지새('天子之璽)', '황제행새(皇帝行璽)', '천자행새(天子行璽)', '황제신새(皇帝信璽)', '천자신새(天子信璽)'이다.

관리하였다.

청(淸) 건륭(乾隆) 연간에는 황실에 보관한 국새가 무려 39과로 늘어났는데, 건륭제는 이 가운데 25과만을 선별하여 정식 국보(國寶)로 승인하였다. 이를 흔히 '청25보(淸二十五寶)'라 칭한다. 25보의 양식과 용도를 『교태전보보(交泰殿寶譜)』⁴에 근거해 정리하면 다음 페이지에서와 같다.

청나라에서 사용한 국새의 보문(寶文)을 살펴보면, 우선 국명인 대청(大淸)이 보이고 황제, 천자 등의 문구가 있다. 이 인장들은 천자의 등극이나 국가의 큰 제사, 태자의 책봉, 조칙의 발급, 고급 공무원 임명 등의 국가 중요 사안에 쓰였음을 알 수 있다. 이후 제고(制誥), 칙명(勅命), 수훈(垂訓), 명덕(命德), 흠문(欽文) 광운(廣運) 등이 새겨진 인장은 신료의 임명, 훈장, 어제(御製) 등 황권에 의해 발급하는 문서나 황제의 문장에 쓰였다.

재질은 백옥, 벽옥, 청옥 흑옥 등 옥 종류가 압도적으로 많고 금속과 나무가 각각 1과씩 보인다. 역대로 중원에서 주변국에 내려준 반사인(頒賜印)들이 대부분 금속성 재질인 점을 감안하면 청나라에서는 금속보다 옥을 좀 더 귀하게 여겼음을 볼 수 있다. 이러한 전통은 진시황이

---

4 건륭제가 정한 25보의 보영(寶影)을 수록한 인보(印譜)이다. 건륭제는 이 인보의 서문에서 『주역(周易)』의 "천수이십유오(天數二十有五)" 구절을 인용해 25보를 승인한 당위를 밝혔다. 『교태전보보』는 현재 중국제일역사당안관(中國第一歷史檔案館)에 소장되어 있다.

5 『교태전보보』에서는 '이숙법가(以肅法駕)'라 하여 황권의 상징물로 기록하였지만, 실제로 청나라에서 가장 넓은 범위에서 가장 많이 쓰인 국새이다.

'청25보(清二十五寶)'의 양식과 용도

	명칭	재질	뉴식 (鈕式)	자체 (字體)	용도
1	대청수명지보 (大淸受命之寶)	백옥 (白玉)	반룡 (盤龍)	한전문만본자문 (漢篆文滿本字文)	소고천하천자등기 (昭告天下天子登基)
2	황제봉천지보 (皇帝奉天之寶)	벽옥 (碧玉)	반룡	한전문만본자문	교사(郊祀)
3	대청사천자보 (大淸嗣天子寶)	금 (金)	교룡 (交龍)	한전문만본자문	책립태자(冊立太子)
4	황제지보 (皇帝之寶)	청옥 (靑玉)	교룡	만전문(滿篆文)	포조칙(布詔敕)
5	황제지보	단향목 (檀香木)	준룡 (蹲龍)	만한전문 (滿漢篆文)	제고(制誥), 조칙(詔敕)[5]
6	천자지보 (天子之寶)	백옥 (白玉)	교룡 (交龍)	만한전문	제사(祭祀)
7	황제존친지보 (皇帝尊親之寶)	백옥	교룡	〃	태후(太后) · 태황태후(太皇太后) 상존(上尊) · 익(謚) · 묘호(廟號). 제사(祭祀)
8	황제친친지보 (皇帝親親之寶)	백옥	교룡	〃	전종맹(展宗盟), 제사(祭祀)
9	황제행보 (皇帝行寶)	벽옥 (碧玉)	교룡	〃	반사뢰(頒賜賚)
10	황제신보 (皇帝信寶)	백옥 (白玉)	교룡	〃	정융무(征戎武)
11	천자행보 (天子行寶)	벽옥 (碧玉)	준룡 (蹲龍)	〃	책외만(冊外蠻). 책봉번국외이 (冊封藩國外夷)
12	천자신보 (天子信寶)	청옥 (靑玉)	교룡 (交龍)	〃	명수방(命殊方)
13	경천근민지보 (敬天勤民之寶)	백옥 (白玉)	교룡	〃	상근리(殤勤吏). 가상관리(嘉賞官吏)
14	제고지보 (制誥之寶)	청옥 (靑玉)	교룡	〃	유신료(諭臣僚)
15	칙명지보 (敕命之寶)	전황 (田黃)	준룡 (蹲龍)	〃	고칙(誥敕)

	명칭	재질	뉴식	자체	용도
16	수훈지보 (垂訓之寶)	벽옥 (碧玉)	교룡 (交龍)	만한전문	양국헌(揚國憲), 반행법령(頒行法令)
17	명덕지보 (命德之寶)	청옥 (靑玉)	교룡	〃	장충량(獎忠良)
18	흠문지새 (欽文之璽)	묵옥 (墨玉)	교룡	〃	중문교(重文教)
19	표장경사지보 (表章經史之寶)	벽옥 (碧玉)	교룡	〃	숭고훈(崇古訓)
20	순수천하지보 (巡狩天下之寶)	청옥 (靑玉)	교룡	〃	종성방(從省方)
21	토죄안민지보 (討罪安民之寶)	청옥	교룡	〃	장융벌(張戎伐)
22	제어육사지보 (制馭六師之寶)	청옥	교룡	〃	정융행(整戎行)
23	칙정만방지보 (敕正萬邦之寶)	청옥	교룡	〃	고외국(誥外國)
24	칙정만민지보 (敕正萬民之寶)	청옥	반룡 (盤龍)	〃	고사방(誥四方)
25	광운지보 (廣運之寶)	묵옥 (墨玉)	교룡 (交龍)	〃	근봉지(謹封識)

제작한 전국새(傳國璽)로부터 시작되었다고 여겨진다. 한대(漢代) 이후 청대(淸代)까지 남은 국새들도 금속성 물질보다는 옥이 압도적으로 많다. 중국에서 역대로 양질의 옥이 많이 생산되기도 하였지만 여러 광물질 중에 특히 옥에 의미를 부여해왔던 전통을 엿볼 수 있다.

청나라 국새의 자체(字體)는 세 가지 부류로 나뉠 수 있다. 첫째, 한전문만본자문(漢篆文滿本字文), 둘째, 만전문(滿篆文), 셋째, 만한전문(滿漢篆文)이다. '한전문만본자문' 계열은 앞의 표 1~3번으로 총 3과가 있

〈대청수명지보(大淸受命之寶)〉, 한전문만본자문(漢篆文滿本字文)(중국 고궁박물원 소장)

〈황제지보(皇帝之寶)〉, 만전문(滿篆文)(중국 고궁박물원 소장)

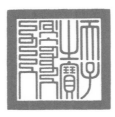

〈천자지보(天子之寶)〉, 만한전문(滿漢篆文)(중국 고궁박물원 소장)

다. 이 계열은 한자의 전서와 만주문의 해서 형태를 하나의 인장에 새겨 넣은 사례이고, '만전문'은 4번 황제지보 1과로 만주문을 전서화하여 새긴 사례이다. 마지막 '만한전문' 계열은 5~25의 21과로 한자와 만주문을 모두 전서로 새겨 넣은 사례이다.

청나라 국새의 손잡이 모양은 반룡(盤龍), 교룡(交龍) 준룡(蹲龍) 등모두 용으로 제작하였다는 특징이 있다. 중원을 중심으로 황제국은 용으로 하고 그 주변국은 거북, 낙타, 뱀 등으로 규정한다는 한나라부터의 전통이 그대로 이어진 결과이다.

아시아로의 확산

아시아에서는 고대로부터 중원을 중심으로 그 주변국과의 외교 관계에 의해 인장을 사여(賜與)하는 제도가 있어왔다. 이러한 제도는 주로 한대 (漢代)부터 시작되었으며, 이후 중원에 새로운 국가가 들어서거나 황제 가 등극했을 때, 주변국에 새로운 국가가 들어서거나 국왕이 등극했을 때 주로 해당 국왕에게 각종 의물(儀物)과 함께 사여하였다. 이 밖에도 중원에 들어선 국가들의 문자 정책의 변화에 따른 — 특히 북방 민족이 중원을 차지한 원(元)·청(淸)에서 — 인장의 사여가 있었다. 주변국들 은 중원 황제국과의 외교 활동에서 문서를 주고받을 때 해당 인장을 찍 어 보냄으로써 신뢰의 징표로 삼았다.

중원에서 그 주변국들에게 인장을 반사(頒賜)한 사례는 한(漢) 이래 로 당·송·원·명·청에서 한국은 물론 일본, 유구(琉球, 오키나와), 토번 (吐蕃, 티베트), 안남(安南, 베트남), 점성(占城, 참파), 삼불제국(三佛齊國, 인도 네시아), 조와(爪哇, 자바), 섬라(暹羅, 태국), 남장(南掌, 라오스) 등에 내려준 기록이 흔하다. 그러나 현재까지 유물이 남은 사례는 많지 않다.

중원에서 그 주변국에게 사여한 국새에 대한 기록은 기원전인 전한 (前漢) 때로부터 전한다. 이른 시기의 기록으로『사기(史記)』에는 다음과 같은 내용이 보인다.

원봉(元封) 2년(기원전 109), 천자는 파(巴)와 촉(蜀)의 군사를 동원하여 노침(勞寖)과 미막(靡莫)을 쳐서 멸망시키고 군대를 전(滇)에 주둔시켰다. 전왕은 처음부터 한나라에 호의적이었으므로 죽임을 당하지는 않았다. 전왕은 서남이(西南夷)에서 떨어져 나와 나라를 들어 항복하고 한나라 관리를 두며 입조하기를 원했다. 그래서 그곳을 익주군(益州郡)으로 삼고 전왕에게 왕의 인장을 주어 예전처럼 그곳 백성들의 군장으로 있게 했다. 서남이의 군장은 수백 명이나 되었지만 야랑(夜郎)과 전(滇)만이 왕의 인장을 받았다. 전은 나라는 작았지만 한나라의 총애를 가장 많이 받았다.[6]

기원전 109년의 기록으로 한 무제가 출병하여 지금의 운남(雲南) 지역을 정복할 때, 전족(滇族)의 수장이었던 전(滇)은 무제에게 항복하고 복속하고자 하였다. 무제는 그곳에 익주군을 설치하고 전을 전왕국(滇王國)의 국왕을 의미하는 '전왕(滇王)'으로 책봉하였다. 이와 동시에 책봉의 의미로 〈전왕지인(滇王之印)〉을 사여하였다는 내용이다. 이는 중원의 황제가 이민족에게 국새를 사여한 이른 시기의 기록이다. 기록으로만 전해지던 전왕의 책봉 인장은 1956년 11월에 운남성 진녕현(晉寧縣) 석채산고묘군(石寨山古墓群) 발굴 당시에 출토되었다. 순금으로 제작한 이 인장은 인면(印面)에 '전왕지인(滇王之印)' 4자가 새겨졌고, 손잡이는 비늘문양이 있는 뱀을 얹었다.

이 인장의 출토로 문헌에 보이는 '전국(滇國)'의 실재성과 전한 시기

---

6 『사기(史記)』, 「서남이열전(西南夷列傳)」.

〈전왕지인(滇王之印)〉. 무게 90그램, 인면 2.4센티미터, 총 높이 2센티미터, 뉴식은 뱀 손잡이(蛇鈕)(중국 국가박물관 소장)

운남성의 한 왕조 편입에 대한 사실 등을 확인할 수 있었다. 또한 고대 중원에서 주변국의 국왕에게 책봉을 통해 인장을 수여하는 관습이 적어도 한나라로부터 있었음을 기록과 유물을 통해 확인할 수 있는 계기가 되었다.

중원에서 주변국에 내려준 책봉인으로서 시기적으로 앞서는 또 하나의 유물로 현재 일본 후쿠오카시 박물관(福岡市博物館)에 소장되어 있는 〈한왜노국왕(漢委奴國王)〉인이 있다. 금제(金製) 인장으로, 손잡이에는 뱀을 올렸고, 정방형으로 한 변의 길이는 2.3센티미터이다. 이 인장은 1784년 발견된 이후 여러 진위 논쟁이 이어졌다. 이 인장과 관련하여『후한서(後漢書)』에는 유효한 기록이 있다.

건무(建武) 중원(中元) 2년(26)에 왜(倭)의 노국(奴國)이 조공을 해 왔다. 사신은 스스로를 대부(大夫)라 칭했다. 왜의 남쪽 끝 경계이다.

광무제는 인수(印綬)를 하사했다.

한나라의 천자가 중국 영토의 제후에게 준 인장은 주로 '○○왕새(○○王璽)', 영토 밖의 조공국에게 준 인장은 '한○○지장(漢○○之章)'이나 '한○○지인(漢○○之印)' 등으로, '한왜노국왕'과 같이 '○○국왕(○○國王)'으로 반사한 사례는 발견되지 않았고, '국왕'이라는 문구는 당시 문헌에서도 찾아보기 어려워 위조설이 제기되었다. 그러나 1956년 운남성에서 광무제가 하사한 〈전왕지인(滇王之印)〉이 발견되었고, 1981년에는 광무제가 내린 〈광릉왕새(光陵王璽)〉가 발견되었는데, 〈한왜노국왕〉인과 크기와 무게, 문자 새김 기법 등이 유사하여 진품으로 매듭지어졌다. 인문(印文)에 남겨진 '위(委)'자는 '왜(倭)'자의 가차자(假借字)로 보는 데 큰 이견이 없다. 금인에 새겨진 문자의 내용과 『후한서』의 기록을 종합하여 당시 왜의 노국왕이 광무제의 책봉을 받았다고 보고 있다.[7] 현재 일본 국보로 지정되어 있다.

〈한왜노국왕(漢委奴國王)〉인, 인면 2.3센티미터, 총 높이 2.2센티미터, 뉴식은 뱀손잡이(蛇鈕)(후쿠오카시 박물관 소장)

7   졸저, 『한국인장사』, 다운샘, 2013, 54쪽.

한국에서도 삼국 이전부터 국새를 쓴 흔적이 보인다. 『삼국사기』에는 북명(北溟) 사람이 밭을 갈다가 〈예왕지인(濊王之印)〉을 발견하여 차차웅에게 바쳤다는 기록이 보인다. 이와 관련하여 중국 문헌인 『삼국지(三國志)』「부여전(夫餘傳)」에서도 "그 인문에 예왕지인(濊王之印)이라 되어 있다. 나라에는 예성(濊城)이라는 고성(故城)이 있다. 아마 예맥(濊貊)의 땅인 듯하다."라고 기록되어 있다.[8] 문헌에 보이는 〈예왕지인〉은 현존하지 않지만 고대 한반도에서 국새를 사용했던 최초의 기록이라는 점에서 가치가 있다. 또한 앞서 전술한 〈전왕지인〉이 발견된 사례를 보더라도 〈예왕지인〉이 실재하였을 가능성이 높다.

한편 〈예왕지인〉에 대한 『삼국사기』의 기록이 당시 신라의 세력에 비추어 황당하다는 주장도 일찍이 있었다. 신채호(1880~1936)는 『조선상고사』에서 '예왕지인'에 대한 기사를 신뢰하기 어렵다는 견해를 아래와 같이 피력했다.

초년(初年)에 초창(草創)한 신라는 경주 한구석에 의거하여 여러 나라 중에서 가장 작은 나라였는데, (중략) 북명인(北溟人)이 밭을 갈다가 예왕(濊王)의 도장을 얻어서 바쳤다 함은 더욱 황당한 말인 듯하

---

8 〈예왕지인(濊王之印)〉은 다음과 같은 문헌 기록에서 확인된다.
　①『삼국사기(三國史記)』「신라본기(新羅本紀)」남해차차웅(南解次次雄) 16년조. "春二月 北溟人耕田 得濊王印獻之."
　②『삼국지(三國志)』「부여전(夫餘傳)」. "其印文言濊王之印 國有故城名濊城 蓋本濊貊之地."
　③『진서(晉書)』「부여국전(夫餘國傳)」. "其王印文稱濊王之印 國中有古穢城 本穢貊之城也."

다. 왜냐하면 북명(北溟)은 북동부여의 별명으로 지금의 만주 훈춘 등지이고, 고구려 대주류왕의 시위장사(侍衛壯士) 괴유(怪由)를 장사 지낸 곳인데, 이제 훈춘의 농부가 밭 가운데서 예왕의 도장을 얻어 수천 리를 걸어 경주 한구석의 조그만 나라인 신라 왕에게 바쳤다 함이 어찌 사실다운 말이랴?[9]

그러나 중국이나 일본에서 〈전왕지인〉, 〈한왜노국왕〉인 등 동 시기 중원으로부터 받은 인장이 여럿 출토되었으므로 이 국새의 실재 가능성도 높아졌다. 또한 한(漢)의 동방 진출 이전, 나아가서는 예군(濊君) 남려(南閭)가 존재하였던 시기를 전후하여 예 지역의 수장이 한으로부터 〈예왕지인(濊王之印)〉이라는 인장을 받았을 가능성이 높다는 견해도 있었다.[10]

14세기에 이르러 한족이 몽골족이 세운 원나라를 멸망시키고 명(明)을 세웠다. 이때에 명나라를 중심으로 아시아가 재편되면서 주변국 국왕에 대한 대규모 국새의 반사가 있었다. 1367년 안휘성 출신 주원장은 국호를 명(明)이라 칭하고 연호를 홍무(洪武)를 사용하며 명나라 황제(태조)가 되었다. 당시 주원장은 중국 남부 지역을 통일하면서 기반을 마련하였고 당시 원나라에 적대적인 민심에 힘입어 폭넓은 지지를 받았다. 명대(明代)는 중국이 전통적인 유교문화를 회복하면서 사상과 정치가 발전한 시대로 중요한 성장·변혁기였다.

9 『조선상고사』, 제4편 「신라의 건국」, 1948.
10 노태돈 외, 『역주 한국고대금석문』 제1책, 駕洛國史蹟開發研究院, 1992.

명나라가 주변국에 반사한 국왕인에 대한 기록

	인장 명칭	발급자	인수자	연대	재질	손잡이
1	고려국왕지인 (高麗國王之印)	명 태조 (明 太祖)	고려국(왕) 〔高麗國(王)〕	1368 (洪武 1)	황금 (黃金)	귀뉴 (龜鈕)
2	안남국왕지인 (安南國王之印)	명 태조	안남국(왕) 〔安南國(王)〕	1368 (洪武 1)	도금은인 (鍍金銀印)	타뉴 (駝鈕)
3	점성국왕지인 (占城國王之印)	명 태조	점성국(왕) 〔占城國(王)〕	1369 (洪武 2)	도금은인	타뉴
4	삼불제국왕인 (三佛齊國王印)	명 태조	삼불제국(왕) 〔三佛齊國(王)〕	1371 (洪武 4)	도금은인	.
5	백란왕인 (白蘭王印)	명 태조	토번국(왕) 〔吐藩國(王)〕	.	황금 (黃金)	타뉴
6	섬라국왕지인 (暹羅國王之印)	명 태조	섬라국(왕) 〔暹羅國(王)〕	1371 (洪武 4)		
7	유구국왕지인 (琉球國王之印)	명 태조	유구국(왕) 〔琉球國(王)〕	1383 (洪武 16)		
8	조와국동왕 (爪哇國東王)	명 성조 (明 成祖)	조와국(왕) 〔爪哇國(東王)〕	1404 (永樂 2)	도금은인 (鍍金銀印)	.
9	.	명 성조	발니국(왕) 〔浡泥國(王)〕	1405 (永樂 3)	.	.
10	.	명 성조	고리국(왕) 〔古里國(王)〕	1404 (永樂 2)	.	.
11	.	명 성조	믈라카국(왕) 〔滿剌加國(王)〕	1404 (永樂 2)	.	.
12	.	명 성조	소문답국(왕) 〔蘇門答國(王)〕	1404 (永樂 2)	.	.
13	일본국왕지인 (日本國王之印)	명 신종 (明 神宗)	일본국(왕) 〔日本國(王)〕	1594 (萬曆 22)	금인 (金印)	

　위의 표는 명나라에서 그 주변국에 반사한 국새에 대한 기록을 주로 『명사(明史)』에 근거해 정리한 내용이다.

　1장 왕권의 상징, 국새(國璽)

명나라를 중심으로 주변국에 국새를 반사한 시기는 주로 국초인 홍무, 영락제 때의 일이다. 명 태조 홍무제는 고려, 안남, 점성, 삼불제국, 토번, 섬라, 유구 등 모두 일곱 나라의 국왕에게 인장을 반사했다. 반사 지역은 주로 중원을 중심으로 동북방인 고려를 비롯하여 지금의 동남아시아 지역에 국한하였음을 볼 수 있다.

3대 황제 영락제도 모두 5개국 국왕에게 인장을 반사했는데, 조와(爪哇), 발니(浡泥), 고리(古里), 믈라카(滿刺加), 소문답(蘇門答)이다. 조와(爪哇)는 자와, 또는 자바로 현재 인도네시아 중앙에 있는 섬이다. 발니(浡泥)는 현재의 브루나이이다. 브루나이의 역사에 대한 초기 기록은 전무하여 중국의 문헌을 통해 조심스럽게 구성해보는 수밖에 없다. 이 나라를 가리키는 명칭은 조여괄(趙如适)의 『제번지(諸蕃志)』에 '발니(渤泥)', 『송사(宋史)』에 '발니(浡尼)'라고 나온다.[11] 고리(古里)는 현재 인도 서해안 남단에 있는 항구 도시이다. 근대에서 현대에 이르기까지 쓰인 이름 '캘리컷(Calicut)'이고, 현대에 이르러 다시 개칭한 이름은 '코지코드(kozhikode)'이다.

믈라카는 오늘날의 싱가포르이다. 믈라카 왕국의 건국자는 통상 팔렘방의 한 왕자인 파라메시바라(Paramesvara)였다고 하는데, 그가 처음 정착한 곳은 말레이 반도 남단에 있는 테마섹(Temasek) 섬이었다. 파라메시바라는 이곳을 '사자의 도시' 또는 '사자의 나라'라는 뜻의 '싱가푸라(Singapura)'라고 불렀는데, 오늘날의 싱가포르이다. 이곳에서 다시 믈라카로 옮긴 것이 1402년 무렵이었다. 이때부터 믈라카는 스리비자

11 최병욱, 『동남아시아사』, 대한교과서, 2007.

야를 잇는 해상 국가로서 비약적인 발전을 보이기 시작했다.[12] 소문답은 인도네시아 대(大) 순다 열도에 딸린 섬나라였다.

3대 영락제가 인장을 반사한 지역은 대략 지금의 동남아시아의 비교적 작은 섬나라들이었음을 알 수 있다. 인장의 재질을 보면 고려 국왕과 토번의 국왕에게는 황금으로 제작하여 주었고, 그 밖에 다른 국가들에게는 은도금한 것을 주어 차등을 보인 점을 확인할 수 있고, 인장의 뉴식(鈕式, 손잡이 모양)에서는 고려에게만 거북이를 얹고〔귀뉴(龜紐)〕 여타 지역은 모두 낙타로 하였음〔타뉴(駝紐)〕이 특징적이다. 한편 명나라의 13대 황제인 만력제가 일본에 준 〈일본국왕지인(日本國王之印)〉이 주목되는데, 고려와 같이 금인을 내려 그 대우가 같았다고 할 수 있다. 이 금인이 도쿠가와 이에야스(德川家康)의 「대조선수호국서(對朝鮮修好國書)」에 쓰였던 일도 있었다.[13]

이후 청나라에서도 주변국에 대한 국새의 반사가 있었으며 현재의 오키나와와 라오스 등에 그 유물들이 전한다.

청나라가 유구국에 준 국새는 '유구국왕지인(琉球國王之印)'이라는 글자가 한자의 전서와 만주문 본자로 새겨져 있고 뉴식은 뱀을 얹었다. 또한 남장국에 준 국새는 '남장국왕지인(南掌國王之印)'이라는 글자가 한자의 전서와 만주문 전서로 새겨져 있고 뉴식은 낙타를 얹었다. 두 국새는 재질과 크기는 유사하지만 뉴식과 자체가 다르다. 뉴식은 중원을 중심으로 주변국에게 다른 동물 뉴식 인장을 사여하는 한나라 때부

---

12 같은 책.

13 中村榮孝, 『日鮮關係史の硏究』, 209~210쪽.

터의 전통을 따른 결과이고, 자체의 다름은 청나라 내부에서 시기적으로 달라진 그들의 문자 정책이 반영된 사례이다.

청나라가 유구국(현재의 오키나와)에 반사한 국새 〈유구국왕지인(琉球國王之印)〉의 인문과 뉴식

청나라에서 남장국(현재의 라오스)에 반사한 〈남장국왕지인(南掌國王之印)〉의 인문과 뉴식

2. 한국 국새의 흐름

고구려

고대 우리 국새에 대한 기록은 신라와 백제에서는 보이지 않고, 고구려에서만 나타나는 특징이 있다. 그러나 기록에 보이지 않는다고 신라와 백제의 국새에 대해 부정할 수는 없다. 고구려의 국새에 관한 문헌 기록은 『삼국사기』의 '대무신왕'·'신대왕'·'미천왕' 조 세 군데에 보인다. 우선 '대무신왕' 조의 기록에는 금새(金璽)에 대한 언급이 있다.

> 이물림에 이르러 자는데 밤에 쇳소리가 들려왔다. 새벽에 사람을 시켜 찾게 하여 금새(金璽)와 병물(兵物)을 얻었다. 왕은 "하늘이 주셨다."라 하고 배수(拜受)하였다.[14]

---

[14] 『삼국사기(三國史記)』 권14, 「고구려본기(高句麗本紀)」 제2, 대무신왕(大武神王). "抵利勿林宿, 夜聞金聲, 向明使人尋之, 得金璽兵物等, 曰天賜也, 拜受之."

이 기록에서 금새를 "하늘이 주셨다."라고 한 언급은 천명(天命)으로 부터 부여받는 왕권, 즉 왕권의 정통성이 담긴 상징체로서 국새에 대한 인식이 담겨 있다고 풀이된다. 또한 '신대왕' 조와 '미천왕' 조에는 국새에 대한 언급이 있다.

차대왕이 시해되자 좌보 어지류가 여러 관료들과 의논하여 사람을 보내서 왕제를 모셔 오게 하였다. 그가 오자 어지류는 꿇어앉아 국새를 바치며 말하기를, "선군이 불행히 돌아가셨습니다. 아들이 있으나 능히 국가의 주인이 되지 못합니다. 무릇 인심은 지인(至仁)에게 돌아가므로 삼가 머리를 조아리며 절하니 청컨대 대위에 나가소서." 하였다.[15]

미천왕은 호양왕이라고 하며, 이름은 을불, 혹은 우불이라고도 한다. (중략) 왕손(을불)을 맞이하여 새수(璽綬)를 바치고 왕위에 오르게 했다.[16]

새로운 왕을 맞이하기 위해 고구려 신하들이 가장 먼저 한 일이 국새와 인수(印綬)를 올리는 일이었다는 사실은 국새의 전수를 통한 왕권

---

15 『삼국사기』 권16, 「고구려본기」 제4, 신대왕(新大王). "及次大王被弑, 左輔菸支留與輩公議, 遣人迎致, 及至, 菸支留跪獻國璽曰, 先君不幸棄國, 雖有子, 不克有國家, 夫人之心, 歸于至仁, 謹拜稽首, 請卽尊位."

16 『삼국사기』 권17, 「고구려본기」 제5, 美川王. "美川王一云好壤王, 諱乙弗, 或云憂弗, (中略) 遂迎王孫, 上璽綬, 卽王位."

이양의 전통이 이미 고구려 때부터 있었음을 명확히 시사한다. 고대 중원의 제왕은 주로 금이나 옥으로 국새를 제작하여 사용하였다. 또한 왕위의 계승 때에 전국(傳國)의 징표로 전수하였는데,『삼국사기』의 기록을 통해 고구려 국새의 존재와 왕권 이양의 상징체라는 용도를 확인할 수 있다.[17]

고려

고려시대 국새에 대한 문헌 기록은 우선『고려사』의 '인장' 조와『증보문헌비고(增補文獻備考)』의 '새인(璽印)' 조를 참고할 수 있다.『고려사』 '인장' 조에서는 왕인장, 왕세자인장, 제아문인, 부험으로 나누어 각 왕대별 주요 기사를 정리하였다. 주로 거란, 요, 금으로부터 국새를 비롯한 왕세자의 인장, 관인을 반사받은 내용이다.『증보문헌비고』에서는 『고려사』의 '인장' 조를 좀 더 간략화하였고,『대동운부군옥』에 실린 고인 수습에 대한 기사 1건을 추가하였다.『고려사』에 실린 인장 반사에 대한 기록을 정리하면 다음과 같다.[18]

17 졸저,『한국인장사』, 다운샘, 2013, 54쪽.
18 졸저, 같은 책, 73쪽. 기존에 작성한 내용을 토대로 새로 발견한 사실을 보완하였음.

고려시대 인장 반사 기사 일람

	분류	왕대	연월	서기	반사자	내용	비고
1	왕인장 (王印章)	정종 (靖宗)	9. 11	1043	거란주 (契丹主)	인·수 (印·綬)	
2		문종 (文宗)	3. 1	1049	거란주	인·수	
3		선종 (宣宗)	2. 11	1085	요주 (遼主)	인 (印)	
4		숙종 (肅宗)	2. 12	1097	요주	인	
5		인종 (仁宗)	20. 5	1142	금주 (金主)	금인 (金印)	
6		명종 (明宗)	2. 5	1172	금주	금인	타뉴(駝紐)
7		신종 (神宗)	2. 4	1199	금주	금인	
8		강종 (康宗)	1. 7	1212	금주	금인	
9		충렬왕 (忠烈王)	7. 3	1281	원 (元)	인 (印)	〈부마국왕선명정동행중서 성인(駙馬國王宣命征東行 中書省印)〉
10		충렬왕	8. 9	1282	원	인	〈부마고려국왕인 (駙馬高麗國王印)〉
11		공민왕 (恭愍王)	19. 5	1370	명 (明)	금인 (金印)	귀뉴(龜紐)·여수(鰲綬) 〈고려국왕지인 (高麗國王之印)〉
12	왕세자인장 (王世子印章)	숙종 (肅宗)	5. 10	1100	요주 (遼主)	인·수 (印·綬)	
13		충렬왕 (忠烈王)	17. 9	1291	원 (元)	금인 (金印)	
14	제아문인 (諸衙門印)	충렬왕	5. 5	1279	원	동인 (銅印)	첨의부(僉議府) 정4품
15		충렬왕	7. 9	1281	원	주인 (鑄印)	첨의부를 종3품으로 승격
16		충렬왕	19. 3	1293	원	은인 (銀印)	양대 〔兩臺(門下省·密直司)〕

중원의 여러 국가로부터 반사받은 왕과 왕세자의 인장은 책봉의 관계를 의미한다. 책봉은 한(漢) 이래 중원을 중심으로 주변국에 대한 외교 방식의 하나로, 황제가 주변 국가의 통치자에게 특정한 관작과 이에 상응하는 물품을 주어 자격과 지위를 부여하고 공인하여 신하로 삼는 제도이다. 고려도 거란, 요, 금, 원, 명을 대국으로 대우하고 형세(形勢)에 따른 이소사대(以小事大)라는 당시 동아시아 외교 관행을 따랐다. 사대와 책봉은 단순히 형식적인 문제가 아닌 국제사회에서 힘의 역학 관계를 반영하였다. 책봉 형식에 대해서는 아래의 두 기록을 참고할 수 있다.

조서의 내용은 다음과 같다. '(중략) 이제 사신을 그곳에 보내 책명을 전하게 하는 동시에 당신에게 수레, 의복, 금인, 피륙, 활, 화살, 안장 갖춘 말 등을 별지의 목록과 같이 보내니 도착되는 대로 받으라.'[19]

무오일에 왕이 선경전에서 조서를 받았다. 조서의 내용은 다음과 같다. '(중략) 이제 사신을 파견하여 책명과 아울러 구류관 하나, 구장복 한 벌, 옥규 하나, 금인 한 개, 옥책 하나, 상로 하나, 말 네 필을 보내는 외에 따로 의복, 피륙, 기명 등 약간과 안장 고삐를 갖춘 말 세 필과 산마 네 필을 보낸다.'[20]

---

19 『고려사(高麗史)』 권32, 「세가(世家)」 제32, 신종(神宗) 2. "詔云…今差使某官 往彼冊命 仍賜卿車服金印匹段弓箭鞍馬等物 具如別錄 至可領也."

20 『고려사』 권17, 「세가」 제17, 인종(仁宗) 20. "戊午 王受詔于宣慶殿 詔曰…今遣使冊命 仍賜九旒冠一頂 九章服一副 玉珪一面 金印一面 玉冊一副 象輅一 馬四匹 別賜衣對匹段 器用若干 鞍轡馬三匹 散馬四匹."

1장 왕권의 상징, 국새(國璽)

이 기록을 통해 고려 국왕의 책봉은 중원으로 파견되어 온 주변 국가의 사신이 귀국할 때 책봉조서를 전달하는 방식이 아닌 중원에서 직접 사신을 파견하여 책봉하였음을 볼 수 있고, 책봉에 필요한 물품까지 상세히 살필 수 있다.

「신우 관교(申祐官敎)」(1344)의 인장 부분. '부마고려국왕인(駙馬高麗國王印)'

고려 국왕에게 반사한 인장은 바로 국새를 의미하며 고려시대에는 이를 '국인(國印)'이라 하였다. 인문의 내용은 충렬왕이 원나라로부터 받은 〈부마고려국왕인(駙馬高麗國王印)〉과 공민왕이 명나라로부터 받은 〈고려국왕지인(高麗國王之印)〉 등을 확인할 수 있다. 손잡이에 얹은 동물 문양은 명종 대의 타뉴〔駝鈕, 낙타뉴〕와, 공민왕 대의 귀뉴〔龜鈕, 거북뉴〕가 있다. 낙타뉴는 고대로부터 중원을 중심으로 동·북방의 국가에 반사한 뉴식이다. 귀뉴는 주로 신하의 도리를 상징하는 거북이를 인장에 얹어 사대와 책봉의 관계를 나타냈다고 풀이된다. 재질은 왕과 왕세자의 인장은 모두 금을 사용하였고, 관인은 은과 동을 혼용하였다.[21]

충렬왕이 원나라로부터 받은 〈부마고려국왕인(駙馬高麗國王印)〉이 찍힌 문서는 최근에서야 발견되었다. 신우에게 준 사령장, 즉 「신우 관교(申祐官敎)」에 찍혀 있는 이 인장은 일본인 학자 가와니시 유야(川西裕也)에 의해 처음 밝혀졌는데, 전서체 파스파(八思巴) 문자로 제작되었

---

21 졸저, 위의 책, 다운샘, 2013, 75쪽.

「최광지 홍패(崔匡之 紅牌)」(1389)의 인장 부분. '고려국왕지인(高麗國王之印)'

고, 그 인문은 'fu-ma-gaw-li-gue-uan-yin', 즉 '부마고려국왕인(駙馬高麗國王印)'으로 판독하였다. 「신우 관교」는 1344년(지정 4, 충목왕 즉위) 4월 신우를 신호위보승섭호군에 임명한 문서이다.[22]

1370년(명 태조 홍무 3, 공민왕 19)에 명나라로부터 받은 〈고려국왕지인(高麗國王之印)〉이 찍힌 문서도 최근에 박성호 교수에 의해 발견되었다. 전북 부안군 부안읍 연국리에는 유절암(留節庵)이라는 전주 최씨 송애공파 종중의 재실이 있는데, 이곳에 1389년(창왕 1)에 최광지(崔匡之)에게 발급된 홍패(紅牌, 문과 회시(會試)에 급제한 사람에게 주던 증서) 1점이 포함되어 있었다. 박성호는 이 문서에 찍혀 있는 인장이 명나라로부터 받은 〈고려국왕지인〉임을 밝혔다. 현재로서는 고려시대 문서에 〈고려국왕지인〉이 찍힌 유일한 사례이다. 또한 조선 개국 직후인 1392년(태조 1) 10월에 태조가 개국공신 이제(李濟)에게 내린 개국공신교서에 〈고려국왕지인〉이 사용된 사실이 보고되어 있다.[23]

22 川西裕也, 『朝鮮中近世の公文書と國家』, 九州大學出版會, 2014.
23 박성호, 「새로 발견된 고려 말 홍패의 고문서학적 고찰과 사료로서의 의의─1389년 (창왕 1) 최광지 홍패」, 『고문서연구』 48, 한국고문서학회, 2016.

고려에서 왕부(王府) 인장의 관리 기구와 기능은 시기에 따라 변하였다. 고려 전기에는 주로 중서성(中書省)에서 보인(寶印)을 관리하던 아전인 중서주보리(中書主寶吏)와 부보랑(符寶郎)을 두어 담당하였음이 의종 대에 정해진 의위(儀衞) 규정 가운데 국왕의 법가의장(法駕儀仗)에서 확인된다. 그 후 1298년 충선왕이 즉위하여 관제를 개편할 때 종6품의 인부랑(印符郎) 2인을 두었다. '랑(郎)'이란 본래 '벼슬이름 랑' 자로 관부보다는 관직을 의미한다. 인부랑은 부보랑에 연원을 두며, 1298년(충렬왕 24) 정제(定制)를 갖추어 2인을 두었고, 직품은 종6품으로 하였다.

　　고려 후기에는 왕부 인장의 관리 기구로서 인부랑의 기능이 상서사(尙瑞司)로 이관되었다. 이는 충선왕이 왕위를 물려받으면서 설치된 점으로 미루어 충선왕의 개혁 정치와 관련이 있다고 본다. 상서사는 주로 인사를 담당하던 관서로 1388년(창왕 원년) 9월 정방(政房)이 혁파된 뒤 설립되었으며 주요 기능은 제배(除拜)와 부인(符印)의 관장이었다.

　　상서사의 기능과 기구에 대해서는 『태조실록』에 "부인과 제배 등의 일을 관장하였고, 판사 이하 많은 관료가 있다."라고 하였고, 정도전(鄭道傳, 1342~1398)은 "본조에서는 상서사를 두어 부신과 어보를 관장하고, 아래로는 백사서부(百司庶府), 밖으로는 사신(使臣), 수령(守令)에게 모두 인장이 있다."라고 하여 왕부 인장의 담당 기구로서 상서사가 조선으로 이어졌음을 언급하였다. 조선에서는 1392년(태조 1)부터 상서원(尙瑞院)을 두어 새보와 부패(符牌)를 관장하였다. 이긍익(李肯翊, 1736~1806) 또한 '태조는 고려의 제도에 의하여 상서사를 설치하여 새보, 병부(兵符), 신패(信牌), 절월(節鉞)을 관장하게 하였는데, 뒤에 '사(司)'를 '원(院)'으로 고쳤다'고 하여 상서사의 기능 및 연원을 밝혔다.

한편 고려 후기에는 왕명 출납을 맡았던 승지방(承旨房)을 인신사(印信司)로 개편하여 왕부 인장을 관리하기도 하였다. 원에 머물면서 고려 실권을 장악한 충선왕은 충렬왕 34년(1308)에 관제를 고치면서 밀직사(密直司)를 혁파하는 동시에 승지방도 인신사로 개편하였다. 하지만 곧 이어 충선왕이 정식으로 복위하면서 밀직사를 다시 두면서 승지방도 복구되었을 터이므로 인신사의 설치는 잠시 동안에 지나지 않았다고 할 수 있다.

고려의 상서사가 제배(除拜)와 부인(符印)을 관장했던 반면, 조선에 서는 태종 5년(1405)의 관제 개혁에 의해 단지 보새(寶璽), 부신(符信)만을 관장하게 되었다. 즉, 동·서반의 인사는 이조와 병조에서 담당하고 보새·부신은 상서사에 맡겨 업무를 분장하였다. 그 뒤 세조 12년(1466)에 이르러 상서사에서 '상서원'으로 개칭되었다. 이와 같이 명칭과 기능이 약간 변동되었지만 왕부 인장 담당 기구로서의 상서사는 고려로부터 조선 말기까지 존속하였음을 볼 수 있다.[24]

---

24 졸저, 위의 책, 다운샘, 2013, 77쪽.

1장 왕권의 상징, 국새(國璽)

3. 국왕의 책봉과 국새의 인수

전근대 동아시아의 국제 질서는 중원을 중심으로 형성되었다. 중원을 석권한 세력은 이 지역의 패권자로서 주변국과의 책봉 관계를 통해 중국적 세계 질서를 형성하였다. 주변국들은 황제의 승인을 얻어야만 동아시아 국제 사회의 일원으로서 선진 문물을 수용할 수 있었으며 국내적으로도 정치적 안정을 확보할 수 있었다. 황제가 주변의 왕을 승인하는 징표는 임명장에 해당하는 고명(誥命)과 인장인 국새였다.[25]

조선에는 명나라와 청나라로부터 각각 세 차례 국새를 받았다. 개국 이전부터 친명 노선을 추구하던 태조 이성계는 즉위 다음 해인 1393년 (홍무 26)에 이염(李恬, ?~1403)을 명에 보내 고려의 국새를 반납하였고,[26] 2년 후인 1395년 태학사 정총(鄭摠, 1358~1397)을 파견하여 고명과 국새를 요청하였다.[27] 그러나 명에서는 주청문의 내용과 표현이 공손하지

---

25 졸저, 위의 책, 다운샘, 2013, 112쪽.

26 『태조실록(太祖實錄)』 권8, 4년 11월 11일 신미(辛未). "洪武二十六年三月初九日 差門下評理李恬 送納前朝高麗國王金印."

27 『태조실록』 권8, 4년 11월 11일 신미(辛未).

못하다고 트집을 잡아 이를 거절하였다.[28]

태조를 이어 왕위에 오른 정종(재위 1398~1400) 또한 친명 정책을 추진하고 1400년 9월 판삼사사 우인열(禹仁烈, 1337~1403)과 첨서 이문화(李文和, 1358~1414)를 명나라에 보내어 고명과 인신을 요청했다.[29] 이에 명의 건문제는 고명과 인신을 보내고 사신을 파견하였으나, 떠난 지 며칠 지나지 않아 정종이 갑자기 왕위를 아우에게 양위했다는 보고를 받았다. 건문제는 조선의 내부 사정에 의심을 품고 조선으로 가던 사신을 중도에 불러들였다.[30] 결국 정종도 명나라로부터 고명과 인신을 받지 못하였다. 조선에서 처음으로 고명과 인신을 받은 시점은 개국 이후 10년이 지난 1401년(태종 1) 6월이었고,[31] 명나라에서 책봉한 공식 명칭은 '조선국왕'으로, 인문 또한 '조선국왕지인'이었다.

이후 조선에서는 명나라로부터 두 차례 더 국새를 받았다. 1401년 처음으로 고명과 국새를 받은 이후 명나라에서는 건문제가 삼촌 영락제와 3년간 싸우다가 결국 패배하여 자살하는 사건이 일어났다. 이를 계기로 건문제의 뒤를 이어 영락제가 3대 황제에 올랐다. 명나라의 새로운 황제 등극을 계기로 태종은 영락제에게 하륜(河崙, 1347~1416)을

---

28 『태조실록』 권9, 5년 3월 29일 병술(丙戌).

29 『정종실록(定宗實錄)』 권5, 2년 9월 19일 경진(庚辰).

30 『태종실록(太宗實錄)』 권1, 1년 3월 6일 을축(乙丑).

31 『태종실록』 권1, 1년 6월 12일 기사(己巳). "誥命一道 朝鮮國王金印一顆 四角篆文 幷金印池一箇 鎭匣全." ※ '인지(印池)'는 인니(印泥)를 보관하는 용기를 말하므로 '금인지(金印池)'는 금인(金印), 즉 국새를 안보(安寶, 국왕이 국새를 찍는 일)할 때 사용할 인니합(印泥盒)으로 여겨진다.

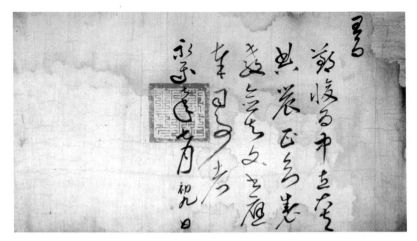

「정전 왕지(鄭悛王旨)」(1409, 태종 9년), 경상남도 유형문화재 제320호(서울역사박물관 소장)

보내 축하의 뜻을 표하는 동시에 새로운 고명과 국새를 요청하였고, 영락제는 곧바로 고명과 국새를 내려주었다. 하륜이 이를 가지고 한양에 도착했을 때가 1403년(태종 3) 4월이었다.[32]

후대의 기록에 의하면 이때 인수한 국새는 금제 귀뉴(金製龜鈕)로, 동북방의 제후국 책봉 시 금으로 제조하며 거북손잡이로 하는 한제(漢制)를 따랐다고 하였다.[33] 이를 계기로 태종은 1401년 건문제로부터 받은 고명과 국새를 1403년 4월 21일 명나라에 반납하였다. 명나라로부터 국새를 받은 태종은 왕권 안정에 많은 도움을 받았고, 등극 과정에 약점이 있던 영락제도 태종에게 우호적인 입장을 견지하였다. 이로부

---

32 『태종실록』 권5, 3년 4월 8일 갑인(甲寅).

33 『숙종실록(肅宗實錄)』 권52, 38년 10월 26일 병자(丙子). "國璽 卽皇明肇賜我國號之後 恩頒於永平(永樂)年者也 金章龜紐 蓋倣漢制云."

터 조선시대의 대명 사대 외교가 정착하였으며 동아시아의 국제 정세
도 안정기에 접어들었다.

세 번째 국새를 인수한 시기는 성화 연간(成化年間, 1465~1487)으로,
명나라로부터 인수한 마지막 국새이다. 이때 받은 국새에 대한 기록은
무슨 이유인지 당대에는 찾을 수 없고, 인수 사실만을 『정조실록』을 통
해 확인하였다.[34] 따라서 성화 연간에 해당하는 세조, 예종, 성종 가운
데 어느 왕대의 일인지, 어떤 이유에서 받았는지 확인하지 못하였다.

중원에 청나라가 들어서면서 조선에서는 명나라의 사례와 마찬가
지로 모두 3차에 걸쳐 국새를 인수하였다. 첫 번째는 1637년(인조 15)
11월 청자(淸字, 만주어)로 새긴 국새였다.[35] 두 번째는 1653년(효종 4)에
인수하였으며 '조선국왕지인' 한자와 청자를 하나의 인장에 넣었다.[36]
한자는 소전(小篆, 중국 진시황 때 이사(李斯)가 대전(大篆)을 간략하게 변형하
여 만든 글씨체)이며 청자는 아직 전서화하지 않았다. 세 번째는 1776년
(영조 52) 한자와 청자가 모두 전서이며 지영전(芝英篆)으로 제작하였다.

세 번째 금인을 인수하기에 앞서 청나라에서는 태학사 부항(傅恒)
의 건의에 의하여 청나라에서 내려주는 모든 제후국의 인장은 '청서한
자(淸書漢字)' 즉, 청자와 한자를 모두 전자(篆字)로 제작하여 다시 주조
하기로 하였다. 다시 말해 조선을 포함한 제후국의 국새를 해당 국가의
임금이 왕위를 승습할 때 청나라에서 회수하고 새로 주조하여 발급하

---

34 『정조실록(正祖實錄)』 권21, 10년 4월 11일 갑신(甲申).

35 『인조실록(仁祖實錄)』 권35, 15년 11월 20일 갑신(甲申).

36 『통문관지(通文館志)』 권9, 기년(紀年). "禮部咨 欽奉聖諭 覽朝鮮所進奏疏 印篆有淸
字無漢字 改鑄淸漢字金印一顆 龜紐 方三寸五分 厚一寸."

기로 한 것이다.[37] 그러므로 1776년 청에서 보낸 세 번째 국새에는 한자와 청자가 모두 전서의 일종인 지영전으로 되어 있다.[38] 앞의 1653년 효종 연간에 받은 국새의 형상과 다른 이유가 여기에 있다.[39]

---

37 『정조실록』 권2, 즉위년 8월 18일 정사(丁巳).

38 만주문(滿洲文): coohiyan gurun i wang ni doron, 한문지영전(漢文芝英篆): "朝鮮国王之印."

39 졸저, 위의 책, 다운샘, 2013.

4. 국왕의 즉위와 국새의 인계

국새는 오래전부터 왕권의 상징물이었다. 고대의 기록으로 고구려에서
도 왕권 계승의 상징물로 국새를 바치는 장면이 보인다.[40] 고려와 조선
의 경우에서도 유교(遺敎)와 국새의 전달이 즉위의 합법성과 정당성을
보장하는 가장 중요한 의미를 지녔다는 공통점이 있다. 특히 국새의 수
수는 곧 새 국왕의 탄생을 의미하는 중요한 행위였다. 즉위식에서 국새
를 받음으로써 즉위의 정당성과 국왕으로서의 상징성이 완성되었다.

조선 왕조의 왕위 계승은 선왕이 세상을 떠나거나 왕의 자리에서 물
러났을 때 이루어졌다. 건강 악화, 반정 등의 이유로 세상을 뜨기 이전
에 왕의 자리에서 물러난 경우는 태조, 정종, 태종, 단종, 세조, 연산군,
광해군, 고종 등 8명에 불과하며, 나머지 19명의 국왕은 모두 승하한 후
다음 왕에게 국새를 넘겨주었다. 따라서 조선 국왕 대부분의 즉위식은

---

40 『삼국사기』「고구려본기」 4, 신대왕 1년 10월. "及次大王被弒 遣人迎致 及至菸支留
跪獻國璽."
　　『삼국사기』,「고구려본기」 5, 미천왕 1년 9월. "遂共廢王……遂迎王孫 上璽綬即王
位."

창덕궁 인정전의 어좌

선왕의 장례 기간에 이루어졌다. 『국조오례의(國朝五禮儀)』에서는 이 의식을 국장 절차 중 하나의 과정으로 설명하고 있다.

국왕의 즉위식은 선왕이 승하한 지 6일이 지난 후 거행된다. 선왕의 시신을 모신 빈전(殯殿)의 동쪽에 왕세자가 머물 여막을 치고, 유교와 국새를 여러 의장물과 함께 설치하여 새로운 국왕의 등극을 준비한다. 왕세자는 여막 안에서 입고 있던 상복을 벗은 다음 예복인 면복(冕服)을 갈아입고 빈전의 뜰로 나간다. 그리고 선왕의 유교와 국새를 받아 각각 영의정과 좌의정에게 전해주고는 여막으로 돌아간다.

여막에서 다시 나온 왕세자는 붉은 양산과 푸른 부채를 든 이들에게 둘러싸여 가마를 타고 어좌가 설치된 정전으로 향한다. 왕세자가 오른쪽 계단을 통해 어좌에 올라앉는 순간, 새로운 국왕이 탄생하게 된다. 즉위 교서가 반포된 후 정전에서는 향을 피우고, 즉위식장을 가득 메운

신료들은 두 손을 마주잡아 이마에 얹으면서 '천천세(千千歲)'라고 외친다. 이렇듯 조선의 국왕들은 대부분 선대 국왕이 사망한 뒤에 국왕으로 즉위했다. 따라서 성대한 즉위식을 거행하기는 어려웠고, 전 국왕의 죽음을 애도하는 분위기 속에서 정중하면서도 간략하게 진행했다.[41]

즉위식이 끝나고 나면 새로운 왕은 신하들의 하례를 받고 대규모 사면령을 내리는 한편 신왕이 구상한 대강의 국가 정책을 반포하기도 했다.

즉위식을 거행하고 나면 국왕으로서 입지가 확보되었지만 이 밖에도 국제 사회의 인정이 필요했다. 책봉과 조공 관계가 유지되었던 조선에서는 중국에 사신을 보내 즉위 사실을 알리고 고명(誥命)을 받는 형식을 취했다. 한편 교린 관계에 있었던 일본과 유구 등에는 사신을 파견하여 왕의 즉위를 알리고 양국의 우의를 다지는 방식이었다.

---

41 김문식, 「고종의 황제 즉위식을 기록한 고종대례의궤」, 서울대학교 규장각한국학연구원 의궤종합정보.

1장 왕권의 상징, 국새(國璽)

2장

국새의 종류와 쓰임

국새는 고대로부터 사용해온 국가의 상징이자 최고 통치자의 인장이다. 삼국시대에는 대보(大寶), 국새(國璽), 고려시대에는 국새, 국인(國印), 어보(御寶), 새보(璽寶) 등으로 불렸다. 조선시대에는 이 용어는 물론 새(璽)와 보(寶)를 왕실 인장의 대명사로 사용하였으나 '국새'와 '대보'만은 국가를 상징하는 인장의 용어로 국한하였다. 조선시대의 국새는 국왕의 권위와 정통성을 상징하며 왕위를 계승할 때에는 전국(傳國)의 징표로 전수하였다. 또한 국왕의 각종 행차에서 행렬의 앞에서 봉송하였다.

조선시대의 외교용 국새는 대부분 명·청의 황제들에 의해 책봉과 동시에 사여(賜與)되었다. 조선을 건국한 태조는 고려의 국새를 명나라에 반납하고 새 국새 내려주기를 여러 차례 요청하였으나 태조 당대에는 실현되지 않았다. 건국 이후 명나라로부터 국새를 받기 이전 약 10년간 조선에서는 〈조선왕보(朝鮮王寶)〉를 제작하여 사용하였다.

조선에서는 명·청과의 외교를 위한 국새를 받아 사용했지만, 국내의 각종 결재를 위한 국새는 국내에서 만들어 사용하였다. 이러한 현상의 시작은 주로 세종 때로부터 보이며, '신보(信寶)'와 '행보(行寶)'를 제 작하면서 시작되었다. 인문은 각각 '국왕신보(國王信寶)'·'국왕행보(國 王行寶)'이다. 신보는 사신(事神, 기우제 등 신을 섬기는 일)·사유(赦宥, 죄를 용서하여 형벌을 면제하는 일)·공거(貢擧, 우수한 인재를 추천하여 등용하던 제 도)에, 행보는 책봉·제수(除授, 관직을 내리는 일) 등에 사용하였다. 신보 와 행보는 고려에서도 사용하였으며, 중국의 새보 제도에 연원을 두었 다. 신보와 행보로부터 시작한 국내용 국새는 이후 용도의 확장과 다변 화로 매우 많이 늘어났으며 대한제국 이전까지 약 19과로 집계된다. 개 별 국새에 대한 사항은 다음 절에서 상세히 다룬다.

개화기를 전후하여 조선은 청나라와의 사대 관계를 끝내면서 종전 의 책봉에 의한 국새 인수 제도를 폐지하고 국내에서 제작하여 사용하 였다. 1881년(고종 18) 고종은 일본에 신사(信使)가 가지고 가는 국서(國 書)에 기존에 사용하던 〈위정이덕(爲政以德)〉 보 대신에 〈대조선국보(大 朝鮮國寶)〉를 제작하여 쓰라는 명령을 내렸다. 이때를 즈음하여 조선에 서는 이 국새 외에도 〈대조선국대군주보(大朝鮮國大君主寶)〉(1882. 7. 1. 제 작), 〈대군주보(大君主寶)〉(1882. 7. 1. 제작), 〈대조선국주상지보(大朝鮮國主 上之寶)〉(1876. 12. 15. 제작)를 제작하여 외교 관련 문서에 사용하였다.

대한제국기에는 국새의 전면적인 교체가 있었다. 1897년(고종 34) 고 종이 러시아 공사관에서 환궁한 직후 조선에서는 황제 즉위를 요청하 는 상소가 조야 각계로부터 쇄도하였다. 이에 따라 일본의 위압을 받아 정해졌던 '건양(建陽)'이라는 연호를 '광무(光武)'로 변경하고, 10월 초 에는 황제 즉위식을 거행하였다. 국명을 '대한(大韓)'으로 변경함으로써 505년간 지속된 조선 왕조는 종언을 고하였고 대한제국을 수립하였다.

고종은 대한제국을 수립하면서 황제의 나라에 걸맞은 새로운 국새를 제작하였다. 이때 제작한 국새는 〈대한국새(大韓國璽)〉, 〈황제지새(皇帝之璽)〉, 〈황제지보(皇帝之寶)〉 3과, 〈칙명지보(勅命之寶)〉 2과, 〈제고지보(制誥之寶)〉, 〈대원수보(大元帥寶)〉, 〈흠문지새(欽文之璽)〉로 총 10과이다. 이 가운데 〈대한국새〉는 외교문서에 사용하고, 다른 인장들은 모두 국내용 행정 문서에 사용한 국새이다.

기록에는 보이지 않지만 이 외에도 〈군주어새(君主御璽)〉와 〈황제어새(皇帝御璽)〉라는 비밀 국새가 있었다. 〈군주어새〉는 대한제국 선포 직전인 1897년 9월 프랑스와 독일 양국에 우호 증진과 상호 협조를 구하는 내용의 친서에 찍혀 있으며, 현재 국사편찬위원회 소장 유리필름으로 남아 있다. 〈황제어새〉는 대한제국 시기에 러시아, 이탈리아 등 각국에 일본을 견제하고 대한제국의 지지를 요청하는 친서에 사용한 인장이다. 〈황제어새〉의 존재는 문서와 사진으로만 전해지고 있었는데, 2009년 3월 한 재미 교포로부터 국립고궁박물관이 입수하여 실물을 확인할 수 있다.

1. 조선시대의 외교용 국새

조선시대의 국새는 크게 외교용과 내치용의 두 가지로 구분할 수 있다. 외교용 국새는 첫째 명·청나라와의 사대문서(事大文書)에 찍는 국새와, 일본과의 교린 관계에 의해 발행하는 문서인 국서(國書)에 찍는 국새이다. 전자는 조선시대 법전에서 '대보(大寶)'라 명시하였고, 인문은 모두 '조선국왕지인(朝鮮國王之印)'이었다. 태종 때로부터 개화기 이전까지 6과를 사용하였다. 교린 관계 국새는 법전에서 '이덕보(以德寶)'라 기재하였고, 인문은 '위정이덕(爲政以德)' 4자가 새겨져 있다.

둘째 내치용 국새는 국내의 필요에 의해 국왕의 명으로 발행하는 각종 문서 및 서적, 어제 등에 사용한 국새이다. 세종 때로부터 대한제국 이전까지 약 19과가 집계되는데, 용도가 중복되는 사례도 있고, 거의 쓰이지 않은 국새도 있었다. 주요 용도는 왕의 명령서를 비롯하여 관리의 임명, 유서(諭書, 관찰사·절도사·방어사 등이 부임할 때 임금이 내리던 명령서), 과거 관련 문서, 서적의 반사, 어제(御製), 규장각 관리의 임명장 등 각각의 용도에 따라 구분하여 사용하였다.

대중국 사대문서에 찍는 '조선국왕지인'에 대해서는 1장의 '3. 국왕의 책봉과 국새의 인수' 부분에서 이미 상세히 언급하였으므로 여기서는 대일본 외교문서에 찍는 〈이덕보〉 대해 살펴보기로 한다.

〈이덕보(以德寶)〉

조선시대 동아시아 국가 간에는 여러 가지 통교 관계(通交關係)가 있었다. 조선을 중심으로 명과 청에 대해서는 사대·책봉 관계, 일본과는 대등 교린(交隣)이라는 이중 구조였다. 통교 관계를 맺은 국가는 관계 형태에 따라 한문으로 작성된 일정한 양식의 외교문서를 주고받으며 상호 관계를 지속하였다.[42]

현재 조선 후기에 일본에 보낸 국서(國書)와 서계(書契)는 여러 사료들을 통해 서식이나 내용이 상당 부분 파악된다. 국서는 1606년부터 1811년까지 14회에 걸쳐 일본에 보내졌는데, 1606년 국서를 제외하고는 그 내용을 알 수 있다. 서계의 경우도 현재 국사편찬위원회의 「대마도종가관계문서」에 조선에서 대마도에 보낸 각종 서계의 원본 총 9,442점이 남아 있어 이 사료들을 통해 조선과 일본의 관계는 물론 조선과 대마도의 관계를 생생하게 재현해볼 수 있다.[43]

조선에서 일본에 보낸 외교문서들은 모두 일정한 격식에 의하여 작성되었으며 여러 외교 관계 사료집에는 국서식과 서계식의 항목을 통

---

42 田中健夫, 「漢字文化圈のなかの武家政權」, 『前近代の國際交流と外交文書』, 吉川弘文館, 1996, 1~4쪽.

43 손승철(孫承喆), 「명·청 교체기 대일 외교문서의 연호와 간지」, 『大東文化硏究』, 성균관대학교 대동문화연구원, 1997, 134쪽.

해 상세히 정리되었다. 국서와 서계는 모두 겉봉을 쓰는 외식(外式)과 내용을 적는 내식(內式)으로 구분하였다. 우선 국서의 외식을 살펴보면, 오른쪽 가에는 '봉서(奉書)'라 쓰고, 왼쪽 가에는 '일본국대군전하(日本國大君殿下)'라 쓰고, '일본국왕(日本國王)'이라 일컬었는데, 1636년에 '일본국대군(日本國大君)'으로 고쳤다가, 1711년에 다시 '일본국왕(日本國王)'으로 바꾸었고, 1719년에 또다시 '일본국대군(日本國大君)'으로 개칭한 사실을 밝혔다. 그리고 겉봉의 서식으로 '봉(奉)' 자와 '일(日)' 자를 나란히 쓰고, '서(書)' 자와 '하(下)' 자를 나란히 쓴다. 마주 붙인 곳에는 '조선국왕(朝鮮國王) 성휘(姓諱) 근봉(謹封)'이라 쓰고, 글자를 떠어 쓴 곳에는 '위정이덕(爲政以德)'이라 새긴 어보(御寶)를 두며, 성과 휘를 쓴 곳에는 모두 어보를 찍는다고 하였다.[44]

조선의 경우 일본과는 국서[45]와 서계[46]라는 서식을 정하여 상호 간에 외교문서를 주고받았다. 조선시대 대일관계사에 있어서 국서란 최고 통치자 간에 왕래한 서신을 말한다.

국서의 내식은 '조선국왕 성휘 봉서'라 쓰고, 사첩(四帖) 한가운데에 평행으로 '일본국대군전하(日本國大君殿下)'라고 쓴다. 이 경우도 조(朝)·일(日) 자와 서(書)·하(下) 자를 평행으로 나란히 쓴다. 그리고 오첩(五帖)의 평행에서 시작하여 내용을 쓰고 끝에 '불비(不備)'라 쓴 다

---

44 『교린지(交隣志)』, 국서식(國書式).

45 국서의 형식과 내용에 대해서는 유재춘(柳在春), 「朝鮮後期 朝·日國書研究」(『韓日關係史研究』 창간호, 1993) 참조.

46 서계의 형식에 대해서는 이훈(李薰), 「朝鮮後期 對日外交文書」(『古文書研究』 4, 1993.) 참조.

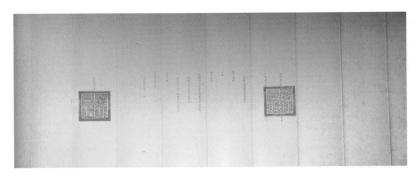

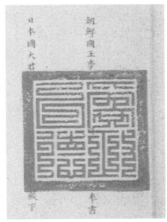

「조선국왕이순(朝鮮國王李焞, 숙종) 국서」(1682, 일본 등정제정회유린관(藤井齊正會有隣館) 소장)

국서에 찍힌 〈위정이덕(爲政以德)〉 보

음, 평행으로 '○년○월(某年某月)'이라 쓰고, 말첩 가운데 2행부터 '조선국왕성휘'를 쓰되 연월일과 가지런하게 썼다. 그리고 국서를 담는 궤는 은으로 장식하고 붉은 칠을 올린 위에 금으로 용을 그렸다. 작성된 국서는 금으로 용을 그린 홍단갑보(紅段甲褓)로 싸서 궤에 넣은 후, 다시 금으로 용을 그린 홍초갑보(紅綃甲褓)로 쌌다.

국서에 쓰는 어보인 〈위정이덕〉[47] 보는 언제부터 사용하였는지 확실치 않으나 성종 대 이전에 이미 은으로 제작한 어보가 쓰였음을 기록

---

47 '위정이덕(爲政以德)'의 전고(典故)는 『논어(論語)』 위정편(爲政篇) 제1장에서 찾을 수 있다. "子曰 爲政以德 譬如北辰居其所 而衆星共之."

을 통해 확인할 수 있다.[48] 남아 있는 문서 가운데 이른 시기의 안보(安寶, 국왕이 국새를 찍는 일) 사례는 1500년(연산군 6)에 제작된「조선국왕이융국서(朝鮮國王李㦤國書)」[49]가 있다. 외교 관계 사료집에서 제시한 국서식과 같이 겉봉의 접합부에 기재된 성휘 부분에 1방, 내식의 성휘 부분에 2방을 안보하였다.

고문서의 사례를 통해 볼 때 조선 전기로부터 후기까지 사용한 '위정이덕' 보는 대략 4과가 발견된다.

---

48 『연산군일기(燕山君日記)』권2, 1년 1월 신축(辛丑). "승지 김응기가 아뢰기를, '세종조의 어압도서(御押圖書)는 모두 상아(象牙)로 만들었는데 현궁(玄宮)에 넣고, 그 밖에 옥이나 은으로 만든 것은 상의원(尙衣院)에 남겨두었으니 아마 은과 옥은 현궁에 넣지 않는 것인 듯 생각됩니다. 대행왕의 위정이덕도서(爲政以德圖書)는 은으로 만든 것인데 현궁에 넣으리까?' 하니……."

49 일본(日本) 도성도진가(都城島津家) 소장(所藏).

2. 조선시대의 내치용 국새

조선시대의 법전을 살펴보면, 『경국대전(經國大典)』에서는 새보의 종류와 사용에 대한 규정이 보이지 않고, 『속대전(續大典)』과 『대전통편(大典通編)』을 포함한 『대전회통(大典會通)』에 비로소 이를 명시하였다. 다음 페이지의 표에서는 『대전회통』에 명시된 새보의 종류와 용도를 정리하였다.

『대전회통』에 수록된 새보는 외교용 국새인 대보를 포함하여 총 10과이며, 〈흠문지보〉, 〈명덕지보〉, 〈광운지보〉 등 용도가 중복되는 국새는 대내(大內)에 보관한다고만 명시하였다. 한편 중국과 외교 관계의 전례에 따라 받은 '대보'와 일본과의 교린 관계에 의해 제작한 〈이덕보〉를 제외한 8과는 모두 국내용 국새들이다. 여기서는 개별 국내용 국새의 발생 배경과 용도, 변천 과정 등을 아울러 정리하고자 한다.[50]

---

[50] 조선시대 내치용 국새에 대해서는 성인근의 위의 책(2013)에 상세하므로 주로 이를 참고하였다.

『대전회통』에 수록된 새보(璽寶)의 명칭과 용도

	보명	용도	비고
1	대보(大寶)	사대문서(事大文書)	
2	시명지보(施命之寶)	교명(教命)·교서(教書)·교지(教旨)	
3	이덕보〔以德寶(爲政以德)〕	통신문서(通信文書)	
4	유서지보(諭書之寶)	유서(諭書)	
5	과거지보(科擧之寶)	시권(試券) 및 홍패(紅牌)·백패(白牌)	
6	선사지기(宣賜之記)	_51	폐기(廢棄) (대전회통)
7	선황단보(宣貺端輔)	_52	〃
8	동문지보(同文之寶)	서적 반사(書籍頒賜)	
9	규장지보(奎章之寶)	어제(御製)	
10	준철지보(濬哲之寶)	각신 교지(閣臣教旨)	

〈**조선왕보(朝鮮王寶)**〉

『대전회통』에는 보이지 않지만 조선 초기 명나라와의 책봉 관계가 정리되지 않았을 시기에 조선에서 자체 제작하여 사용한 국내용 국새이다. 이 국새에 대한 기록은 제작 당시에는 보이지 않다가 조선 후기인 『영조실록(英祖實錄)』에 처음 나타난다.

51 법전에 용도를 명시하지 않았지만 〈선사지기〉는 주로 서적 반사 시에 사용한 어보이다.

52 〈선황단보〉는 고관〔宰輔〕에게 은사(恩賜)할 것〔宣貺〕이 있을 때 사용한 어보이다.(李鍾日 譯註,『大典會通研究—戶典·禮典編』, 한국법제연구원, 2002, 227쪽)

2장 국새의 종류와 쓰임

상산부원군 강순룡의 후손 강치경이 태조의 어필 교지(敎旨)를 임금께 올렸다. 임금이 말하길, "이 교지 가운데 인전(印篆)을 보고 그 연월을 상고하니 바로 성조께서 나라를 창업하신 초기였다. 병자호란 이후에 청국의 보를 사용하였고, 지난번에 상신 이이명의 주달로 비로소 괴원(槐院, 승문원)에 해창위가 모방하여 주조한 황조의 인이 있음을 알았다. 지금 〈조선왕보(朝鮮王寶)〉의 전문(篆文)을 보니 또한 기이하다. 지금은 조신(朝臣)의 교지에 모두 〈시명지보(施命之寶)〉를 사용하고 있으며, 그 유래가 이미 오래다. 이를 비록 고칠 수 없다 하더라도 이미 보전(寶篆)을 보았으니 어찌 없애겠는가? 국가의 교명과 왕후·왕세자의 책례 때에는 마땅히 이를 사용하여야 하겠다."라 하고, 상방(尙方)에 명하여 이를 모방하여 주조해서 바치게 하였다.[53]

조선 초기의 문헌 기록에는 이 국새에 대한 언급이 없지만, 위 기록을 통하여 건국 초 명나라로부터 국새를 인수하기 이전 〈조선왕보〉를 사용한 사실이 확인된다. 위 기사에서 언급된 「강순룡 왕지(康舜龍王旨)」는 현재 규장각에 소장되어 있다.

이 국새는 실록에 보이는 바와 같이 영조가 교명과 왕후·왕세자의 책례에 사용하기 위해 모방하여 주조한 이후, 1876년(고종 13) 12월 다시 한번 개주하였다.[54] 이때 개주한 〈조선왕보〉의 재질은 은제 도금이

---

53 『영조실록(英祖實錄)』권60, 20년 12월 24일 정묘(丁卯).

54 1876년 12월 27일 무위소(武衛所)와 호조(戶曹)에서 〈조선왕보(朝鮮王寶)〉,〈대조선국주상지보(大朝鮮國主上之寶)〉,〈소신지보(昭信之寶)〉,〈위정이덕(爲政以德)〉,〈과거

「강순룡 왕지(康舜龍王旨)」(1395), (서울대학교 규장각한국학연구원 소장, 국사편찬위원회 유리필름 자료)

고, 뉴식은 귀뉴이다. 크기는 사방 12.6센티미터(4촌 4푼)로 본래의 크기보다 약 1.6센티미터 크게 제작하였다.[55] 서체는 첩전(疊篆)으로 국초에 사용한 〈조선왕보〉를 그대로 모방하였다. 의궤에는 이 국새의 관련 물품인 보통(寶筒) 1부, 보록(寶盝) 1부, 호갑(護匣) 1척에 대한 도설과 함께 크기, 재질, 용도, 소요 물자 등을 자세히 기록하였다.

전근대에는 인장에 사용하는 글자에 엄격한 구분을 두어 제후국인 조선에서는 국새에 '새'나 '보' 자를 사용할 수 없었다.[56] 따라서 조선시대에 명·청으로부터 받은 공식적 국새는 모두 〈조선국왕지인〉으로 '인(印)' 자를 사용하였고, 손잡이의 동물은 신하의 도리를 상징하

지보(科擧之寶)〉, 〈선사지기(宣賜之記)〉, 〈무위소(武衛所)〉 인(印)을 개주(改鑄), 개조(改造), 수보(修補)하여야 하는데, 일관(日官, 길일을 잡는 사람)으로 하여금 28일로 날을 받아 임금의 명을 얻어 그대로 시행하였다.(한국정신문화연구원 장서각 편, 『보인소의궤(寶印所儀軌)』, 학연문화사, 2004. 11쪽)

55 높이 2.87센티미터(1촌), 보면의 테두리인 곽(郭)의 넓이 0.86센티미터(3푼), 뉴는 길이 13.75센티미터(4촌 8푼), 너비 5.73센티미터(2촌), 높이 2.87센티미터(1촌)이다. 거북의 배 아래에 횡으로 천공(穿孔)이 있다. (『보인소의궤』에 의함)

56 『당률소의(唐律疏義)』 권1. "秦漢以來 天子曰璽 諸侯曰印."

2장 국새의 종류와 쓰임

는 거북으로 되어 있다. 태조 때에 조선에서 자체 제작한 〈조선왕보〉는 명나라와의 책봉 관계 형성 이전에 나타난 특수한 사례에 해당한다.

〈국왕행보(國王行寶)〉

조선 초기 책봉(冊封)과 제수(除授) 관련 국왕 문서에 사용한 국새이다. 세종 대에는 국왕 문서에 사용할 국새로 '신보(信寶)'와 '행보(行寶)'를 제작하여, 인문(印文)을 각각 '국왕신보(國王信寶)'·'국왕행보(國王行寶)'라 하였다. 이 두 어보로부터 조선시대 국왕 문서용 어보의 전통이 시작되었다. 신보와 행보는 고려시대로부터 이어진 어보의 문구이다. 또한 진(秦)의 승여육새(乘輿六璽)를 비롯하여 당(唐) 8새, 송(宋) 14새, 명(明) 24새에 모두 '황제행새(皇帝行璽)', '황제신새(皇帝信璽)', '천자행새(天子行璽)', '천자신새(天子信璽)'의 명칭으로 신새와 행새가 존재한다. 따라서 조선의 '국왕신보'와 '국왕행보'는 중국의 제도를 모방하였음을 알 수 있다.

조선에서 새로운 신보와 행보의 제작에 대한 논의는 1432년(세종 14) 10월 예조의 계(啓)로부터 시작되었다. 예조에서는 명으로부터 책봉과 함께 받은 국새의 문구가 '조선국왕지인(朝鮮國王之印)'이므로 국내의 일에 쓰기가 합당하지 않음을 지적하고 옛 제도에 따라 신보와 행보를 새로 제작하고, 국새는 사대문서에 국한하도록 건의하였다. 세종은 이 안건을 받아들였고, 이로부터 약 5개월 후 새로운 행보와 신보를 완성하였다. 재질은 대보와 같이 금으로 하였고, 무게는 신보 164냥, 행보 176냥이었다.

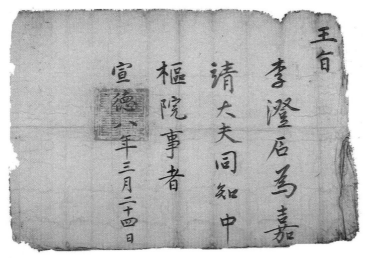

「이징석 왕지(李澄石王旨)」(1433, 세종 15), 보물 제1001-1호(양산 이씨 종가 소장)

〈국왕행보(國王行寶)〉

　이 신보와 행보는 사용한 지 10년 만에 폐기되기에 이른다. 1443년 (세종 25) 의정부에서는 예조의 첩정(牒呈, 서면으로 상관에게 보고함)에 의하여 〈국왕신보〉와 〈국왕행보〉는 국내용임에도 불구하고 보문(寶文)을 '국왕'이라 한 것은 부적절하다고 지적하고, 이를 대신할 새로운 어보 제작을 권고하였다. 이때 〈국왕행보〉를 〈시명지보(施命之寶)〉로, 〈국왕신보〉를 〈소신지보(昭信之寶)〉로 대신하는 안건을 내었다.

세종은 이 안건을 받아들여 새로운 어보인 시명보와 소신보를 제작하였다. 이때 시권(試券, 과거 시험지)과 홍패(紅牌, 문과 회시(會試)에 합격한 사람에게 내주던 증서) · 백패(白牌, 소과(小科)에 합격한 생원 · 진사에게 내주던 증서) 등 과거 관련 문건에 사용할 〈과거지인(科擧之印)〉도 함께 제작하였다.

〈국왕행보〉는 무게 164냥의 금제이며, 국새인 〈조선국왕지인〉과 같은 사방 10센티미터로 제작하였다. 서체는 구첩전(九疊篆)으로 매 글자마다 9획을 정확히 지켰다. 현존 고문서 가운데 〈국왕행보〉를 안보(安寶)한 가장 이른 사례로는 이 인장이 만들어진 해인 1433년 이징석(李澄石)에게 내린 왕지(王旨)가 있다. 「이징석 왕지」는 총 5행에 걸쳐 해서를 중심으로 썼으며, 연호와 날짜 사이에 어보를 안보하였다. 이씨 문중이 보관하고 있는 「이징석 왕지」를 포함한 문서들은 왕지, 유서, 사제문, 사패(賜牌, 궁가(宮家)나 공신(功臣)에게 나라에서 산림 · 토지 · 노비 따위를 내려주며 그 소유에 관한 문서를 주던 일. 또는 그 문서), 교지 등 조선 전기의 각종 문서를 고루 갖추고 있어 당시 고문서를 연구하는 데 귀중한 자료이다.

〈국왕신보(國王信寶)〉

조선 초기 사신(事神), 사유(赦宥), 공거(貢擧) 관련 국왕 문서에 사용한 국새이다. 국왕 신보는 앞에서 언급한 〈국왕행보〉와 같은 시기에 제작된 것이다. 새로 제작된 신보를 처음 사용한 시기는 이 인장이 만들어진 날인 1433년(세종 15) 3월 2일로, 좌의정 이직(李稷)의 아내 허씨에게 사제(賜祭)하면서 내린 교서에 안보(安寶)하면서부터였다.

〈국왕신보(國王信寶)〉

「조서경 왕지(趙瑞卿王旨)」(1435, 세종 17), 보물
제954호(국립중앙박물관 소장)

　현전하는 고문서 가운데 1433년 제작한 〈국왕신보〉를 안보한 이른
사례는 1435년(세종 17) 4월 조서경(趙瑞卿)에게 성적과 등급, 이름을 기
록하여 무과 급제를 증명한 왕지가 있다. 1988년 보물 제954호로 지정
된 이 문서는 총 6행에 걸쳐 초서체로 쓰였고 연호와 연월 사이에 〈국
왕신보〉를 안보하였다.

　〈국왕신보〉는 무게 176냥의 금제이며, 크기는 〈국왕행보〉와 같이 사
방 10센티미터이다. 서체는 구첩전(九疊篆)으로 행보와 같이 매 글자마
다 9획을 정확히 지켰고, 인문은 2항 2자로 포치하였다. 구첩전은 인전
(印篆)의 한 형태로 필획이 중첩되고, 분포가 균일하여 마치 벽돌을 쌓
아 올린 듯한 서체를 말한다. 필획을 많이 중첩한 경우 10첩 이상인 경

우도 있다. 새보와 관인에서 흔히 볼 수 있는데, 송대로부터 시작하여 원대에 성행했으며 모두가 주문(朱文)이다. 구첩전은 새보와 관인에서 사용하는 특별한 서체라는 의미도 있지만, 위조를 방지하기 위해 만들었다고 보기도 한다. 모든 글자는 가로획의 수가 9가 되게끔 의도적으로 구성한 점 또한 공통적이다.

〈소신지보(昭信之寶)〉

조선 초기에 사신(事神), 사유(敎宥), 공거(貢擧) 관련 나랏일에 사용한 행정용 국새이다. '소신'은 『국어(國語)』의 '말로써 믿음을 밝힌다(言以昭信)'라는 구절을 취하였다. 세종은 기존에 없었던 국새를 주조하여 국왕 문서와 서적 반사에 사용하도록 하여, 세종 당대에 〈국왕행보〉, 〈국왕신보〉, 〈시명지보〉, 〈소신지보〉, 〈과거지인〉, 〈유서지보〉, 〈선사지기〉, 7개 국내용 국새를 주조하였다. 이후에 제작한 국새 대부분이 이들의 용도와 중복되므로 세종 대에 이미 국왕 문서와 서적 반사용 어보가 완비되었다 해도 과언이 아니다.

1433년(세종 15) 3월 2일 새로 주조한 〈국왕신보〉와 〈국왕행보〉는 의정부의 권고로 10년 만에 폐기하게 되었다. 1443년(세종 25) 의정부에서는 예조의 첩정에 의하여 〈국왕신보〉와 〈국왕행보〉는 국내용임에도 불구하고 보문에 '국왕'이라 한 것은 부적절하다고 지적하고, 이를 대신할 새로운 국새의 제작을 권고하였다.

세종은 이 안건을 받아들여 1433년 제작한 이래 10년간 사용한 〈국왕신보〉와 〈국왕행보〉를 폐기하고, 새로운 어보인 〈시명지보〉와 〈소신

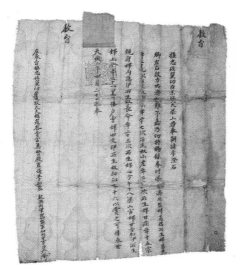

〈소신지보(昭信之寶)〉

「이징석 사패 교지(李澄石賜牌敎旨)」(1458, 세조 4),
보물 제1001-2호(양산 이씨 종손가 소장)

지보〉를 제작하도록 하였다. 〈국왕신보〉를 폐기하고 이를 대체할 어보를 제작하자는 예조의 건의 이후 1445년(세종 27) 4월 16일 〈소신지보〉가 완성되었는데, 사용 사례가 드물고 언제까지 사용하였는지도 확실하지 않다. 그러나 영조 대까지 어가 행렬에 봉송되었고 20세기 초까지 창경궁 주합루에 보관되었다.

〈소신지보〉가 찍힌 사례로는 양산 이씨 종손가 소장 고문서(梁山李氏宗孫家所藏古文書) 가운데 하나인 「이징석 사패교지(李澄石賜牌敎旨)」가 있다. 양산 이씨 종손가 소장 고문서는 양산 이씨의 시조 이전생(李全生)을 1398년(태조 7) 가선대부공조전서(嘉善大夫工曹典書)로 임명하는 사령서인 왕지 1점, 이징석 관련 문서 왕지 4점, 유서 1점, 토지와 노비

2장 국새의 종류와 쓰임

를 내리는 사패교지 3점, 그리고 이징석이 죽은 후 세조가 내린 사제문 (賜祭文) 등이 있다. 이 문서들은 조선 전기의 각종 문서를 고루 갖추고 있어 당시 고문서를 연구하는 데 귀중한 자료이다. 이 가운데 「이징석 사패교지」는 좌익공신에 책봉된 이징석에게 노비 8명을 하사한 사패교 지로, 조선 전기 〈소신지보〉의 안보 사례를 확인할 수 있는 몇 안 되는 문서 가운데 하나이다.

〈소신지보〉의 재질은 황금이며, 서체는 13첩의 첩전(疊篆)으로 같은 시기에 제작한 〈시명지보〉와 첩 수가 같다. 보문을 쓴 사람은 강희안(姜 希顔, 1417~1465)으로, 조선 전기 국왕 문서용 어보의 전서자를 확인할 수 있는 드문 사례이다. 당시 조정에서는 인장과 비액(碑額)에 쓰이는 서체인 전서에 능숙한 사람이 적어 국가적 차원에서 이를 양성하려는 움직임이 있었다. 강희안은 전서(篆書)와 예서(隸書)에 모두 정통한 경 지를 이루었고, 그 수준은 당시 조정에서 독보적이었다. 〈소신지보〉는 조선 전기 보문의 서자(書者)가 드러난 유일한 사례로 강희안의 전문을 볼 수 있는 하나의 작품으로서도 가치가 있다.

〈시명지보(施命之寶)〉

〈시명지보(施命之寶)〉는 주로 국왕 문서에 사용한 어보의 한 종류이다. '시명(施命)'은 『주역(周易)』의 구괘(姤卦)에서 따온 말로, 바람이 하늘 아래에 두루 다니는 것과 같이 군주(君主)가 상(象)을 두루 관찰하여 명 령을 베풀어서 사방을 교화한다는 뜻을 담고 있다. 〈시명지보〉 이전에 제작된 〈국왕신보〉나 〈국왕행보〉가 진나라의 승여6새(乘輿六璽)에서 문구를 취하여 제작한 반면, 같은 시기에 제작된 〈시명지보〉와 〈소신지보〉는 고전에서 의미를 취한 점이 다르다. 따라서 이 어보들의 문구는 중원에서 사용한 적이 없는 조선 고유의 보문(寶文)이라고 할 수 있다.

〈시명지보〉는 조선시대 국왕 문서에 가장 많이 사용한 국새로, 주로 지금의 사령장에 해당하는 고신(告身)에서 사용 사례를 볼 수 있다.『경국대전』에서는 문무관 4품 이상 고신식에서는 '보(寶)'를 안보(安寶)하고, 5품 이하는 '인(印)'을 답인(踏印)하여 차등을 두었다. 후자의 경우 문관은 이조에서, 무관은 병조에서 각각 〈이조지인(吏曹之印)〉과 〈병조지인(兵曹之印)〉을 답인하였다.『경국대전』과『대전회통』에서 사용 범위를 구분하여 이러한 규정을 정리하였다.

조선시대에 시명보는 모두 세 차례 제작되었다. 1443년(세종 25) 〈국왕행보〉의 사용을 폐지하고 이를 대신하여 제작한 〈시명지보〉는 조선왕조에서 제작한 최초의 시명보이다.[57]

1443년 제작된 첫 번째 시명보는 주문방인(朱文方印)으로 사방 10.4 센티미터 크기이다. 1401년(태종 1) 6월, 명으로부터 받은 국새인 〈조선국왕지인〉보다 약 5밀리미터 크게 제작되었다. 서체는 첩전으로 종전의 새보에서 9획을 정확히 지키던 방식과 달리 13첩으로 4첩을 더하였다. 이는 1445년(세종 27) 강희안의 전문으로 제작한 〈소신지보〉와 같은 첩 수이다.

이후 1466년(세조 12) 새로운 시명보를 사용하면서 〈시명지보〉는 폐지되었다. 보문은 '시명(施命)' 두 글자를 새겼는데, 훗날 새 시명보를

---

57 『세종실록』권102, 25년 10월 2일 계미(癸未).

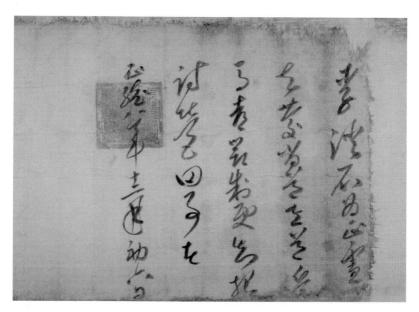

「이징석 교지(李澄石敎旨)」(1443, 세종 25), 보물 제1001-1호(양산 이씨 종가 소장)

'시명소보(施命小寶)' 또는 '시명옥보(施命玉寶)'로 칭하였다. 후대의 기록에는 새로 바꾼 이유에 대해 관제를 바꾸면서 비로소 썼거나, 일기를 상고하여도 알 수 없다고 하였다. 1466년 제작된 두 번째 시명보는 주문방인으로 사방 8.8센티미터 크기이다. 1443년에 제작하여 약 23년간 사용한 〈시명지보〉보다 1.6센티미터 작다. 서체는 종전의 어보들이 첩전을 사용한 데 비해 소전으로 하였고, 재질도 금을 비롯한 금속성 물질로 제작하지 않고 옥을 사용한 점이 특징이다. 이 시명보는 1466년 1월 10일부터 1493년 3월 28일까지 27년 2개월 18일 동안 사용하였다.

1493년(성종 24) 성종은 당시 대보(大寶)와 시명보의 사용 범위에 대

「오응 교지(吳凝敎旨)」(1466, 세조 12, 국립중앙도서관 소장)

한 문제점을 지적하고 새로운 규정을 마련하였다. 내용은 기존의 관리임명과 해임에 관한 문서인 정비(政批)와, 2품 이상의 사령장인 관교(官敎)에 시명보를 쓰고, 토전(土田)이나 장획(臧獲)을 하사할 때 대보를 사용함은 일의 경중에 어긋나므로, 3월 28일부터 정비와 관교를 제외한 일체의 사패는 모두 1443년에 제작한 〈시명지보〉를 쓰도록 하였다.

　약 3개월 뒤인 7월 3일 성종은 다시 어보 사용에 따른 기존의 문제점과 이에 대한 대책을 승정원으로 하여금 상의하도록 하였다. 문제점은 첫째, 대보가 금의 성질로 인하여 사용 빈도에 비해 쉽게 마모될 우려가 있고, 둘째, 사용 중인 시명보(시명옥보)의 크기가 대보보다 작아

적합하지 않다는 점이었다.

대신들이 내놓은 대책은 기존의 방식대로 사용하자는 쪽과 사용 범위를 수정하자는 의견으로 갈리었고, 새로운 어보를 제작하자는 의견도 있었다. 성종은 1443년에 제작한 〈시명지보〉의 크기가 대보보다 크게 제작된 점을 들어, 주석에 도금을 하고 곡전문〔曲篆文, 첩전(疊篆)〕으로 새로운 '시명지보'를 제작하도록 하였다. 용도는 이전에 시명보를 쓰던 문서에 신보(新寶)를 쓰는 것으로 하고, 이를 중외(中外)에 알리도록 하였다.

왕명이 있은 지 3일 후 도승지 김응기(金應箕)는 세종 대에 제작한 〈시명지보〉는 국내에서만 사용하면 문제가 없으므로 신보를 제작할 필요가 없음을 거듭 아뢰었고, 새로 제작함에 따른 몇 가지 문제점도 지적하였다. 우선 인장에 '보' 자를 사용할 수 있는 사람은 천자뿐인데, 왜인(倭人)이나 야인(野人)이 명에 왕래하다가 조선에서 '보' 자를 사용하고 있다는 사실이 알려지면 문제가 발생할 수 있고, '보'는 귀한 물건인데 주석으로 만들면 가볍고 천하니 이왕 만들려면 금은이나 옥으로 해야 한다는 지적이었다.

이에 성종은 조정 대신들로 하여금 새로운 어보에 대해 거듭 논의하도록 하였다. 이때 다시 만들어야 한다는 사람이 2명이었고, 만들 필요가 없다거나 둘 다 무방하다는 의견이 5명으로, 주로 만들지 않는 쪽으로 의견이 모아졌다. 그러나 성종은 무슨 까닭인지 새로운 어보의 제작을 종용하였다. 3일 전 명령과 달라진 점은 신보의 재질이 주석 도금에서 은제 도금으로 바뀌었다는 점이다. 김응기의 의견이 일부 반영된 결과로 여겨진다.

「김종한 교지(金從漢敎旨)」(1494, 성종 25), 보물 제1406호(경기도박물관 소장)

　신주(新鑄)에 대한 왕명이 있고 난 2개월 24일 만에 세 번째 '시명
지보'가 완성되었다. 사용 범위는 정비와 관교, 왜인과 야인에게 내리
는 관교와 모든 사패로, 사대문서를 제외한 대부분의 국왕 문서에 쓰도
록 하였다. 이로써 대보 사용이 줄어들어 마모될 우려가 없었고, 크기
도 대보와 같게 하여 국새 대용의 어보로서 격을 갖추었다. 그러나 왜
인과 야인의 관교에 시명보를 씀으로써 조선에서 '보' 자를 사용하는
사실이 명에 알려질 수 있다는 문제는 해결하지 않은 셈이었다. 1493년
제작된 세 번째 시명보는 주문방인으로 크기는 사방 10센티미터이다.
1466년에 제작하여 약 17년간 사용한 시명보보다 1.2센티미터 크다.
서체는 구첩전으로 하였고, 은제(銀製) 도금이다.
　이 시점부터 국새인 〈조선국왕지인〉은 사대문서에만 사용하였고,

　　　　　　　　　　　　　　　　　　2장 국새의 종류와 쓰임

작상(爵賞)과 관련한 일체의 국왕 문서에 시명보를 사용하여 갑오개혁 이전까지 큰 변동이 없었다. 1897년(광무 1) 9월 9일부터 고종의 명령으로 황제의 지위에 걸맞게 새로운 국새와 어보를 제작하였다. 조성 과정과 절차에 대해서는 『대례의궤(大禮儀軌)』에 상세히 기술되어 있다. 갑오개혁 이후 사령장인 고신이 칙명으로 대체되면서 어보 또한 시명보를 대신하여 〈칙명지보(勅命之寶)〉로 대체되었다.

〈유서지보(諭書之寶)〉

조선시대 유서(諭書)에 사용한 행정용 국새이다. 조선시대에는 한 지방의 군사권을 위임받은 관리가 왕명 없이 자의로 군사를 발동하거나 역모를 위해 군사를 움직이는 것을 미연에 방지하기 위한 밀부(密符) 제도가 있었다. 『경국대전(經國大典)』에 따르면 "밀부의 우부(右符)는 관찰사(觀察使)·절도사(節度使) 및 제진(諸鎭)에 주고, 좌부(左符)는 궁궐 안에 간직한다. 만약 징병(徵兵)할 때에는 교서(教書)를 내려서 좌부를 우부와 맞추어본 뒤라야 징발(徵發)에 응한다."라고 하였다.

비상 명령이 내려지면 해당 관원이 간직하고 있던 반쪽의 밀부와 왕이 보낸 반쪽의 밀부를 맞추어 의심할 바가 없을 때 명령대로 거행한 것이다. 이때 왕이 보낸 교서가 바로 〈유서지보(諭書之寶)〉가 찍힌 유서에 해당한다. 기존 유서에 대한 개념은 위에서 살핀 바와 같이 조선시대 왕이 군사권을 가진 관원에게 내렸던 문서로, 각 지방으로 부임하는 관찰사·절도사·방어사(防禦使)·유수(留守) 등에게 왕과 해당 관원만이 아는 밀부를 내리면서 함께 발급하는 명령서를 의미하였다. 그러나

최근의 연구 성과에 따르면 유서의 범위는 이보다 넓은 것으로 밝혀졌다.[58]

현재까지 발견된 유서를 발급 사유 및 수록한 내용에 따라서 분류하면 밀부유서(密符諭書)를 비롯하여 포상유서(褒賞諭書), 훈유유서(訓諭諭書), 관원을 부르는 유서 등이 있다.

밀부유서는 국왕이 각 지방으로 부임하는 관찰사·절도사·방어사·유수 등에게 국왕과 해당 관원만이 아는 밀부를 내리면서 함께 발급한 명령서이다. 밀부유서의 문서식은 16세기 후반에 한 차례 변화하였고, 『전율통보(典律通補)』에는 조선 후기에 발급된 문서식이 기재되어 있다.

포상유서는 왕이 상급 관원의 보고를 통하여 공적이 있는 관원에게 하사품을 내리면서 함께 발급한 문서이다. 새서표리(璽書表裏), 새서숙마(璽書熟馬) 등을 내려주라는 왕명이 있을 때에 포상유서와 하사품을 내려주었다.

훈유유서는 왕이 일반 백성 및 관원에게 훈유(訓諭)하거나 효유(曉諭)하는 내용을 기재한 문서이다.

관원을 부르는 유서는 왕이 지방에 있는 관원을 부르는 경우에 발급하는 유서이다. 왕이 유서로 관원을 부르는 경우는 크게 세 가지였다. 첫째, 긴급한 일로 지방에 있는 관원을 부르는 경우, 둘째, 영의정(領議政)·좌의정(左議政)·우의정(右議政)으로 임명된 관원이 지방에 있을 때 왕이 유서를 내려 해당 관원을 올라오게 하는 경우, 셋째, 사직 상소를

---

58 노인환, 「조선시대 유서(諭書) 연구」, 한국학대학원 석사학위논문, 2008.
　　　노인환, 「조선시대 교서(敎書) 연구」, 한국학대학원 박사학위논문, 2014.

「이윤손 유서(李允孫諭書)」(1457, 세조 3), 보물
제1289호(개인 소장)

〈유서지보(諭書之寶)〉

올린 관원에게 국왕이 사직을 만류하고 해당 관원을 부르는 경우에 유서를 발급하였다.

유서의 기원은 고려의 선전소식(宣傳消息)에 있다. 고려 말에 왕에 의해 번거로이 내려지던 선지(宣旨)에서 일부 기능이 분화된 문서로, 왕의 명령을 중추원 승선(中樞院承宣)이 작성하여 전달한 것이다. 또 군정(軍政)과 관련된 명령과 일부 국가의 정책이나 국왕의 개인적인 명령을 전달하는 내전소식(內傳消息)이 있었다. 조선에 들어 1443년(세종 25) 고려의 유제(遺制)인 내전소식을 폐지하고 유서를 처음 시행하여 왕의 명령을 전달하는 방식으로 변화하였다. 이때 유서식의 변화상을 살펴보면, 첫 면에 '유(諭)'자와 수취인의 관직, 성명을 쓰고 결사(結辭)에는 '고유(故諭)'를 쓴다. 문서의 말미에는 날짜를 쓰고 어보인 〈유서지보〉를 찍었다.

조선시대에 〈유서지보〉를 처음 제작한 시점은 정확하게 알 수 없지만 〈유서지보〉를 사용한 사례는 1444년(세종 26)「정식 유서(鄭軾諭書)」에서 처음 발견된다. 이후 1457년(세조 3)「이윤손 유서(李允孫諭書)」에서 비교적 이른 시기의 안보(安寶) 사례를 확인할 수 있다. 보물 제1289호인 「이윤손 유서」는 3월 12일 세조가 평안도절제사 이윤손(李允孫, ?~1467)에게 내린 유서로, 역모에 의해 군사를 함부로 움직이지 않도록 미리 방지하기 위한 내용이다.

이 문서에 안보된 〈유서지보〉의 재질은 확인할 수 없으며, 크기는 사방 10센티미터, 서체는 소전(小篆)이다. 사용 기간은 유서를 처음 사용한 1443년 이후부터 새로운 〈유서지보〉를 제작한 1495년까지로 비정(比定)할 수 있다. 연산군 대의 기록에 따르면 당시 사용한 〈유서지보〉의 재질은 옥(玉)이며, 서체는 원전(圓篆, 소전)으로 '유서' 두 자만으로 제조하였다고 하였다. 해당 고문서를 살펴보면 재질은 알 수 없고, 서체는 동일하나 보문이 '유서지보'이므로 기록과 차이가 있다. 따라서 이 〈유서지보〉 외에 연산군 대 이전까지 사용한 또 다른 유서보가 있었음을 확인할 수 있다.

〈유서지보〉를 처음으로 사용한 1443년보다 약 52년 뒤인 1495년(연산군 1) 연산군은 새로운 〈유서지보〉를 〈시명지보〉의 크기와 같게 제조하되 은제 도금으로 할 것을 명령하였다. 그로부터 1개월이 채 안 되어 새로운 유서보를 완성하여 팔도의 관찰사에게 유시(諭示)하였다. 국새는 기존의 인영(印影)과 비교하여 크기나 보문은 동일하나 서체가 소전에서 구첩전으로 바뀌었다. 사용 기간은 제작한 해인 1495년부터 새로 개조한 해인 1876년(고종 13)까지 약 381년간이다. 개조한 〈유서지보〉 관련 기록은 『보인부신총수(寶印符信總數)』에 실려 있다. 재질은 동제 도금이며, 크기는 10.2×10센티미터로 기존에 제작한 유서보보다 세로로 2밀리미터 크게 제작되었다.

〈과거지보(科擧之寶)〉

조선시대 전시(殿試)에 사용한 행정용 국새이다. 과거의 시험지인 시권(試券)과 소과(小科)에 합격한 생원·진사에게 주던 증서인 백패(白牌) 및 문과의 회시(會試)에 합격한 사람에게 주던 홍패(紅牌)에 〈과거지인(科擧之印)〉을 찍었다. 1443년(세종 25) 10월 2일 조정에서는 〈시명지보〉와 〈소신지보〉를 새로 만들자고 건의하면서, 〈국왕신보〉와 〈국왕행보〉를 과거 관련 문서에 쓰는 관례가 사리에 합당하지 않다는 의견이 함께 제시되었다. 이에 따라 〈과거지인〉을 따로 제작하여 전시에 사용하도록 하였다. 이때 새로 만들어진 어보는 〈시명지보〉와 〈소신지보〉, 〈과거지인〉으로 총 3과인 셈이다.

특이한 점은 유독 과거 관련 어보만 '보(寶)'가 아닌 '인(印)' 자를 사용한 점이다. 같은 시기에 제작한 〈시명지보〉와 〈소신지보〉가 모두 금

〈과거지인(科擧之印)〉

「장말손 백패(張末孫白牌)」(1453,
단종 1), 보물 제501-3호(인동 장씨
소장)

으로 제작되었고 서체도 13첩의 첩전(疊篆)이었는데, 〈과거지인〉만 은
으로 하였고 서체도 12첩의 전서로 제작하였다. 〈과거지인〉만 유독
'인'이라 칭한 이유는 왕권을 상징하는 어보와 과거 관련 문서에만 사
용하는 인장에 차등을 두기 위함이었으리라 추측된다.

　1443년 예조의 건의에 따라 처음으로 제작한 〈과거지인〉을 찍은 사
례로는 「장말손 백패(張末孫白牌)」가 있다. 장말손(1431~1486)의 백패는
1453년(단종 1) 진사시에 2등 7인으로 입격한 증서이다. 초서로 쓰였으
며 연호와 연도 사이에 〈과거지인〉을 찍었다.

　『숙종실록(肅宗實錄)』의 기록에 따르면 이 인장은 인조반정 때 유실
하였다가 1695년(숙종 21) 한 천문학 생도가 우연히 발견하여 진상하였

다고 한다.[59]

　광해군 때까지 〈과거지인〉을 사용한
문서가 확인되며, 인조 대에 〈과거지보
(科擧之寶)〉로 대체되었다. 인조반정 1년
후인 1624년 〈위정이덕(爲政以德)〉 보와
〈선사지기(宣賜之記)〉를 새로 제작하면
서 '과거지인'을 '과거지보'로 명칭을
변경하여 새로 제작하였다. 인조 대에

『보인부신총수(寶印符信總數)』에 실
린 〈과거지보(科擧之寶)〉 보문

새로운 어보를 제작한 이유는 반정의 변란 중에 유실하였기 때문으로
추정된다.

　『인조실록(仁祖實錄)』 2년 5월 6일 자 "종묘의 10실(室)에서 잃어버
린 보도 다시 만들어야 하는데 비용이 적지 않다."라는 기록을 통해 당
시 상당수 어보가 유실되었음을 알 수 있다. 이때 새로 제작한 〈과거지
보〉는 충재(冲齋) 권벌(權橃)가의 소장 문서에 포함된 1677년 「권두인
백패(權斗寅白牌)」를 통해 확인할 수 있다. 『보인소의궤(寶印所儀軌)』의
기록에 의하면 〈과거지보〉는 1876년(고종 13) 한 차례 수보(修補)되었고,
이후 대한제국 때까지 그대로 사용되었다. 고종 대에 편찬된 『보인부신
총수(寶印符信總數)』에 〈과거지보〉가 있는 것으로 보아 인조 대부터 대
한제국 때까지 그대로 사용하였음을 확인할 수 있다.

59 『숙종실록』 권28, 21년, 6월 28일 무오(戊午).

〈선사지기(宣賜之記)〉

조선시대 내사본(內賜本) 서적에 사용된 국새이다. 조선시대에는 왕명으로 서적을 반사(頒賜)할 때 표지 뒷면에 내사기(內賜記)를 작성하고 이를 증명하기 위한 인장으로 국새를 사용하였다. 내사기에는 왕이 반사한 서적이라는 점을 명시하고, 누구에게 무슨 책을 몇 권 반사하였는지 따위의 내용을 기록했다. 이러한 내사기에 더하여 권수(卷首)에 어보를 찍음으로써 사실을 증명해주는 것이 바로 내사인(內賜印)이다.

조선시대 서적 반사 때 사용하였던 어보는 〈선사지기(宣賜之記)〉와 〈규장지보〈(奎章之寶)〉가 대부분을 차지하며, 그 밖에도 〈흠문지보(欽文之寶)〉, 〈동문지보(同文之寶)〉, 〈선황단보(宣貺端輔)〉 등이 있었다. 대한제국 때에는 〈흠문지새(欽文之璽)〉를 제작하여 사용했다.

반사본(頒賜本)은 왕의 명으로 내려준 책이다. 승정원 승지(承政院承旨) 또는 규장각 각신이 특정 신료, 관원 및 관서, 사고, 향교, 서원 등에 반사하였다. 왕의 하사품이므로 책의 지질이나 장정, 인쇄 상태가 양호하고, 본문의 교정이 철저하여 오자와 탈자가 거의 없다. 특히 관주활자(官鑄活字)로 찍은 반사본은 동양 3국 중 우리나라에서만 볼 수 있는 독특한 문화의 하나이다. 또한 책을 받은 후손들은 왕이 조상에게 내려준 하사품이므로 가문의 명예로 여겨 오늘날까지 간직해왔으므로 귀중한 전적 문화유산이란 점에서도 의미가 있다.

반사본은 일반적으로 표지 안쪽 면에 반사에 관한 기록인 내사기를 쓰고, 내용의 시작부에 어보를 찍는다. 내사기의 형식은 개인의 경우 첫째 줄에 반사 연월일을 쓰고, 둘째 줄은 첫 줄의 수자(首字)보다 한 자 올린 상일자(上一字) 또는 두 자 올린 상이자(上二字)의 형식으로 '내사(內賜)'의 용어를 쓴 다음, 반사받는 이의 직함·성명·서명 1건의 차례로 쓴다. 끝줄 아래에 왕의 명을 받들어 내려주는 승정원 승지의 직함과 신(臣)에 이어 성을 쓰고 수결(手決)한다.

문장의 끝에 '명제사은(命除謝恩)'이라는 문구가 있는 경우가 있는데, '왕이 베풀어준 은혜에 대한 인사는 하지 않아도 좋다'는 뜻으로, 일일이 인사하는 폐단을 없애기 위하여 명문화하였다. 단체는 개인의 경우와 같은 차례로 쓰되, '명제사은'만 생략하는 원칙이 있었다. 그러나 경우에 따라 '내사' 다음에 반사 책명과 보낸 관서명에 이어 '상(上)'을 표시하기도 하고, 더욱 간략하게 쓴 경우는 반사 연월일과 보낸 곳의 관서명에 이어 '상'만 쓰기도 한다.

왕명에 따라 도서를 반사하는 것이 언제부터 시작되었는지 알 수는 없지만 문헌 기록은 고려시대부터 전한다. 1045년(정종 11) 비서성(秘書省)에서 새로 간행한 『예기정의(禮記正義)』 70질과 『모시정의(毛詩正義)』 40질을 바치니, 왕이 어서각(御書閣)에 한 질씩만 보관하고 나머지는 문신들에게 반사하도록 하였다. 조선시대에는 주로 활자본을 중심으로 빈번하게 서적을 반사하였다.

조선시대 내사인에 관한 첫 기록은 『세종실록(世宗實錄)』에서 볼 수 있다. 1429년(세종 11) 3월 26일 자 기사를 보면 "경연에 소장한 책은 표기(標記)가 없을 수 없으니, 청컨대 '경연(經筵)' 두 글자의 도서(圖書, 도장)를 만들어 매 권마다 이를 찍게 하고, 또 '내사(內賜)' 두 글자의 도서를 만들어 만약 하사하시는 책이 있으면 이 도서를 찍어 내리도록 하소서."라고 하였다. 따라서 이때부터 내사본에 '내사'라는 인장을 찍게 되었다.

현재 서울대학교 도서관 가람문고에 소장된 『서산선생진문충공문장정종(西山先生眞文忠公文章正宗)』에서 이 인장의 존재를 확인할 수 있다. 이 책은 1429년 8월에 경자자(庚子字, 세종 2년인 경자년(1420)에 만든 구리 활자)로 인쇄하였으며, '경연'과 '내사'의 두 인장이 찍혀 있다. 『세종실록』의 기사보다 약 5개월 뒤에 인쇄하였으므로 기사의 사실을 증명하고 있다. '경연'은 사방 3.9센티미터의 정방형, '내사'는 세로 3.7센티미터, 가로 1.9센티미터의 장방형 인장이다. 조선 후기 내사본에서는 볼 수 없는 인장으로, 조선 초기에 경연 소장용 서적에 잠시 사용한 것으로 여겨진다.

이후로 서적을 반사할 때 사용한 어보는 〈선사지기〉, 〈선황단보〉, 〈동문지보〉, 〈규장지보〉, 〈흠문지보〉 등이 있었으며, 이 중 가장 이른 시기에 사용한 어보가 〈선사지기〉이다. 서적 반사 때 선사보(宣賜寶)를 찍기 시작한 시점은 세종 대이다. 세종 대 이전에도 선사인(宣賜印)이 있었으나 내사인이 아니었고, 주로 녹패(祿牌)에 사용하였다.

〈선사지인(宣賜之印)〉은 1403년(태종 3) '〈선사지인〉이 국새보다 더 크다'는 기록을 통해 조선 초기부터 존재하였음을 알 수 있으며, 1432년(세종 14) 동반과 서반 각 품의 녹과에 사용하는 〈선사지인〉의 용도에 대해 논의한 기사가 있다. 〈선사지인〉의 안보 사례로는 1394년(태조 3) 발행한 「도응 녹패(都膺祿牌)」가 있는데, '선사지인' 3방이 찍혀 있다. 서체는 7첩의 첩전(疊篆)으로 크기는 10.1센티미터이다.

1440년(세종 22) 8월 승정원에서는 주자소에서 모인(模印)한 서적을 각 품계에 따라 반사하였는데, 받은 자가 장황(粧潢, 비단 등을 발라서 책이

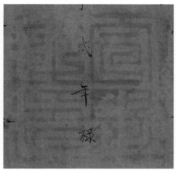

〈선사지인(宣賜之印)〉

「도응 녹패(都膺祿牌)」, 1394(태조 3), 보물 제724-5호(성주 도씨 종중 문서)

나 화첩, 족자 따위를 꾸미어 만듦)을 게을리하여 훼손하는 일이 허다하였다. 세종은 서적을 받은 지 3개월 이내에 제본하고 승정원에 제출하여 〈선사지기〉를 받도록 하고, 이를 영구한 법식으로 삼으라고 명하였다. 이후로 조선시대 서적 반사에 가장 많은 사용 빈도를 보이는 어보가 바

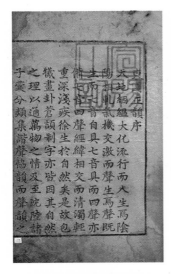

〈선사지기(宣賜之記)〉가 찍힌 『동국정운(東國正韻)』, 국보 제71호(간송미술관 소장)

로 〈선사지기〉이다.

〈선사지기〉가 사용된 가장 이른 시기의 사례는 1437년(세종 19) 초주(初鑄) 갑인자[甲寅字, 세종 16년 갑인년(1434)에 만든 구리 활자]로 간행된 『역대장감박의(歷代將鑑薄議)』로, 현재 일본 궁내청 서릉부에 소장되어 있다. 이후 간행된 서적으로는 1447년(세종 29) 10월에 반사한 목판본 『용비어천가(龍飛御天歌)』와 1448년(세종 30) 10월에 반사한 『동국정운(東國正韻)』 활자본이 있다. 『동국정운』은 1447년 9월 완성하여 간행하라는 임금의 명이 있었고, 이듬해 10월 성균관, 사부학당 등에 보급하였다는 기록으로 미루어 간행 시기와 보급 시기를 알 수 있다. 현재 전 6권 가운데 1권과 6권만 남아 있다. 내용을 보면 본문의 큰 글자는 목활자이고, 작은 글자와 서문의 큰 글자는 갑인자이다. 본문의 큰 글자는 진양대군(晉陽大君, 뒤의 세조)의 글씨로 전한다. 책 1면 변란의 안쪽 구석에는 세종 대에 제작한 〈선사지기〉가 찍혀 있어 반사본임을 말해준다.

〈선사지기〉는 인조반정으로 잃어버렸다가 1624년(인조 2) 한 차례 개주(改鑄)하였다. 이때 개주한 〈선사지기〉는 1675년(숙종 1) 홍주국(洪柱國, 1623~1680)에게 반사한 『고사촬요(故事撮要)』에서 확인할 수 있다. 8센티미터의 주문방인(朱文方印)으로 종전의 것을 모방하여 제작한 듯하나 보문의 서체가 약간의 차이를 보이며, 변곽이 두꺼워졌

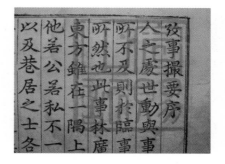

『고사촬요(故事撮要)』에 찍힌 '선사지기(宣賜之記)'(한국학중앙연구원 장서각 소장)

다. 『보인소의궤(寶印所儀軌)』를 통해 1876년 12월 28일 한 차례 마련취색(鍊磨取色, 연마하여 광택을 냄)하였음을 알 수 있다.

『보인소의궤』에 따르면 개주한 〈선사지기〉의 재질은 은이며, 손잡이는 직뉴(直鈕)이다. 인면의 길이는 사방 8센티미터(2촌 9푼), 곽광(郭廣)은 2.7밀리미터(1푼), 직뉴의 높이는 5.24센티미터(1촌 9푼), 두께는 2.2센티미터(8푼)이다. 직뉴의 중앙에는 횡혈(橫穴)이 있으며 서체는 소전(小篆)이다.

현존하는 〈선사지기〉는 성암고서박물관에 소장되어 있다. 재질은 무게로 보아 은이 아니므로 기록과 차이를 보인다. 그러나 조선시대에는 도금한 어보를 금이라고 기재하거나, 주석 합금을 은이라고 표기하는 경우가 있는 점을 감안하면 현재 남은 〈선사지기〉는 조선시대에 제작된 국왕 문서를 포함한 서적 반사용 국새로서 몇 안 되는 유물이다.

〈선사지기〉 보면(寶面)

〈선사지기〉 보신(寶身)

〈선사지기〉 보영(寶影)

〈규장지보(奎章之寶)〉

조선 후기 규장각 설치 이후 내사본 서적이나 반사용(頒賜用) 어필(御
筆)에 사용한 국새이다. '규장각'이나 〈규장지보〉의 '규장(奎章)'은 본래
어제(御製)나 어필을 의미한다. 이 어보는 사방 12.7센티미터와 9.5센티
미터 두 종류가 있는데 한국학중앙연구원 장서각에 소장된 내사본의
권수(卷首)에 찍혀 있는 어보는 대부분 9.5센티미터이다.

반사본에 사용하는 어보는 일반적으로 책의 본문 제1면 오른쪽 위
의 변란 안쪽 구석에 안보하는데 간혹 예외가 있다. 1526년(중종 21) 5
월에 반사된 『역대군신도상(歷代君臣圖像)』의 경우 도상을 피하기 위해
내사기 위에 안보한 사례가 있고, 안보해야 할 위치에 어휘(御諱, 왕의 이
름)나 국왕과 관련한 '어제'·'왕왈(王曰)', 또는 공자를 뜻하는 '부자(夫
子)' 등이 있으면 이를 피하는 관례가 있었다.[60]

---

60 안병희,「내사본의 한 연구」,『장서각』8집, 한국정신문화연구원, 2002.

2장 국새의 종류와 쓰임

이러한 사례로 1866년(고종 3) 간행된 장서각 소장『황명조령(皇明詔令)』을 들 수 있다. 이 책은 명(明) 태조에서 세종까지 12대의 조령집이다. 총 10책으로 구성되었고, 1책의 1면에는 반사본임을 확인할 수 있는 '흠문지보(欽文之寶)'와, 봉모당(奉謨堂)에 소장되었음을 알 수 있는 '봉모당인(奉謨堂印)'이 찍혀 있다. 어보는 변란의 안쪽 구석이 바른 위치이지만 황제를 나타내는 '태조고황제(太祖高皇帝)'라는 글자가 있어 '제(帝)'자 아래에 안보하였다.

『황명조령(皇明詔令)』(1866, 고종 3, 한국학중앙연구원 장서각 소장)

서적의 반사는 세종 대부터 줄곧 승정원에서 담당하였다. 반사본에 사용하는 국새는 세종 대에 만든 〈선사지기(宣賜之記)〉가 가장 이른 사례에 해당하며, 18세기 후반으로 접어들면서 변화가 생겼다. 1776년 정조가 즉위하고 규장각이 설치되면서 그 기능이 옮겨져 직각(直閣), 대교(待敎) 등의 각신(閣臣)이 맡게 됨에 따라 국새도 〈선사지기〉 위주에서 〈규장지보〉 중심으로 바뀌었다. 서적의 반사에는 이 두 국새 외에도 〈동문지보〉, 〈선황단보〉, 〈흠문지보〉 등을 다양하게 사용하였다.

18~19세기 반사본에는 주로 〈규장지보〉를 사용하였다. 1779년(정조 3) 1월부터 1883년(고종 20) 2월까지의 규장각 일기인『내각일력(內閣

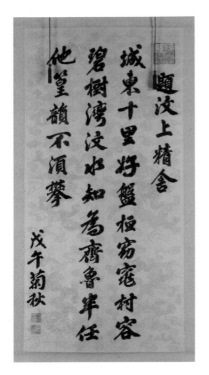

「정조어필-제문상정사(正祖御筆-題汶上精舍)」(국립중앙박물관 소장). 〈규장지보(奎章之寶)〉와 〈홍재(弘齋)〉·〈만기지가(萬幾之暇)〉 등 정조가 사용한 내사보(內賜寶)와 어용인(御用印)이 찍혀 있다.

日曆)』에는 서적 반사를 위해 〈규장지보〉를 내어줄 것을 요청한 계(啓)가 150여 건에 이른다. 한편 〈동문지보〉에 대한 기록은 2건에 그치고, 〈선사지기〉나 〈흠문지보〉에 대한 기록은 없다. 다만 『승정원일기(承政院日記)』에 서적을 반사할 때 〈흠문지보〉를 사용했다는 기록이 소수 보인다.

〈규장지보〉가 사용된 가장 이른 시기의 사례는 1778년(정조 2)으로 추정된다. 당시 반사된 『속명의록(續明義錄)』의 반사 담당자는 규장각 대교였으므로 사용한 인장도 〈규장지보〉였을 것으로 추측된다.

〈규장지보〉가 찍힌 대표적 사례로 충재(冲齋) 권벌(權橃, 1478~1548) 종가에 소장되어 있는 『근사록(近思錄)』이 있다. 이 책의 표지 안쪽 면에는 1746년(영조 22) 남태온(南泰溫, 1691~1755)이 영조의 뜻을 받들어 쓴 내사기가 있고, 권수에 1794년(정조 18) 서영보(徐榮輔, 1759~1816)가 쓴 「어제충정공권벌수진근사록서(御製忠定公權橃袖珍近思錄序)」가 있다. 〈규장지보〉는 서영보가 쓴 서문의 둘째 행에서부터 안보하였다. 18세기 후반과 19세기에 반사된 대부분의 서적에 이 어보가 찍혀 있다.

또 하나의 사례로「정조어필-제문상정사(正祖御筆-題汶上精舍)」가 있다. 1798년 9월에 정조가 정와(靜窩) 정민시(鄭民始, 1745~1800)의 문상정사(汶上精舍)에 대하여 지은 어제어필 칠언시이다. 옅은 분홍 종이에 금니로 운룡문(雲龍紋)을 그린 화려한 바탕에 행서로 쓴 것이다. 머리와 말미에 각각 〈규장지보〉와 〈홍재(弘齋)〉·〈만기지가(萬幾之暇)〉 등 정조가 사용한 내사보(內賜寶)와 어용인(御用印)이 찍혀 있다. 현존하는 정조어필 가운데 크기가 가장 크며 보존 상태도 매우 좋다. 또한 연청색과 상아색 비단으로 꾸민 조선 후기의 전형적인 궁중표장(宮中表裝)을 보여주고 있다. 서체 역시 정조가 승하하기 2년 전에 쓴 대표작으로 예술성이 뛰어나 정조 어필의 중요작으로 평가된다.

고종 대에는 〈동문지보〉와 〈흠문지보〉, 대한제국에서는 〈흠문지새(欽文之璽)〉를 제작하여 사용하였다. 기존의 어보가 모두 직뉴(直鈕)나 귀뉴(龜鈕)에 보문(寶文)이 '기(記)'나 '보(寶)'로 되어 있는 데 반해 〈흠문지새〉만 용뉴(龍鈕)로 '새(璽)'자를 사용해 황제국의 위상을 반영하였다.

3. 개화기의 국새

갑오경장을 전후하여 조선은 중국과의 사대 관계를 끝내면서 종전의 책봉에 의한 국새 인수 제도를 폐지하고, 이를 국내에서 자체 제작하여 사용하였다. 한편 1876년(고종 13) 한일수호조약을 체결함에 따라 조선과 일본 사이 종래의 전통적이고 봉건적인 통문 관계(通文關係)를 폐지하고, 국제법적인 토대 위에서 외교 관계가 성립되었다.[61]

1881년 고종은 기존에 신사(信使)가 가지고 가는 국서(國書)에 〈위정이덕(爲政以德)〉 보를 쓰지 말고 〈대조선국보(大朝鮮國寶)〉를 제작하여 쓰라는 명령을 내렸고,[62] 8년 후인 1889년에는 〈대조선국보〉를 포함하여 〈준명지보(濬明之寶)〉, 〈동문지보(同文之寶)〉, 〈흠문지보(欽文之寶)〉, 〈명덕지보(命德之寶)〉, 〈광운지보(廣運之寶)〉를 새로 제작하였다.[63] 이로써 1894년 갑오경장이 있기 이전에 이미 일본 관련 국서에 사용할 국

---

61 졸저, 『한국인장사』, 다운샘, 2013, 158쪽.

62 『고종실록(高宗實錄)』 권18, 18년 윤7월 27일 정사(丁巳).

63 『고종실록』 권26, 26년 8월 5일 무인(戊寅).

새를 자체 제작하였고, 보문은 '대조선국보(大朝鮮國寶)'임을 알 수 있다. 갑오경장을 즈음하여 조선에서는 〈대조선국보〉 외에 〈대조선국대군주보(大朝鮮國大君主寶)〉(1882년 7월 1일 제작), 〈대군주보(大君主寶)〉(1882년 7월 1일 제작), 〈대조선국주상지보(大朝鮮國主上之寶)〉(1876년 12월 15일 제작)를 제작하여 일본 관련 국서에 사용하였다. 개화기를 전후하여 일본 국서에 사용하기 위해 제작한 국새의 종류와 형태 등을 정리하면 아래와 같다.

개화기 국새의 종류와 형태

	보명	뉴식	재질	서체	완성 시기
1	대조선국주상지보 (大朝鮮國主上之寶)	귀뉴 (龜鈕)	천은도금 (天銀鍍金)	첩전 (疊篆)	1876년 12월 15일
2	대조선국보 (大朝鮮國寶)	귀뉴	천은도금	첩전	1881년 7월 27일 이후
3	대조선국대군주보 (大朝鮮國大君主寶)	귀뉴	천은도금	소전 (小篆)	1882년 7월 1일
4	대조선대군주보 (大朝鮮大君主寶)	귀뉴	천은도금	소전	미상
5	대군주보 (大君主寶)	귀뉴	천은도금	첩전 〔疊篆(9첩)〕	1882년 7월 1일
6	대조선국보 (大朝鮮國寶)	귀뉴	천은도금	첩전	1889년 8월 5일 이후

기존에 중국에서 반사된 국새의 보문과 달라진 점은 '인(印)' 자에서 천자만이 쓸 수 있는 '보(寶)' 자로 대체하였고 책봉명인 '조선국왕(朝鮮國王)'에서 '조선(朝鮮)'이란 국명으로, 또한 '국왕(國王)'에서 '대군주

〈대조선국대군주보(大朝鮮國大君主寶)〉, 『훈유흠명주차미국참무관이완용서(訓諭欽命駐箚美國參務官李完用書)』(한국학중앙연구원 장서각 소장)

(大君主)'로 변경되었다는 것이다. 뉴식은 전과 같이 귀뉴(龜鈕)로 하였다.[64]

이 외에도 개화기 국왕 문서와 서적 반사를 위해 제작된 국새로 〈준명지보(濬明之寶)〉, 〈동문지보(同文之寶)〉, 〈흠문지보(欽文之寶)〉, 〈명덕지보(命德之寶)〉, 〈광운지보(廣運之寶)〉, 〈수훈지보(垂訓之寶)〉가 있다.

---

64 위의 책, 다운샘, 2013, 159쪽.

2장 국새의 종류와 쓰임

4. 대한제국기의 국새

고종이 러시아공사관에서 환궁한 직후 조선에서는 황제 즉위를 요청하는 상소가 조야 각계로부터 쇄도하였다. 그해 8월에는 전년도에 일본의 위압 속에 정해졌던 건양(建陽)이란 연호를 광무(光武)로 변경하고, 10월 초에는 서울의 회현방(소공동)에 원구단(圜丘壇)이 완공되어 마침내 황제 즉위식을 거행하였다. 곧이어 고종은 국명을 '조선'에서 '대한제국'으로 바꾸어 제국의 탄생을 선포하였다. 이로써 505년간 지속된 조선왕조는 종언을 고하였고, 우리 역사상 최초의 황제의 나라, 대한제국이 탄생한 것이다. 국가 전례서인 『대한예전(大韓禮典)』에서는 대한제국 선포의 당위와 대략을 책머리에 실었다.

> 대조선이 개국한 지 506년, 우리 성상께서 등극하신 지 34년. 조종(祖宗)의 오랜 기틀을 이어받고 만방(萬邦)이 일신(一新)하는 시운(時運)을 만나 성덕이 더욱 빛나고, 큰 교화가 더욱 널리 베풀어졌다. 신민들은 천심(天心)이 어디에 있는지 모두 알고, 서로 이어서 황제대위(皇帝大位)에 오르실 것을 청하였다. 폐하께서 겸손히 사양하신 것

이 수십 번이다가 비로소 윤허하셨다. 마침내 음력 정유년(丁酉年) 9월 17일에 친히 원구단(圜丘壇)에서 천지에 제사 지낸 후 황제(皇帝)에 즉위하시고 태극전[太極殿, 지금의 중화전(中和殿)]으로 돌아와 백관의 하례(賀禮)를 받으셨다. 마침내 국호를 '대한(大韓)'으로 고치고, 건원(建元)을 '광무(光武)'라 하였다.(후략)[65]

대한제국 선포의 핵심은 군주의 호칭을 '황제(皇帝)'로, 국호를 '대한(大韓)'으로 정한 일이다. 황제 즉위식을 거행한 다음 날 고종은 대한제국을 선포하였다. 국호를 대한으로 정한 이유는 우리나라가 마한·진한·변한 등 원래의 삼한을 아우른 것이니 큰 한[大韓]이라는 이름이 적합하며, '조선'은 옛날에 기자가 봉해진 때의 이름으로 당당한 제국의 명칭으로 합당하지 않다는 이유 때문이었다.

고종은 대한제국을 수립하면서 황제의 나라에 걸맞은 새로운 새보를 제작하였다. 이때 제작한 국새와 어보는 〈대한국새(大韓國璽)〉, 〈황제지새(皇帝之璽)〉, 〈황제지보(皇帝之寶)〉(3과), 〈칙명지보(勅命之寶)〉(2과), 〈제고지보(制誥之寶)〉, 〈시명지보(施命之寶)〉로 총 9과이다. 이때 왕실 인사의 호칭도 변경됨에 따라 태후, 황후, 황태자, 황태자비의 어보도 함께 제작하였다. 각 새보의 형태 사항과 제작 시기, 사용처를 정리하면 다음 표와 같다.[66]

65 『대한예전(大韓禮典)』 권1, 수편(首編).

66 졸저, 『고종 황제 비밀 국새』, 소와당, 2010, 48~52쪽.

대한제국기 국새

	보명	뉴식	재질	크기(cm)	서체	제작 시기	사용처
1	대한국새 (大韓國璽)	용뉴 (龍鈕)	천은도금 (天銀鍍金)	9.4	첩전 〔疊篆(9첩)〕	1897. 9. 19.	국서 (國書)
2	황제지새 (皇帝之璽)	용뉴	천은도금	9.4	첩전 (9첩)	1897. 9. 19.	훈기 (勳記)
3	황제지보 (皇帝之寶)	용뉴	옥 (玉)	11.1	소전 (小篆)	1887. 9. 17.	친임관칙지 (親任官勅旨)
4	황제지보	귀뉴 (龜鈕)	천은도금 (天銀鍍金)	11.4	소전	1897. 9. 19.	친임관칙지
5	황제지보	용뉴 (龍鈕)	옥 (玉)	9.4	소전	1897. 9. 19.	친임관칙지
6	칙명지보 (勅命之寶)	용뉴	순금 (純金)	11	소전	1897. 9. 19.	주임관칙지 (奏任官勅旨)
7	칙명지보	용뉴	천은도금 (天銀鍍金)	9.1	소전	1897. 9. 20.	가자승육칙지 (加資陞六勅旨), 조칙(詔勅)
8	제고지보 (制誥之寶)	용뉴	순금 (純金)	11	소전	1897. 9. 19.	칙임관칙지 (勅任官勅旨)
9	시명지보 (施命之寶)	용뉴	천은도금 (天銀鍍金)	8.9	소전	1897. 9. 20.	–

　　이때 제작된 새보를 살펴면 우선 1과를 제외한 모든 손잡이가 거북에서 용으로 바뀌었고, 보문은 '인'에서 '새'와 '보' 자로 대체하였다. 서체도 복잡한 첩전(疊篆) 위주에서 대부분 간명한 소전(小篆)으로 바뀌었다. 각각의 용도를 살펴보면 우선 〈대한국새〉는 외교문서에 해당하는 '국서(國書)'로 용도를 한정하였다. 이는 조선시대에 명과 청으로부터 반사된 국새 〈조선국왕지인〉의 사용처와 같다. 〈황제지새〉는 나라에 훈공(勳功)이 있는 이에게 내려주는 '훈기(勳記)'로 규정하였다. 3과의 〈황제지보〉는 뉴식이나 재질, 크기를 각각 달리 제작하였지만 용도

〈대한국새(大韓國璽)〉, 『만국우편연합조약체결인가장(萬國郵便聯合條約締結認可狀)』(한국학중앙연구원 장서각 소장)

는 임금이 직접 관리를 임명할 때 내려주는 임명장인 친임관칙지(親任官勅旨)에 국한하였다. 고급 관리의 임명에서도 정1품~종2품에 해당하는 칙임관(勅任官)에게는 〈제고지보〉를, 3품~6품까지의 주임관(奏任官)의 임명장에는 〈칙명지보〉로 구분하였다.

이 외에 1899년(고종 36)에는 군제 개편과 함께 〈대원수보(大元帥寶)〉와 〈원수지보(元帥之寶)〉를 제작하였다. 이는 당시 원수부 규칙 제1편을 발표하면서 황제인 고종이 대원수로서 군기를 총람하고 육해군을 통령하며, 황태자인 순종이 원수로서 육해군을 일률적으로 통솔하게 되면서 제작하였다.[67] 이 당시 관보에 의하면 〈원수부인(元帥府印)〉과 각국의 인장도 함께 제작하였다.[68]

기록에는 보이지 않지만 이 외에도 〈군주어새(君主御璽)〉, 〈황제어새(皇帝御璽)〉라는 비밀 국새가 있었다. 〈군주어새〉는 대한제국 선포 직전인 1897년 9월 프랑스와 독일에 양국의 우호 증진과 상호 협조를 구하는 내용의 친서에 찍혀 있으며, 현재 국사편찬위원회 소장 유리필름

---

67 『고종실록(高宗實錄)』 권39, 36년 6월 22일.

68 관보(官報) 제1528호, 「의정부총무국관보(議政府總務局官報)」, 광무(光武) 4년 3월 22일 목요(木曜).

2장 국새의 종류와 쓰임

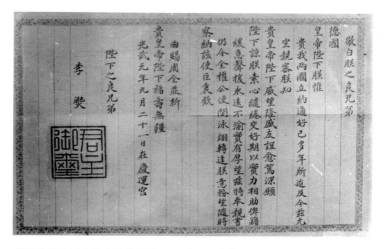

〈군주어새(君主御璽)〉가 찍힌 문서, 1897년 고종이 독일 황제에게 보낸 친서로, 양국의 우호를 다짐함과 아울러 상호 협조를 기약하며 전권공사 민영익을 파견하는 내용(국사편찬위원회 유리필름 자료)

에 사진이 남아 있다.

〈황제어새〉는 고종 황제가 일본의 침략이 본격화되는 대한제국기에 러시아, 이탈리아 등 각국에 일본을 견제하고 대한제국의 지지를 요청하는 친서에 사용한 인장이다. 〈황제어새〉의 존재는 문서와 사진으로만 전해지고 있었는데, 최근 국립고궁박물관이 한 재미 교포로부터 구입하여 실물의 확인할 수 있다. 이 어새는 사방 5.3센티미터로 기존의 새보보다 약 절반 정도 작은데, 근대화된 문서 양식에 맞는 크기로 제작되었다. 재질은 비파괴검사 결과, 뉴의 금과 은의 비율이 81:18, 인대는 57:41의 비율로 따로 제작해 붙였다.[69]

69 국립고궁박물관 편, 『고종(高宗) 황제어새(皇帝御璽)』, 2009.

〈황제어새(皇帝御璽)〉(국립고궁박물관 소장)

　대한제국기에 제작된 새보 중 일부는 한일합방 당시 약탈당하여 일본 궁내성에 보관되다가 미군정에 인수되어 1946년 8월 15일에 우리나라에 정식으로 반환되었다.[70] 일제 강점기로부터 현재까지 대한제국 국새의 이동 경위에 대해서는 7장 '국새와 어보의 수난'에서 상세히 언급하기로 한다.

---

70 이때 반환된 새보는 〈대한국새(大韓國璽)〉, 〈황제제보(皇帝之寶)〉, 〈제고지보(制誥之
寶)〉, 〈칙명지보(勅命之寶)〉(2과), 〈대원수보(大元帥寶)〉 등이다.(1946년 8월 15일 자
『조선일보』) 김양동의 조사에 따르면 총무처에서는 1946년 1월 13일 되찾은 새보
와 구한말 조약문서들을 함께 특별 전시하였으며, 이때 공개된 새보는 〈대한국새〉,
〈황제제보〉, 〈대원수보(大元帥寶)〉, 〈제고지보〉, 〈칙명지보〉, 〈내각지인(內閣之印)〉,
〈내각총리대신장(內閣總理大臣章)〉이다. 전시회가 끝난 뒤 총무처에서 관리하던 중
6·25 전란을 겪었고, 전쟁의 와중에 옥새 8개가 모두 없어졌다. 그 뒤 1954년 6월
잃어 버렸던 옥새 〈대원수보〉와 〈제고지보〉, 〈칙명지보〉, 3개는 되찾았다고 한다.(김
양동, 「韓國 印章의 歷史」, 『韓國의 印章』, 국립민속박물관, 1987)

3장

왕실의 상징, 어보(御寶)

어보는 왕실 사람들의 위호(位號)와 명호(名號)를 나타낸 인장이다. 여기에는 왕비를 비롯하여, 왕세자, 왕세제, 왕세손 및 그들의 배우자 등을 해당 지위에 임명하는 책봉(冊封), 그리고 왕과 왕비를 포함한 왕실의 선조에 대한 공덕을 찬양하거나 통치를 종합·재평가하는 의미를 둔 존호, 휘호, 시호, 묘호와 같은 여러 호칭을 담았다. 어보는 왕실의 끊임없는 정통성의 상징으로 어책(御冊)과 함께 종묘에 봉안하였다. 역대 왕과 비의 신주(神主)가 있는 신실(神室)마다 동쪽에는 보장(寶欌)을 두어 어보를, 서쪽에는 책장(冊欌)을 두어 어책을 봉안하였다. 어보는 왕실의 상징성이 담긴 신성한 비장품으로 존숭의 대상이라 하겠다.

어보는 최상 품질의 옥이나 금속으로 만들고 상서로운 동물인 용이나 거북 모양의 손잡이를 갖춤으로써 단순한 인장을 넘어 왕실 공예의 정수를 보여주는 예술품으로서도 손색이 없다. 아울러 어보를 보호하고 장식하기 위해 제작한 보통(寶筒), 주통(朱筒), 보록(寶盝), 주록(朱盝), 호갑(護匣) 등의 각종 상자를 비롯하여 보자기, 끈, 열쇠, 자물쇠 등 많은 부속물품을 수반하므로 왕실 공예의 종합적 면모를 갖추고 있다. 또한 조선시대 금속, 옥, 직물, 가죽, 나무 등 수공예의 정수를 볼 수 있는 왕실 의례 최고의 상징물이므로 유기적으로 통합하여 연구할 필요가 있다. 또한 인장으로서 어보는 왕실 사람들의 작위와 호칭으로부터 서체, 손잡이의 형태, 재질에 담긴 상징성과 제작 방법 등에 대한 종합적인 연구가 필요하다.

어보는 몇 가지로 구분이 가능하다. 첫째, 우선 왕비를 비롯하여 왕세자, 왕세제, 왕세손과 그 빈들의 책봉 때 제작한 책봉보인(冊封寶印)이 있다. 왕실의 일원으로 공식 승인하는 의물(儀物)로 책봉보인과 교명(敎命), 책(冊, 죽책·옥책·금책)을 수여하였다. 책봉보인도 인장의 일종이므로 찍어서 그 효력이 발생한다고 볼 수 있지만, 이보다는 해당 인물을 왕실의 일원으로 인정하고 그 권위의 상징물로서 수여하는 의미가 컸다. 어보의 또 하나의 갈래는 각종 명호(名號)를 새긴 경우이다. 국왕과 왕비, 상왕과 대비 및 왕실의 선조에 존호를 올릴 때 제작한 존호보(尊號寶)를 비롯하여 이들의 사후 시호를 올릴 때 제작한 시호보(諡號寶), 국왕이 승하하였을 때의 묘호보(廟號寶) 등이 있다.

이러한 명호를 새긴 어보는 왕실의 의례적 관례에 따라 해당 인물의 생시는 물론 사후에도 꾸준하게 이어졌다. 이러한 행위는 효(孝)라는 유교적 덕목을 왕실에서 실행한다는 의미와 함께 왕실의 영속성과 권위를 나타내는 방편이기도 하였다. 한편 어보는 보문(寶文)에 쓰인 용어에 따라 보(寶)와 인(印)으로 구분할 수 있는데, 왕과 왕비 및 왕실의 선조에게는 '보', 왕세자 이하는 '인'으로 구분하여 신분적 질서의식을 부여하였다.

1. 어보의 개념

어보는 국가 의례 가운데 가례(嘉禮)에 해당하는 책봉·존호·존숭 의례와, 흉례에 해당하는 국장·부묘 의례 때 해당 인물에게 바쳐졌다. 책봉명이나 존호, 시호, 묘호 등과 같은 호칭을 새긴 어보를 해당 인물에게 바치는 일은 의례의 핵심적인 절차였다. 왕실의 호칭은 다양한 의례에 따른 명칭이라 할 수 있으며 이 과정에서 어보는 어책, 교명 등과 함께 제작하였다. 어보는 왕의 경우 왕세자 책봉 때와 등극 이후의 존호, 승하 이후의 존호·시호·묘호를 올릴 때 제작하였다. 왕비의 경우 세자빈 책봉 시와 왕비 책봉 시, 생시의 존호, 승하 후의 존호·시호·휘호 등을 올릴 때마다 제작하였다.

왕실 사람들의 책봉과 관련하여 왕세자, 왕세제, 왕세손 등에게는 주로 옥(玉)으로 제작한 인(印)과 죽책·교명을, 왕비는 금보(金寶)와 옥책·교명을 수여하였다. 존호의 경우 생존 시에는 옥보와 옥책을, 사후에는 금보와 옥책을 올렸다. 그러나 일부 예외적인 사례가 나타나므로 이러한 원칙이 조선시대 전 기간에 걸쳐 정확하게 지켜지지는 않았던 것으로 보인다.

책봉은 왕비, 왕세자, 왕세제, 왕세손과 그 빈(嬪)들을 해당 지위에 임명하는 의식이다. 국왕은 책봉받는 인물에게 임명장인 교명, 덕을 기리는 글을 담은 옥책이나 죽책과 함께 해당 지위의 상징인 어보를 수여하였다. 각 어보에는 '왕비지보(王妃之寶)', '왕세자인(王世子印)', '왕세제인(王世弟印)', '왕세손인(王世孫印)'과 같은 책봉명을 새겼다. 왕비나 왕세자빈의 책봉은 왕실의 혼례 의식 가운데 책비(冊妃)나 책빈(冊嬪)으로 이루어졌다.

어보는 국장, 부묘 등의 의례와도 관련이 깊다. 왕이 승하하면 중신들이 모여 시호·묘호·능호·전호 등을 결정함과 함께 시신을 매장하고 혼을 모시는 국장 의례를 준비하기 위해 국장도감을 설치하였다. 도감에서는 시책(諡冊)과 함께 결정된 시호를 새겨 시호보(諡號寶)를 제작하여 행사에 대비하였다. 시호보에는 묘호를 함께 새기기도 하고 중국으로부터 받은 시호를 새기기도 하였다. 시호보는 3년상을 마친 후 부묘 의례를 거쳐 종묘에 모셔졌다.

한편 어보의 제작은 역명(易名)과 관련이 깊다. 역명은 왕실 사람이나 고위 관료의 사후 시호(諡號)를 올리는 행위를 말한다. 조선 왕실에서 첫 번째로 시도한 역명의 사례는 태조의 4대조를 왕으로 추존하는 일이었다. 태조의 증조인 익조(翼祖)의 책호문(冊號文)에는 "조(祖)를 높이고 종(宗)을 공경함은 역명의 예절을 신중히 하는 것……."이라는 글귀가 보이며, 도조(度祖)의 책호문에는 "효도는 어버이를 높이는 것보다 큰 것이 없고, 시호로써 이름을 바꾸어야 하니……."라는 구절이 있다. 앞의 존조경종(尊祖敬宗)의 예절은 조종(祖宗)을 존경하는 윤리의식으로 종법 질서의 체계 확립에 토대가 되는 개념이다. 태조의 4대조 추존은 종법을 바탕으로 효를 실천하는 행위였다. 이는 돌아가신 어버이의 공덕을 높여 시호를 올림으로써 효(孝)라는 유교 윤리를 실천하는 한편 조선 건국의 정당성과 태조의 종통성의 기초를 다지는 정치 행위였다.[71] 존호보, 시호보, 묘호보 등은 모두 이러한 종법의 질서와 효를 통한 왕실의 정통성을 드러내는 의례물이자 정치적인 의미가 함축된 인장이라고 하겠다. 또한 존호, 시호, 묘호 등 각종 호칭을 정하여 왕실 사람들에게 올리는 행위는 조선의 통치 이념인 유교에 입각한 해당 인물에 대한 총체적 평가였다. 이렇게 종묘에 봉안된 어보는 신위, 어책 등과 함께 국가와 왕실의 표상이 되었다.

---

71 임민혁, 『왕의 이름, 묘호』, 문학동네, 2010.

2. 신분과 상징

동아시아에서는 인장에 사용하는 용어와 형태 및 재질을 통해 신분을 구분하는 관습을 가져왔다. 이러한 전통은 주로 한대(漢代)로부터 제도화한 것으로 보인다. 『한관의(漢官儀)』에는 황제·황후로부터 제후·열후를 비롯하여 고위 관직자의 인장 제도를 정리해놓았다. 이를 보면 황제나 제후왕의 인장 용어는 '새(璽)'를, 열후와 어사대부 등은 '장(章)', 그 이하는 '인(印)'으로 규정하였다. 손잡이의 모양인 뉴식(鈕式)에서도 최고 권력자는 용이나 호랑이로 하고 그 아래로는 낙타, 거북 등으로 구분하였다. 재질도 옥-황금-금-은-동 순으로 서열화하여 신분을 나타냈다. 이를 정리하면 다음 표와 같다.

중국 고대 새인(璽印)의 신분별 형태 사항

신분	용어	뉴식/인수(印綬)	재질
황제(皇帝)·황후(皇后)	새(璽)	용(龍)·호(虎)	옥(玉)
제후왕(諸侯王)	새	탁타(橐駝)	황금(黃金)
열후(列侯)	장(章)	거북[龜]	황금(黃金)
어사대부(御史大夫)	장	자수(紫綬)	금(金)
중이천석(中二千石)	장	거북[龜]	은(銀)
천석(千石)~사백석(四百石)	인(印)	미기재	동(銅)

　　동한(東漢) 허신(許愼, 30~124)의 『설문해자(說文解字)』에서는 "'인
(印)'은 행정 관료가 지니는 신표로 '조(爪)'와 '절(卩)'로 구성되었다. 인
부(印部)에 속하는 한자는 모두 인(印)의 의미를 따른다."[72]라고 하였고,
청(淸) 단옥재(段玉裁, 1735~1815)의 『설문해자주(說文解字注)』에서는 '인'
자에 대해 『주례(周禮)』와 『한관의(漢官儀)』 등을 인용하여 상세한 주석을
더하였다.

　　관직이 있는 사람은 모두 '집정(執政)'이라 부른다. 그들이 가진 신
　　표[卩信]를 '인(印)'이라고 하는데 옛날에는 상하 관료 모두 '새(璽)'
　　라고 하였다. 『주례(周禮)』의 '새절(璽節)'에 대한 주에서는 '새(璽)
　　란 지금의 인장'이라고 하였다. 『주례』를 살펴보면 "방국(邦國)을 지
　　키는 사람은 옥절(玉節)을 쓰고 도비(都鄙)를 지키는 사람은 각절(角

---

72 "印 執政所持信也 從爪卩 凡印之屬皆從印."(尾崎雄二郎 編, 『訓讀 說文解字注』魵冊,
　　東海大學出版會, 1993, 167쪽)

節)을 쓴다."라고 하고, "제후는 그의 나라에서, 공경대부는 그의 채읍(采邑)에서 사용하였다는 말이다."라고 하였으니 이것이 곧 '인(印)'을 사용했던 시초였다. 계무자(季武子)가 『주례(周禮)』에서 "도비(都鄙)를 지키는 자가 되어 새서(璽書)를 노군(魯君)에게 보냈다." 하였으니 이를 통해 옛날에 '인(印)'이 있었음이 분명하다. 간책(簡冊)에 내용을 쓴 다음 그 글을 멀리 보낼 때에는 반드시 포백(布帛)으로 봉하고 '새(璽)'를 가지고 인주에 묻혀 찍었던 것 같다. 〔죽간(竹簡) 대신에〕 비단이나 천에다 쓰게 되자 인의 용도가 더욱 넓어졌다.

『한관의』에서 "제후왕은 황금에 낙타손잡이인데 그 문(文)은 '새(璽)'라 하고, 열후(列侯)는 황금에 거북손잡이를 사용하고 그 문(文)은 '장(章)'이라 하고, 어사대부(御史大夫)는 금인(金印)에 자색(紫色) 끈, 문(文)에 '장(章)'이라 하고, 중이천석(中二千石)은 은인(銀印)에 거북손잡이로 문(文)은 '장(章)'이라 하고, 천석(千石)에서 사백석(四百石)에 이르는 대부는 동인(銅印)에 문(文)은 '인(印)'이라 한다." 하였다.[73]

단옥재는 주석에서 『주례』와 『한관의』 등을 인용하여 인장의 기원을 주대(周代)로 설정하였다. 시대와 신분에 따른 명칭의 변화상을 추적

---

[73] "凡有官守者皆曰執政 其所持之卩信曰印 古上下通曰璽 周禮璽節注曰 今之印章 按周禮 守邦國者用玉節 守都鄙者用角節 謂諸侯於其國中 公卿大夫於其采邑用之 是卽用印之始也 季武子於周禮爲守都鄙者 而以璽書達於魯君 是古有印明矣 蓋以簡冊書之 而寓書於遠 必用布帛檢之 以璽泥之 至用縑素爲書 而印之用更廣 漢官儀 諸侯王黃金橐駝鈕 文曰璽 列侯黃金龜鈕 文曰章 御史大夫金印紫綬 文曰章 中二千石銀印龜鈕 文曰章 千石至四百石皆銅印 文曰印."(같은 책, 167쪽)

하고, 한의 제도를 통하여 인장의 문구, 손잡이의 모양, 재질 등 사용자의 신분에 따른 제도와 규정을 구체적으로 검토하였다. 중요한 점은 한 대로부터 신분에 따라 새(璽), 새절(璽節), 인(印), 장(章) 등 인장에 대한 몇 가지 이칭이 발견된다는 것이다. 우선 이 용어들에 대한 정확한 의미를 정리하고자 한다.

'새(璽)'는 비교적 이른 시기에 사용한 인장의 명칭이다. 발생 초기에는 새(璽), 새(鉥) 등으로 사용하였으며, 선진시대 관·사인 유물에서 다양한 새 자의 용례를 볼 수 있다. 『육서정온(六書精蘊)』에서는 "새(璽)는 인장으로 '이(爾)'와 '토(土)'로 구성되었다. 옛날에 글자를 만드는 자가 '너(爾)'에게 명하여 땅(土)을 지키게 한다'는 뜻을 취하였다." 하여 문자학적 해석을 더하였다.

선진시대에는 신분의 고하에 관계없이 모두 '새' 자로 통칭하다가, 진시황이 중원을 통일한 이후로 '새'는 천자만이 쓰고 신하나 백성들은 모두 '인'이나 '장' 자를 사용하도록 규정하였다. 원 성희명(盛熙明)의 『법서고(法書考)』에서는 "진(秦) 이전에는 백성들이 모두 금옥으로 인을 만들고 용호(龍虎)로써 손잡이를 만들어 자기가 좋아하는 대로 하였다. 진 이래로 천자만이 '인'을 '새'로 칭하고 또 옥으로 만들어 군신들은 감히 쓸 수 없었다. 전국칠웅 때에 신하의 인장을 처음으로 '인'이라 칭했다."라는 기록을 통해 새 자의 사용 범위가 천자로 국한된 이유를 확인할 수 있다. 한편 당 무후 때에는 '새'의 음이 '사(死)'와 같다 하여 '새'를 '보(寶)'로 고치기를 명하였다. 당 중종 때에는 다시 '새'로 칭하였고, 현종 때에 또다시 '보'로 칭하였다. 그 후 원·명·청대에는 '새'와 '보' 자를 함께 사용한 사례가 다양하게 나타난다.

'새절(璽節)'은 『주례』에 "문궐(門關)에서는 부절(符節)을 쓰고, 화회(貨賄)에는 새절을 쓰며, 도로(道路)에는 정절(旌節)을 쓴다." 하고, 정현(鄭玄)의 주에서 "모든 화회를 유통함에 새절로써 출입하게 한다."라는 기록이 있다. 이를 통해 '새절'은 상업과 경제, 출입의 징표로 삼은 인장임을 시사한다.

'인(印)'은 관인과 사인을 포괄하며 진 이후 현재까지 가장 많이 사용하는 용어이다. 앞서 언급했듯 성희명의 『법서고』에서 "칠웅 때에 신하의 인장을 처음으로 '인'이라 칭했다."라고 하여 전국시대부터 사용하였음을 밝혔다. 또한 주검심(朱劍心)의 『금석학(金石學)』에서는 『한구의(漢舊儀)』를 인용하여 "진 이후 천자만이 '새'와 '보'를 사용한 이후 군신은 감히 쓸 수 없어 비로소 '인'이 생겨났다." 하여, 본래 신분에 의해 분리된 용어임을 언급하였다.

우리나라에서는 인장을 의미하는 '인(印)' 자를 '끝'으로 발음하고, 관부(官簿)의 말단에 써서 문건의 종결을 의미하기도 하였다. 이러한 용례로 국보 제131호 「이태조 호적원본(李太祖戶籍原本)」이 있다. 이 문서에는 문장의 끝마다 '인(印)' 자를 써서 내용의 끝을 표시하였다. 이 호적은 고려 공양왕 2년(1390)에, 조선을 건국한 태조 이성계의 본향인 영흥에서 작성하였으므로 '인' 자를 종결의 의미로 사용한 전통은 고려로부터 전해졌다 하겠다.

'장(章)'은 『한서(漢書)』에서 "모든 관리는 녹봉이 2,000석 이상은 모두 동인청수(銀印青綬……)"라 하였고, 안사고(顏師古)의 주에서는 『한구의』를 인용하여 "동인(銀印)의 배(背)는 귀뉴(龜鈕)이며 그 문(文)은 장(章)이다. '모관(某官)의 장(章)'이라 새긴다."라고 하였다. 또한 『한서』

「주매신전(朱買臣傳)」에서는 "수저(守邸)가 괴이하게 여겨 앞에서 그 인끈을 끌어다가 인문을 보니 「회계태수장(會稽太守章)」이었다."라고 하였다. 이러한 기록을 통해 '장(章)'은 한대로부터 주로 관제에 의해 파생된 인장의 명칭임을 알 수 있다.

현재 우리나라에서는 '인장(印章)' 혹은 '도장(圖章)'이란 용어를 흔히 쓴다. '인장'은 모두 '인(印)'의 의미를 갖는 '인(印)'과 '장(章)'이 결합된 합성어이며, 언제부터 사용되었는지는 자세하지 않다. 그러나 두 글자 모두 위에서 살핀 바와 같이 오랜 시간 동안 사용되었으며 관·사인을 포괄하는 용어로 정착되었다. 한편 '도장(圖章)', '도서(圖書)', '도서(圖署)'와 같이 '圖(그림 도)' 자가 인장의 의미에 포함된 시기는 대체로 송대로 전해지며, 주로 '도서(圖書)'로부터 시작되었다. '도서'는 처음에 그림이나 서적에 자신의 소유임을 표시하기 위해 '○○도서(某某 圖書)'로 제작하여 사용하면서 인장의 이칭이 되었다. 한편 '도장(圖章)'과 '도서(圖署)'는 조선시대로 부터 주로 사인의 의미로 정착하였다.[74]

인장에 사용하는 용어는 시대에 따라 여러 분화를 거쳤으며, 주로 세분화하는 사회에서 신분의 구분을 위해 파생하였다. 선진시대(先秦時代)에는 신분의 고하에 관계없이 모두 '새' 자로 통칭하다가, 진시황이 중원을 통일한 이후 '새'는 천자만 쓰고 신하나 백성들은 모두 '인'이나 '장' 자를 사용하도록 규정하였다.

조선시대 책봉보인의 경우도 용어와 형태, 재질 면에서 신분의 차등을 두어 제작하였다. 우선 용어 면에서 왕비의 경우 '보'로 하고, 이하

---

74 졸저, 『한국인장사』, 다운샘, 2013, 27~32쪽.

왕세자로부터 왕세손빈까지는 모두 '인'으로 구분하였다. 따라서 왕비 책봉보의 명칭은 '왕비지보(王妃之寶)'로 하고 이하의 경우 모두 '왕세 자인(王世子印)'과 같이 책봉명에 '인'자를 붙이는 방식으로 제작하였 다. 재질에서도 왕비의 경우 금으로, 왕세자 이하는 대부분 옥으로 제 작하였으며, 간혹 은으로 제작한 특수한 사례가 있다. 또한 책봉 시에 제작하는 어책 또한 왕비는 옥으로, 이하는 모두 대나무로 구분하였다. 다만 보뉴는 모두 거북으로 제작한 점이 공통적이다. 이를 정리하면 아 래의 표와 같다.

조선시대 책봉보인(册封寶印)의 신분별 형태 사항

신분	용어	문구	재질	뉴식	책(册)	사례
왕비 (王妃)	보 (寶)	왕비지보 (王妃之寶)	금 (金)	거북 〔龜〕	옥 (玉)	선조비 인목왕후 왕비 책봉인
왕세자 (王世子)	인 (印)	왕세자인 (王世子印)	옥 (玉)	거북	죽 (竹)	현종 왕세자 책봉인
왕세자빈 (王世子嬪)	인	왕세자빈지인 (王世子嬪之印)	옥(玉) · 은(銀)	거북	죽	옥인(玉印) : 현종비 명성왕후 왕세자빈 책봉인 은인(銀印) : 인종비 인성왕후 왕세자빈 책봉인(直鈕)
왕세제 (王世弟)	인	왕세제인 (王世弟印)	옥 (玉)	거북	죽	영조 왕세제 책봉인
왕세제빈 (王世弟嬪)	인	왕세제빈지인 (王世弟嬪之印)	옥	거북	죽	영조비 정성왕후 왕세제빈 책봉인
왕세손 (王世孫)	인	왕세손인 (王世孫印)	옥	거북	죽	정조 왕세손 책봉인
왕세손빈 (王世孫嬪)	인	왕세손빈지인 (王世孫嬪之印)	은 (銀)	거북	죽	정조비 효의왕후 왕세손빈 책봉인

조선시대 어보와 관련하여 명대(明代)의 사례를 살펴보면, 우선 용 어에서 황후의 경우 '보', 황비는 '인'으로 차등하였고, 황태자 및 친왕

명대 황실 책봉보인의 정식

신분	용어	문구	재질	뉴식	책(冊)	비고
황후 (皇后)	보 (寶)	황후지보 (皇后之寶)	금 (金)	거북 〔龜〕	금책(金冊) 2편(片)	
황비 (皇妃)	인 (印)	황비지인 (皇妃之印)	금	거북	도금은책(鍍金銀冊) 2편(片)	
황태자 (皇太子)	보 (寶)	황태자보 (皇太子寶)	금	거북	금책(金冊) 2편(片)	
친왕 (親王)	보	모왕지보 (某王之寶)	금	거북	금책 2편	보록(寶盝)의 장식은 반리(蟠螭)로 함.
공주 (公主)	인 (印)	모국공주지인 (某國公主之印)	금	거북	금책 2편	

은 '보', 공주는 '인'으로 구분하였다. 어보의 문구에서는 이 기준에 따라 책봉명에 '보'나 '인' 자를 붙이는 방식으로 제작하였다. 그러나 재질과 뉴식에서는 이러한 구분을 두지 않고 모두 금제귀뉴(金製龜鈕)로 통일하였다. 어책의 경우 황후는 금책(金冊), 황비는 도금은책(鍍金銀冊), 황태자와 친왕은 금책, 공주는 은책으로 구분하였다. 황제의 어머니인 황후를 제외한 여성의 인장을 한 단계 낮추어 제작한 점이 특징이라 하겠다. 한편 공주를 책보(冊寶)로써 책봉하는 의식을 조선에서는 시행하지 않았으므로 황제국과의 차이를 보인다. 이 내용을 정리하면 위의 표와 같다.

3. 어보의 용도

어보는 왕실의 각종 의례 때 제작한 인장이다. 국가 의례 가운데 가례에 속하는 책봉, 존호, 존숭 의례와 흉례에 해당되는 국장, 부묘 의례 때해당 주인공에게 올렸다. 해당 인물의 위호를 새긴 어보를 주인공에게바치는 일은 의례에서 가장 핵심적인 절차였다.

어보를 제작하는 대표적인 의례는 책봉이다. 책봉의 대상은 왕비를비롯하여 왕세자, 왕세제, 왕세손과 그 빈들에 해당한다. 또한 국왕과직접 관련되는 의례 가운데 존호를 올리는 의례에도 어보를 제작하였다. 존호는 국왕만이 아니라 왕후나 왕대비, 대왕대비 및 왕실의 선조에게도 올렸다.

어보를 제작한 대표적인 사례를 들자면, 존호를 올리는 의례와 더불어 국왕이나 왕비에게 묘호나 시호를 올리는 의례가 있을 때였다. 조선시대에 국왕이나 왕비에게 상사(喪事)가 있는 경우 궁궐에 혼전(魂殿)을두고 3년의 상기를 마친 뒤 그 신주를 종묘에 모시게 된다. 이때 종묘에부치는 이름이 묘호인데, 이것이 국왕을 호칭하는 대표적인 이름으로이때에도 어보를 제작하여 종묘에 봉안하였다. 이런 점에서 보면 어보는 실제 행정 문서에 찍는 실용적 목적을 위해 제작한 인장은 아니라고 할 수 있다. 그러나 간혹 어보를 실제 문서에 사용한 특수한 사례가 있다. 여기서는 조선시대에 어보가 사용된 몇 안 되는 문서의 사례를 정리하고자 한다.

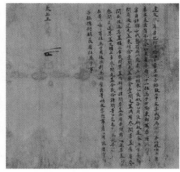

〈계운신무태상왕보(啓運神武太上王寶)〉「숙신옹주가대사급성문(淑慎翁主家垈賜給成文)」(1401, 태종 1), 보물 제515호(국립중앙박물관 소장)

우선 1401년(태종 1) 태상왕(太上王)으로 있던 태조 이성계(재위 1392~1398)가 후궁과의 사이에서 낳은 막내딸 며치(旀致, 숙신옹주)에게 집과 땅을 상속하면서 준 문서인「숙신옹주가대사급성문(淑慎翁主家垈賜給成文)」이 있다. 이 문서는 조선시대부터 태조의 친필로 여겨져 석각으로 제작하여 탁본의 형태로『열성어필(列聖御筆)』에 실려 현재 여러 박물관과 도서관에 전하는 자료의 원본이다. 문서의 좌측 상단에는 태상왕 이성계의 친필 서명이 있으며 우측 상단에는 어보가 찍혀 있다. 보문은 '계운신무태상왕보(啓運神武太上王寶)'이다. 1400년(정종 2년)에

태상왕 이성계에게 '계운신무태상왕'의 존호를 올리고, 아울러 옥책과 금보를 만들었다는 내용이 『정종실록』에 실려 있어 보문의 판독이 비교적 용이하다.[75] 당시 왕위에서 물러나 있으면서 공식 국새인 〈조선왕보(朝鮮王寶)〉를 사용할 수 없었던 태조가 1년 전 받은 어보를 공식 문서에 사용한 특수한 사례에 해당한다.

조선 전기 어보가 찍힌 문서의 또 다른 사례로 「상원사중창권선문(上院寺重創勸善文)」이 있다. 1464년(세조 10) 혜각존자(慧覺尊者) 신미(信眉) 등이 왕의 만수무강을 축원하고자 상원사를 중창하면서 지은 글과, 이 소식을 듣고 세조(世祖)를 포함한 왕실에서 물품을 하사한다는 내용이다. 이 자료에는 1458년(세조 4)에 제작한 세조의 〈체천지보(體天之寶)〉와, 1457년(세조 3) 세조비 정희왕후(貞熹王后)에게 올린 존호보 〈자성왕비지보(慈聖王妃之寶)〉, 1457년(세조 3) 예종(睿宗)을 왕세자로 책봉하면서 만든 책봉인 〈왕세자인(王世子印)〉이 찍혀 있다. 이 가운데 현존하는 유물은 정희왕후의 어보뿐이다.

세조의 〈체천지보〉는 내치용 국새의 성격을 띤 인장으로 보이지만 제작 당시에 용도에 대한 명확한 인식이 없었던 듯하다. 『세조실록』을 보면 세조는 "내가 이것(체천지보)을 만들었으나, 쓸 곳을 알지 못하겠다."라고 말하고 환관에게 명하여 승정원에서 상고하도록 한 기사가 보인다. 실제로 이 인장은 다른 문서에서 발견되지 않았다. 세조 때에 제작한 특수한 내치용 국새의 사례로 널리 사용되지는 않은 듯하다.

75 『정종실록』 권4, 2년 6월 20일 계축(癸丑).

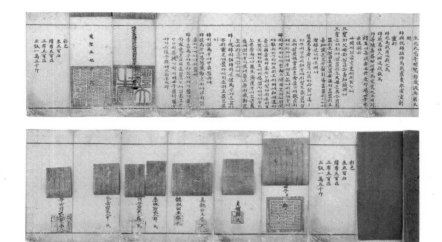

「상원사중창권선문(上院寺重創勸善文)」(1464, 세조 10), 32.5×12센티미터, 국보 제292호(월정사 성보박물관 소장)

왕실의 어보를 공식 문서에 찍은 또 하나의 사례로 왕세자·왕세제·왕세손 대리청정기의 문서를 들 수 있다. 대리청정은 국왕이 연로하거나 중병으로 인해 직접 청정(聽政)할 수 없는 경우에 세자나 세제, 세손 등이 왕명에 의해 정청하고 정사를 대신한 행위를 말한다. 조선시대에 대리청정을 한 사례는 문종(文宗, 왕세자), 경종(景宗, 왕세자), 사도세자(思悼世子, 왕세자), 정조(正祖, 왕세손), 효명세자(孝明世子, 왕세자)의 경우이다. 대리청정기 문서 가운데 어보가 찍힌 사례는 휘지(徽旨, 4품 이상 고신), 영지(令旨), 영서(令書), 전문(箋文) 등이다. 각각 책봉 시에 받은 〈왕세자인〉, 〈왕세제인〉, 〈왕세손인〉을 찍었다.

이러한 몇몇 특수한 사례를 제외하면 왕실의 어보는 조선시대 전 기간에 걸쳐 실제 행정상의 문서에 쓰이지 않았다. 생전에 받았던 책봉보인, 존호보 등은 해당 인물 자신이 직접 보관했고 사후 종묘에 봉안되었다. 추상존호보(追上尊號寶), 시호보, 묘호보 등도 실용을 목적으로 제작된 인장은 아니었다.

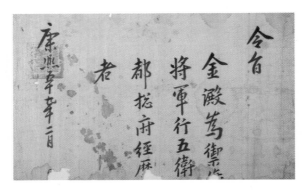

「김전 영지(金澱令旨)」(1720, 숙종 46), 왕세자(景宗)가 김전에게 발급한 영지(출처: 화성시 화성문화원, 『해풍 김씨 남양쌍부파』, 2008)

경종이 1690년(숙종 16) 왕세자 책봉 시에 받은 〈왕세자인(王世子印)〉이 찍혀 있다.

3장 왕실의 상징, 어보(御寶)

4장

국가의 의례와 어보의 제작

어보는 왕권과 왕실을 상징하는 인장(印章)이다. 여기에는 왕비를 비롯하여 왕세자·왕세제·왕세손 및 그들의 배우자 등을 해당 지위에 임명하는 책봉명(冊封名)을 비롯하여, 왕과 왕비를 포함한 왕실의 선조에 대한 공덕을 찬양하거나 통치를 종합·재평가하는 의미를 둔 여러 명호(名號)를 담는다. 어보는 해당 인물의 사후 종묘의 신실에 신위(神位), 어책(御冊), 교명(敎命), 『국조보감(國朝寶鑑)』 등과 함께 봉안하여 길이 영광스러운 지위에 올려 왕조의 영속성을 의미하였다.

　조선시대의 어보는 크게 두 가지로 구분할 수 있다. 첫째, 왕실 사람들을 해당 지위에 임명할 때 수여하는 경우, 둘째, 국왕과 왕비를 포함하여 선대의 공덕을 찬양하거나 통치를 종합·재평가하여 왕실의 정통성을 드러내는 경우가 그것이다. 두 번째의 경우는 어버이와 선조의 공덕을 높여 명호를 지어 올림으로써 효(孝)라는 유교 윤리를 실천하는 한편 왕실의 정통성을 확보하는 정치 행위였다. 존호보(尊號寶), 시호보(諡號寶), 묘호보(廟號寶), 휘호보(徽號寶) 등은 모두 종법의 질서와 효를 통한 왕실의 정통성을 드러낸 정치적인 의례물이라 하겠다. 한편 어보는 손잡이의 모양, 서체, 재질 등에 신분에 따른 차등을 두는 동시에 각 각에 상징적 의미를 부여한 왕실의 의례물이었다.

국가의 중대한 행사가 결정되면 국왕과 왕세자, 대신들이 모여 올릴 호(號)를 결정하는 한편, 의식을 준비하고 거행할 임시 기구인 도감(都監)을 설치하였다. 행사에 쓰일 다양한 물품은 도감의 하위 기구인 일방(一房), 이방(二房), 삼방(三房), 별공작(別工作)에서 담당하였다. 어보 제작에 앞서 전문서사관(篆文書寫官)을 결정하는데, 주로 문인 고위 관료나 종친이 맡았다. 어보는 금속과 옥, 두 가지 재질로 만들었는데, 금속 어보는 숙동(熟銅), 천은(天銀) 등으로 주조한 후 도금하여 만들었고, 붉은 실로 방울 달린 인끈[수(綬)]을 만들어 달았다. 옥보는 질 좋은 남양옥(南陽玉)을 주로 사용하였다.

전문서사관이 글을 쓰고 이를 사자관(寫字官)이 베끼고 각 재료에 북칠사자관(北漆寫字官) 또는 북칠화원(北漆畵員)이 북칠, 즉 새길 글자를 어보 인면에 내려앉힌 후 각장(刻匠)이 새겨 보문(寶文)을 완성하였다. 제작이 완료되면 보자기와 상자에 싸고 담는 봉과식(封裹式)을 행한 후 행사 전날 행사장으로 들였다.

4장 국가의 의례와 어보의 제작

1. 왕실의 책봉과 어보

어보의 제작은 왕실의 위호·명호와 관련이 깊다. 위호는 주로 책봉 때에 정해졌고, 명호는 존호, 시호, 묘호, 시호 등을 의미한다. 우선 책봉은 왕비를 비롯하여 왕세자, 왕세제, 왕세손과 그 빈(嬪)들을 해당 지위에 임명하는 의식이다. 국왕은 책봉받는 인물에게 임명장인 교명, 덕을 기리는 글을 담은 옥책이나 죽책과 함께 해당 지위의 상징으로 어보를 수여하였다. 각 어보에는 '왕비지보(王妃之寶)', '왕세자인(王世子印)', '왕세제인(王世弟印)', '왕세손인(王世孫印)'과 같은 책봉명을 새겼다.

조선시대의 어보는 그 제작 배경에 따라 용어와 형태, 재질 면에서 신분의 차등을 두어 제작하였다. 우선 용어 면에서 책봉보인의 경우 왕비는 '보(寶)'로 하고, 이하 왕세자로부터 왕세손빈까지는 모두 '인(印)'으로 구분하였다. 따라서 왕비 책봉보의 명칭은 '왕비지보(王妃之寶)'로 하고 이하의 경우 모두 '왕세자인(王世子印)'과 같이 책봉명에 '인(印)'자를 붙이는 방식으로 제작하였다. 재질에서도 왕비의 경우 금으로, 왕세자 이하는 대부분 옥으로 제작하였으며, 간혹 은으로 제작한 특수한 사례가 있다. 또한 책봉 시에 어보와 함께 제작하는 어책 또한 왕비는 옥으로, 그 이하는 모두 대나무로 구분하였다. 다만 보뉴의 뉴식은 모두 거북으로 제작한 점이 공통적이다.

세습 국왕으로서 조선시대의 왕은 출생 후에 차례로 원자, 왕세자, 조선 국왕에 책봉되었으며 이 봉작명 및 봉작에 따르는 경칭이 그대로 호칭이 되기도 하였다. 세상을 떠난 이후에는 생전의 행적과 공덕을 시와 호로 드러낸다는 유교적 관례에 따라 시호(諡號)를 받았다.[76] 이렇게 살아생전 받은 호칭들, 그리고 사후에 받은 호칭들은 국가적 의례를 통하여 인장과 책문으로 제작하였고, 사후 종묘에 고스란히 봉안되었다. 인장은 국왕의 경우는 왕세자 책봉 시의 옥인과 등극 이후의 존호, 사후의 존호·시호를 올릴 때, 왕비의 경우는 세자빈 책봉 시의 옥인, 왕비 책봉 시의 왕비보, 생시의 존호, 사후의 존호·시호·휘호를 올릴 때마다 각각 인장을 제작하였다.

책례는 왕세자, 왕세손, 왕세제, 왕비, 세자빈 등의 책봉 의식을 말한다. 이는 복잡한 절차에 의해 진행되었으나, 핵심은 궁궐에 백관과 종실이 모인 가운데 책봉받는 인물이 국왕으로부터 책봉 명령서인 교명, 덕을 기리는 옥책(또는 죽책), 지위에 따른 보인을 받고, 국왕이 해당 인물을 해당 작위에 봉한다는 선포로 이루어진다.[77]

책례 의식은 절차를 진행하기에 앞서 도감청을 설치하여 행사를 주관하며, 행사가 끝난 후에는 의궤청을 두어 행사에 관한 모든 내용을

---

76 조선시대 시호(諡號)에 사용된 글자의 의미와 내력을 정리한 『시법총기(諡法總記)』(장서각 K2-3076)에서는 시(諡)와 호(號)에 대하여 『대대례(大戴禮)』를 인용하여 '시(諡)는 행(行)의 적(跡)이며, 호(號)는 공(功)의 표(表)'라 정의하였다.

77 졸저, 『한국인장사』, 다운샘, 2013, 166쪽.

기록하였다. 책례를 주관하는 임시 관청인 책례도감을 설치하였으며, 행사 이후에는 『책례도감의궤(冊禮都監儀軌)』를 제작하여 행사에 관한 전말과 의전 문제를 기록하였다.[78] 이렇게 의식이 있을 때마다 관계 기록 일체가 의궤를 통하여 자세히 기록되었으며, 조선 후기에는 '책왕비의', '책왕세자의'를 비롯한 여러 책례 의식의 절차와 전고가 자세히 정리되었다.[79]

책례 의식은 왕세자, 왕세손, 왕세제 및 왕비와 세자빈 등이 각기 조금씩 다르다. 우선 왕세자 책봉은 『국조오례의』의 '세자책봉례(世子冊封禮)'의 의식을 거쳐 이루어졌다. 왕세자를 책봉할 때에는 책례도감(冊禮都監)이 설치되는데, 의식은 대궐의 정전에서 거행되었다. 책봉 의식의 핵심 내용은 문무백관과 종친들이 보는 앞에서 국왕이 세자에게 죽책문(竹冊文), 교명문(敎名文), 세자인(世子印)을 전해주는 것을 말한다. 여기서 죽책문은 세자로 책봉한다는 일종의 임명장에 해당하며, 교명문은 세자 책봉 배경과 세자를 훈계하는 내용이 담겨 있으며, 세자를 상징하는 도장이 세자인이다. 그렇지만 책봉 의식 전 과정은 복잡하였으며, 행사의 의미가 컸던 만큼 엄숙하게 진행되었다.

먼저 길일을 택해 사직과 종묘에 책봉 사실을 고한다. 액정서(掖庭署)에서는 그 전날 어좌를 설치하고 그 앞에 보안(寶案)과 책인안(冊印案)을, 장악원(掌樂院)에서는 헌가(軒架)를 전정(殿庭)에 설치한다. 전의(典儀)는 전정에 왕세자의 자리를 만드는데, 그 뒤편 도동(道東)으로는

---

78 이민주, 「조선시대 왕세손 책례도감의궤에 나타난 복식에 관한 연구」, 『복식문화연구』 6집, 1998, 558쪽.

79 『증보문헌비고(增補文獻備考)』 권74, 예고(禮考) 21. 책례(冊禮), 조선(朝鮮).

문관 1품 이하 관원의 자리를 만들고 도서(道西)에는 종친과 무관 1품 이하 관원의 자리를 만든다. 동서 사정전 내외에는 군사가 대열하는 등 모든 준비가 갖추어진다.

국왕이 어좌에 좌정하면 상서원의 관원이 교령, 책, 인을 보안 위에 올리고, 찬의(贊儀)의 창으로 종친과 문무백관은 국왕에게 일제히 사배(四拜)를 올린다. 그다음에 봉례(奉禮)는 왕세자를 동문(東門)으로부터 인도해 왕세자석에 나간다. 이때 찬의의 창에 따라 왕세자는 국왕에게 사배를 올리고 꿇어앉는다. 다음에 전책관(傳冊官)이 책함(冊函)을 열고 책을 보안 위에 올려놓는다. 이때 왕세자는 사배를 올린다. 집사자가 교령·책·인의 안(案)을 전책관에게 전하면 전책관은 교명함을 받아 왕세자에게 주고 왕세자는 이를 받아 보덕에게 전한다. 다시 전책관은 책함을 받들어 왕세자에게 주면 왕세자는 이를 받아 필선에게 전한다. 다음에 전책관이 인수(印綬)를 받들어 왕세자에게 전하면 왕세자는 이를 받아 익찬에게 전한다.

보덕, 필선, 익찬은 이것들을 받들고 왕세자의 뒤에 서고 전책관은 물러나 시위(侍位)에 정립한다. 집사자는 각기 안을 익위사관(翊衛司官)에게 전하고 물러서면 익위사관은 각각 그 안을 받들고 보덕, 필선, 익찬의 뒤에 선다. 찬의의 창으로 사배하고 봉례는 왕세자를 인도해 동문으로 물러간다. 종친과 문무백관은 사배를 올리고 좌통례(左通禮)가 예필(禮畢)을 고하면 국왕은 어좌에서 내려선다. 헌가악(軒架樂)이 사이사이 연주되어 흥을 돋우거나 엄숙함을 더하게 한다.[80]

---

80 같은 책.

4장 국가의 의례와 어보의 제작

원자의 정호(定號)는 중국과 관계없이 조선에서 자체 거행하였지만, 세자 책봉과 국왕의 즉위는 중국에 보고하고 승인을 얻어야 했다. 따라서 원자 책봉의 경우 조선 내부의 책봉문만 있고 주청문, 승인문, 인장 등이 없었다. 이에 비해 중국에 보고하고 승인을 받아야 하는 세자 책봉 및 국왕 즉위는 주청문, 승인문, 인장이 필요했다. 예컨대 조선시대 세자 책봉이나 국왕 즉위 시에는 으레 이 책봉을 요청하는 주청문을 중국에 보내고 이에 대하여 승인문에 해당하는 고명을 보내왔다. 이와 동시에 세자의 경우 옥인을 제작하였다.

왕세자의 책례는 오례 가운데 가례(嘉禮)에 속하는 의례이다.[81] 왕세자, 왕세제, 왕세손의 책봉은 공식적으로 왕의 후계자를 결정하는 선포 의식이었다. 국내에서는 임금의 명령을 적은 교명을 제작하였고, 이와 함께 죽책과 인장을 제작하여 내렸다. 교명은 지위의 존귀함을 강조하고 책임을 다할 것을 훈유하는 내용으로 말미에 〈시명지보〉를 안보하였다.

왕세자는 대를 이을 왕의 아들이라는 뜻의 책봉명이며, 왕세제는 대를 이을 왕의 동생, 왕세손은 대를 이을 왕의 손자라는 의미의 책봉명이다. 세자, 세제, 세손에 책봉되면 이를 상징하는 인장을 제작하고, 중국에 승인을 요청하여 고명을 받음으로써 책봉이 완료되었다.[82]

고종 대까지 종묘에 봉안된 왕세자의 책봉인은 현종, 숙종, 경종, 진종, 장조, 순조, 문조의 인장으로, 이 가운데 현종과 문조의 인장은 1995

---

81 『국조오례의(國朝五禮儀)』 권3, 가례(嘉禮)(景文社, 1979, 129~224쪽)

82 신명호, 「조선시대 국왕호칭의 종류와 의미」, 『역사와 경계』 52집, 부산경남사학회, 2004, 53쪽.

년 이전에 유실되었다. 왕세제의 인장은 영조의 책봉인 1과만이 현전한다. 경종의 이복동생이었던 영조는 왕세제로 책봉되었음을 반영한다. 왕세손의 인장으로는 현종, 정조, 헌종의 책봉인이 있었고, 정조, 헌종의 인장이 현존한다. 인문은 모두 당시의 책봉명인 왕세자, 왕세제, 왕세손에 '인(印)'자를 더하여 '왕세자인', '왕세제인', '왕세손인'으로 제작하였다. 아직 보위(寶位)에 오르지 않았으므로, 국왕과 왕비 이상이 쓰는 '보(寶)'자와 구분하기 위해 인문은 '왕세자보'가 아닌 '왕세자인'으로 하였다. 손잡이는 모두 귀뉴(龜鈕)로, 재질은 옥으로 하였음이 특징이다. 따라서 세자, 세제, 세손의 책봉인 양식은 귀뉴옥인(龜鈕玉印)으로 제작하는 원칙이 있었음을 알 수 있다. 크기는 대개 10센티미터를 전후로 하는데, 순조의 〈왕세자인〉은 13.7센티미터로 매우 크게 제작된 특수 사례에 해당한다.

한편 세자빈의 옥인을 제작하는 일련을 과정을 상세히 살필 수 있는 자료로 현재 프랑스 국립도서관에 소장되어 있는 어람본 『옥인조성도감의궤(玉印造成都監儀軌)』[83]가 있다. 이 의궤는 1735년(영조 11)에 효장세자빈 조씨(1715~1751)가 현빈(賢嬪)이라는 호를 받게 됨에 따라 행해진 현빈궁옥인(賢嬪宮玉印)의 조성에 대한 의궤이다. 계사(啓辭)는 1734년 11월 3일부터 1735년 4월 20일까지의 기록이다. 좌의정 서명균, 우참찬 정형익, 행이조판서 송인명 등이 빈청회의에서 효장세자빈 조씨에게 작호를 내리기로 결정하고 현빈궁옥인도감의 설치가 결정됨에 따라 현빈궁의 옥인이 조성되는 과정의 논의가 상세히 실려 있다. 『해방

---

83 도서번호 2486.

4장 국가의 의례와 어보의 제작

위궤(該房儀軌)』에는 현빈궁옥인 조성 시의 품목(品目)과 옥인(玉印, 賢嬪之印), 인통대(印筒臺), 주통대(朱筒臺), 인록대(印盝臺), 주록대(朱盝臺)의 도설 및 그 소입 물품이 상세하다.

이때 현빈의 옥인을 제작하기 위하여 공조판서 윤순 등 3인의 당상관과, 예조좌랑 이석복을 비롯한 3인의 낭청이 참여하였다. 실무진으로는 진행 사항을 감독하는 별공작선공감감역관 1명, 옥인의 인문을 쓴 옥인전문서사관 1명, 유사시를 대비한 차비관 1명, 옥인을 진상할 봉옥인관 2명 등을 두었다. 또한 인문의 전사 및 도안에 필요하였을 서리, 서사관, 서원 등이 동원되었다.

옥인에는 이를 사용하고 보관하기 위한 관련 물품이 수반되었다.[84] 예컨대 옥인을 감싸는 보자기인 겹복(裌袱), 보관을 위한 내함인 인통(印筒), 외함인 인록(印盝), 보안을 위한 쇄약(鎖鑰), 인주를 보관하기 위한 주통(朱筒), 주통을 보관하는 주록(朱盝), 주록을 담아 이동하는 호갑(護匣), 인장을 얹어놓는 인안(印鞍) 등 많은 주변 물품이 수반되었다. 의궤에는 이러한 물품을 만들어낸 장인의 명단까지 상세하다. 당시 옥인 제작을 위해 참여한 인원은 당상관으로부터 장인에 이르기까지 총 65명으로 매우 많은 인력이 필요했으며, 여기에 참여한 장인들은 당시 이 분야의 전문가들로 구성되었으리라 여겨진다. 이때 제작한 〈현빈지인

---

84 여러 책봉 시에 제작하였던 인장과 관련 물품들은 『가례도감의궤(嘉禮都監儀軌)』에 간략한 도설(圖說)과 함께 소요 물품, 크기, 재질 등에 대한 정보가 상세하다. 한편 행렬도인 반차도(班次圖)에는 해당 인물의 연(輦)을 비롯하여 교명(教命), 명복(命服), 옥책(玉冊) 등의 여러 물품을 실은 가마가 있고, 이 가운데 보인(寶印)을 실은 보(인)여〔寶(印)輿〕가 항상 포함되었다.

실물	보면(寶面)	보영(寶影)
		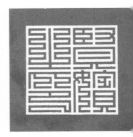

(국립고궁박물관 소장)

(賢嬪之印)〉은 현재 국립고궁박물관에 소장되어 있다.[85]

　왕실의 여성도 국왕의 경우와 마찬가지로 왕비가 되기 이전 왕세자빈, 왕세제빈, 왕세손빈으로 책봉되면서 책봉인을 받았다. 이때 제작된 인장은 책봉명 다음에 '지인(之印)' 자를 붙여 '왕세자빈지인', '왕세제빈지인', '왕세손빈지인'으로 하였다. 세자, 세제, 세손과 달리 '지(之)' 자가 붙은 이유는 글자 수를 짝수로 하여 인문 제작 시에 좌우 균형을 맞추기 위함이었으리라 추측된다.[86]

85　졸저, 『한국인장사』, 다운샘, 2013, 170~173쪽.

86　『증보문헌비고(增補文獻備考)』권82, 「예고(禮考)」, 새인(璽印). 1667년(현종 8)에 영의정(領議政) 정태화(鄭太和)가 왕세자의 옥인(玉印)은 '왕세자지인(王世子之印)'이라 쓰는 것이 마땅하나, 좌우에 자수(字數)가 맞지 않으므로 '지(之)' 자는 버리고

효의왕후 은인 〈왕세손빈지인(王世孫嬪之印)〉의 실물과 인영

실물	보면(寶面)	보영(寶影)

(국립고궁박물관 소장)

고종 대까지 종묘에 봉안된 왕세자빈의 인장은 1651년(효종 2)에 명성왕후가 왕세자빈으로 책봉되면서 제작한 옥인으로부터 1727년(영조 3) 효순왕후가 왕세자빈으로 책봉되면서 제작한 옥인까지 총 7과이다. 인면의 넓이는 대개 10센티미터를 넘지 않으며, 귀뉴옥인으로 제작하였다. 한편 인성왕후의 왕세자빈 책봉인과 효의왕후의 왕세손빈 책봉인은 은으로 제작되어 특수한 사례에 해당한다.

빈이 왕비로 책봉되면서 이에 해당하는 인장을 제작하였고, 계비인 경우도 마찬가지였다. 인장은 모두 책봉명인 왕비에 '지보(之寶)'자를

'왕세자인(王世子印)' 넉 자로 쓰도록 하여 왕이 그대로 따랐다는 기록이 있다. 이 기록을 통해 인문 제작 시에 '지(之)'자 사용에 융통성을 두어 짝수로 제작하는 방법을 선호하였음을 알 수 있다.

붙여 '왕비지보'로 제작하였다. 세자(세제, 세손)빈 책봉 시와 같이 귀뉴옥인이나 귀뉴은인으로 제작하지 않고, 귀뉴금보로 하였다. 왕비로 책봉되는 동시에 인문은 '인(印)'에서 '보(寶)'로, 재질은 옥이나 은에서 금으로 바뀌었다. 〈왕비지보〉의 크기는 장렬왕후 금보의 경우 한 면의 길이가 10.2센티미터로 제작되었으나 그 이후 제작된 인장은 대개 10센티미터를 넘지 않았다.

조선시대 어보와 관련하여 명대(明代)의 사례를 살펴보면, 우선 용어에서 황후의 경우 '보(寶)', 황비는 '인(印)'으로 차등하였고, 황태자 및 친왕은 '보(寶)', 공주는 '인(印)'으로 구분하였다. 어보의 문구에서는 위의 기준에 따라 책봉명에 '보'나 '인' 자를 붙이는 방식으로 제작하였다. 그러나 재질과 뉴식에 있어서는 이러한 구분을 두지 않고 모두 금제귀뉴(金製龜鈕)로 통일하였다. 어책의 경우 황후는 금책(金冊), 황비는 도금은책(鍍金銀冊), 황태자와 친왕은 금책(金冊), 공주는 은책(銀冊)으로 구분하였다. 황제의 어머니인 황후를 제외한 여성의 인장을 한 단계 낮추어 제작한 점이 특징이라 하겠다. 한편 공주를 책보(冊寶)로써 책봉하는 의식을 조선에서는 시행하지 않았으므로 황제국과의 차이를 보인다.

가례(嘉禮) 때 어보 올리는 절차(『국조속오례의(國朝續五禮儀)』)

- 전날 액정서(掖庭署)는 행사 장소의 어좌 앞에 보안(寶案)을 설치하고 독책보안(讀冊寶案)은 어좌 앞 중앙에 설치한다.
- 책보안 남쪽에 책보를 올리는 위치를 설치한다.
- 의식을 진행하는 독책보관(讀冊寶官), 봉책보관(封冊寶官), 찬의(贊儀), 인의(引儀) 및 종친 및 문무백관의 자리를 설치한다.

- 첫 번째 북이 울리면 노부(鹵簿)와 의장(儀仗), 여(輿)와 연(輦), 말
  들을 전정(殿庭) 좌우에 벌여놓는다.
- 두 번째 북이 울리면 왕은 원유관(遠遊冠)에 강사포(絳紗袍)를 입고
  내전에 임어(臨御)한다.
- 세 번째 북이 울리면 인의의 인도로 종친 및 백관이 위로 나간다.
- 왕이 여를 타고 나와서 규(圭)를 잡고 어좌에 오르면 향을 피운다.
- 상서원(尙瑞院) 관원이 보를 받들어 안에 놓는다.
- 종친과 백관이 사배를 올리면 풍악을 그치고 영의정과 독책보관,
  봉책보관이 동쪽 계단으로 오른다.
- 책과 보를 함에서 꺼내 읽은 후, 다시 넣고 자리로 돌아와 사배를
  올리면 예가 끝난다.[87]

---

87 국립고궁박물관 편,『왕의 상징 어보』, 2012.

2. 국장(國葬)과 어보

조선시대 국왕의 죽음은 흔히 승하(昇遐)라 했다. 왕이 죽음을 맞이하는 임종 장소에는 휘장을 치고 붉은 도끼 무늬를 수놓은 병풍을 둘렀다. 국왕의 임종이 임박하면 국왕은 왕세자와 대신들을 불러놓고 왕세자에게 국왕의 자리를 물려준다는 유언을 하였다. 이것이 고명(顧命)으로 고명으로 받은 신하를 고명대신(顧命大臣), 혹은 고명지신(顧命之臣)이라 하여 존중하였다. 고명은 구두로 전하기도 하고 유조(遺詔)나 유교(遺敎)와 같이 문서화하기도 하였다. 조선시대의 경우 국왕이 승하하고 없는 상황에서 새로운 왕을 임명하는 권한은 형식적으로 대비(大妃)에 귀속된다. 대비는 사적으로는 세자의 어머니이며 전왕의 부인이다. 비록 남편이 죽고 없지만 대비는 국모로서의 권한과 함께 왕실 최고의 어른이라는 지위를 갖는다. 그러나 웃어른인 왕대비나 대왕대비가 생존해 있으면 후계왕의 임명권은 당연히 왕대비나 대왕대비가 갖는다. 실제로 조선시대에 왕이 갑자기 죽을 경우 대비나 왕대비가 후계 국왕을 지명했다. 왕이 사망하면 옥새(玉璽)는 대비가 보관한다. 세자가 국왕으로 즉위할 때 대비는 옥새를 전해주고, 세자를 국왕으로 임명한다는 명

령서를 내린다. 후계 국왕의 지명권 및 임명권을 행사하는 것이다.[88]

어보는 국장, 부묘 등의 의례와도 관련이 깊다. 왕이 승하하면 중신들이 모여 시호, 묘호, 능호, 전호 등을 결정함과 함께 시신을 매장하고 혼을 모시는 국장 의례를 준비하기 위해 국장도감을 설치하였다. 시호는 왕의 사후에 생전의 업적을 평가하여 결정하였는데, 중국 천자에게서 받는 시호와 조정 신하들이 올리는 시호 두 가지가 있었다. 중국의 천자에게서 시호를 받기 위해서 조선에서는 중국으로 청시사(請諡使)라는 사신을 파견하였다. 왕이 죽고 나서 이 청시사가 중국 천자에게서 시호를 받아 오기까지는 거의 반년 정도가 걸렸는데, 중국에서 내려준 시호는 두 글자로 되어 있었다. 다만 대한제국기에 오면 고종이 황제를 칭하며 조선이 중국의 제후국 체제를 청산하면서 중국 황제에게서 시호를 받는 일도 없어졌다. 현재 종묘에 배향되어 있는 왕의 호칭에는 중국에서 받은 시호가 기재되지 않는다.

중국에서 받는 시호와 달리 신하들이 올리는 시호는 국상이 난 지 5일 후 입관(入棺)을 하고 나서 의논해 올렸다. 중국에서 내려준 시호는 두 글자이지만, 신하들이 올리는 시호의 글자 수는 이보다 많은 6자, 8자, 12자 등으로 일정하지 않았다. 그렇지만 대부분 8자로 올리는 경우가 일반적이었다.

국왕이 사망하면 국장도감에서는 시책(諡冊)과, 결정된 시호를 새긴 시호보(諡號寶)를 제작하여 행사에 대비하였다. 시호보에는 묘호를 함께 새기기도 하고 중국으로부터 받은 시호를 새기기도 하였다. 시호보

---

88 정재훈, 「조선의 어보와 의례」, 『왕실의 상징 어보』, 국립고궁박물관, 2012.

는 3년상을 마친 후 부묘(祔廟) 의례를 거쳐 종묘에 모셔졌다. 조선시대에 국왕이나 왕비에게 상사(喪事)가 있는 경우 궁궐에 혼전(魂殿)을 두고 3년의 상기를 마친 뒤 그 신주를 종묘에 모시게 된다. 이때 종묘에 부치는 이름이 묘호인데, 이것이 국왕을 호칭하는 대표적인 이름으로 이때에도 어보를 제작하여 종묘에 봉안하였다.

국장 과정에서 어보와 직접 관련되는 의례는 '시책보내입의(諡冊寶內入儀)', '청시종묘의(請諡宗廟儀)', '상시책보의(上諡冊寶儀)' 등이 있다. 이 가운데 '시책보내입의'는 정조(正祖)의 국장 의례에서 처음 보인다. 시보(諡寶)와 시책(諡冊)을 궁궐에 들이는 의식은 이전에도 시행되었지만 의례로서는 정조 때 처음 마련한 것이다.[89]

정재훈은 시호와 시책·시보에 대한 논의와 의례의 과정을 『[순조]국장도감의궤([純祖]國葬都監儀軌)』에 의거해 살폈다. 여기에 따르면 우선 '시책보내입의'는 시보와 시책을 궁으로 들이는 의식이다. 행사 당일에 전설사(典設司)가 시책보악차(諡冊寶幄次)를 경희궁 숭정전(崇政殿) 동쪽 계단 위 동쪽 가까이에 서향으로 설치하고 총호사와 도감당상, 낭청은 시보와 시책을 받들어 각각 채여(彩輿)에 안치한다. 봉보관(奉寶官)과 봉책관(封冊官)이 보록(寶盝)과 책함(冊函)을 무릎 꿇고 올리면 총호사가 이를 받아서 근시(近侍)에게 주고 내시 역시 무릎을 꿇고 받아서 안에 들인 후 퇴장하는 의례이다.[90]

'청시종묘의'는 대행대왕에게 시호 올리는 일을 종묘에 청하는 의례

---

89 같은 논문.

90 『[순조]국장도감의궤([純祖]國葬都監儀軌)』 권1, 「의주(儀註)」.

이다. 이미 논의를 거쳐 결정된 대행대왕의 시호는 청시종묘의를 거치면 완전히 결정되는 것이다. 의례가 시작되기 하루 전에 전설사가 책보를 임시로 두는 곳을 마련하여 영의정이 책과 보를 받들어 책보를 임시로 두는 악차에 놓고 예조정랑으로 하여금 지키도록 하는 의례이다.[91]

'상시책보의'는 시보와 시책을 올리는 의례이다. 행사 하루 전에 전설사가 영의정의 막차를 책보의 남쪽에 동쪽 가까이 서향하여 설치하는 일부터 시책과 시보를 올리고 여러 의식 절차를 진행한 후 국궁(鞠躬), 사배(四拜), 흥(興), 평신(平身)의 과정까지 진행한 후 영의정 이하가 모두 나오는 의례이다. 상시책보의를 거쳐 올려진 시보와 시책은 발인 전까지 빈전(殯殿)의 영좌(靈座) 앞에 모셔두게 된다.[92]

국왕 등의 국장에서 3년의 상기를 마친 후에 최종적으로 신주를 종묘에 모시게 된다. 이 절차를 부묘라고 하는데, 국왕의 경우에는 3년상의 상기를 마치는 대로 부묘하는 것에 비해 왕비는 국왕의 생전에 상을 당할 경우 계속 혼전에 신주를 모시다가 국왕의 3년상을 마친 후에 부묘하였다. 부묘를 행할 때에도 행례가 가장 중심이 되는 신주와 함께 어보 역시 의례에서 중요시되었다.[93]

한편 종묘에 봉안된 책보와 관련한 중요 자료로 『종묘책보등록(宗廟冊寶謄錄)』이 있다. 이 책은 조선시대와 대한제국기에 종묘 및 영녕전의 각 실에 봉안하였던 왕과 왕비의 교명문(敎命文), 인(印), 옥책(玉冊), 금

---

91 『[순조]국장도감의궤』 권1, 「의주」.

92 『[순조]국장도감의궤』 권1, 「의주」.

93 정재훈, 위의 논문.

보(金寶), 시책(諡冊), 『국조보감』 등의 연대, 수량, 물품 내용 등을 1909년(융희 3) 이후 종묘서(宗廟署)에서 기록한 등록이다. 그 가운데 1555년(명종 10)에 새로운 『종묘책보등록』을 편찬하고 그 편찬 과정을 사간원 대사간 지제교 박민헌(朴民獻)이 쓴 서문인 「종묘등록구서(宗廟謄錄舊序)」를 통해 종묘에 역대 왕과 왕비의 책과 보를 봉안하는 당대인의 인식을 엿볼 수 있다. 조선시대 왕과 왕비의 책(冊)과 보(寶)가 종묘 및 영녕전에 봉안된 이유는 그 의물들이 신주와 함께 해당 왕과 왕비를 상징하기 때문이다. 종묘와 영녕전의 각 실에 봉안하는 이유 및 내력을 다음과 같이 밝혔다.

선왕께서 열성조의 공덕에 대하여 그 아름다움을 형용하였을 뿐만 아니라 또한 그것이 전해지는 것을 영구히 하고자 생각하였습니다. 대개 종묘의 등가(登歌)는 공덕을 가시(歌詩)에 형용하는 것이요, 종묘의 팔일(八佾)은 공덕을 무도(舞蹈)에 형용하는 것입니다. 또한 책보(冊寶)를 튼튼히 묶어 종묘에 비장하는 것은 공덕을 영구히 하고자 하는 것입니다. 이는 효성스러운 자손들이 조상의 도를 이어받은 것입니다. 공손히 생각하건대, 우리나라의 왕업(王業)이 흥한 것은 주가(周家)에 비유할 수 있습니다. 목조, 익조, 도조, 환조께서 덕(德)을 쌓고 인(仁)을 거듭하여 우리나라 왕업의 기초를 연 것은 곧 주나라의 후직(后稷), 공류(公劉)가 대대로 덕을 닦아 후대에 남긴 것과 같습니다. (중략)

그러므로 존호를 올리고 또 존호를 가상한 것과 시호를 올리고 또 시호를 가상한 것은 모두 책과 보가 있어서 그 공덕을 기록하고 그 존숭을 극진히 하였으니 헛된 아름다움이 아닙니다. 왕비와 동궁, 그리고 세자빈이 처음 책봉될 때도 모두 책과 보가 있습니다. (중략)

　신이 가만히 생각하건대, 조상의 공덕을 그 자손 된 자가 어찌 영구히 전하려 도모하지 않을 수 있겠습니까? 그러므로 주공은 예를 제정하면서 그 묘제(廟制)를 정하고 가시(歌詩)를 지어 선왕들을 찬미하였습니다. 그런즉 훗날의 기록자가 고찰하여 책보를 보게 되면 조종의 공덕이 주나라의 선왕과 합치했음을 알고, 선후의 덕이 주나라의 태임, 태사와 같음을 말하며, 그 제도가 주나라의 정문(情文)이 극히 갖추어진 것과 다름이 없음을 알고, 또한 전하께서 열성조를 추모하는 효심이 주공(周公)의 달효(達孝)와 같음을 알게 될 것입니다."(후략)[94]

---

[94] 이 글에 쓰인 고전 용어의 의미는 아래와 같다.

등가(登歌) : 악현(樂懸), 즉 악기를 배열해놓는 법식의 일종. 궁궐의 섬돌 위와 같이 높은 곳에서 연주하는 것을 지칭한다. 중국의 상고시대부터 특히 의식 음악을 연주할 때는 으레 연주 악대를 두 곳으로 벌여놓았는데, 비교적 높은 곳인 당상(堂上)과 낮은 곳인 당하(堂下)가 그것이다.

팔일(八佾) : 조선 시대에 문묘(文廟)·종묘(宗廟)·원구단(圜丘壇) 등의 제향(祭享) 때 쓰이던 춤. 팔일무(八佾舞)라고도 함. 본래 중국에서 천자(天子)의 제향 때 쓰이던 춤으로 조선시대에는 문묘·종묘·원구단 등의 제향 때 악생(樂生) 64인이 한 줄에 8인씩 8줄로 정렬하여 아악에 맞추어 추었음.

태임(太妊) 태사(太姒) : 중국 고대의 후비(后妃). 지임씨(摯任氏)의 중녀(仲女)로 주문왕(周文王)의 어머니이며 왕계(王季)의 아내인 태임(太妊)과, 신국왕(莘國王)의 딸로 주문왕의 후비이며 무왕의 어머니인 태사(太姒)를 말함. 모성으로 갖추어야 할 도리와 부녀가 지켜야 할 떳떳하고 옳은 도리를 펼친 것으로 이름났음.

정문구진(情文俱盡) : 정의(情意)와 文章(문장)을 다 같이 온전히 갖춘 것. (『순자(荀子)』,「예론편(禮論篇)」)

달효(達孝) : 공자가 무왕과 주공을 달효(達孝)라 평가하면서 "부모의 뜻을 잘 계승하고, 부모의 일을 잘 이어받는다."라고 한 데서 최고의 효를 말할 때 자주 인용된다.

위 기록에 의하면 1555년(명종 10)에 새로운 등록이 편찬되기 이전에 이미 구등록(舊謄錄)이 있었음을 알 수 있다. 그 구등록에는 목조, 익조, 도조, 환조 등 추존 4왕부터 예종까지의 책보가 수록되어 있었고, 성종, 중종, 인종의 책보는 수록되지 않은 상태였다. 그 구등록이 언제 작성되었는지 확실하지는 않지만, 조선 건국 이후 종묘에 추존 4왕이 봉안되었을 무렵 작성되었을 것으로 추측된다.

4장 국가의 의례와 어보의 제작

3. 존숭, 추숭과 어보

조선시대의 국왕과 왕비는 생전의 덕을 찬양하기 위한 존호를 비롯하여 사후에도 시호, 묘호, 능호, 전호, 추상존호(追上尊號), 추상시호(追上諡號) 등 수많은 호칭을 받았다. 공덕을 드날리기 위해 왕에게 올리는 아름다운 명칭을 흔히 존호라 하고 왕비의 경우 존호와 휘호가 있었다.[95] 호칭을 올릴 때마다 책보도감을 설치하여 옥책과 어보를 제작하였고, 존호를 새긴 인장을 '존호보(尊號寶)', 시호를 새긴 인장을 '시호보(諡號寶)'라 하였다. 또한 사안에 따라 '가상존호보', '추상존호보' 등으로 불렀다.[96]

---

[95] 조선시대 존호에 대해서는 다음의 논문이 있다.
신명호, 「조선시대 국왕 호칭의 종류와 의미」, 『역사와 경계』 52집, 부산경남사학회, 2004.
임민혁, 「高·純宗의 號稱에 관한 異論과 왕권의 정통성—廟號·尊號·諡號를 중심으로」, 『사학연구』 78호, 한국사학회, 2005.
김종수, 「尊號, 尊崇, 上號都監儀軌 명칭에 대한 소고」, 『온지논총』 12집, 온지학회, 2005.

[96] 『인조실록』 권29, 12년 7월 14일 무술(戊戌). 존숭, 추숭과 어보에 대해서는 졸저, 『한국인장사』, 다운샘, 2013에 상세하므로 주로 이를 참고하였다.

일반적으로 생전에 처음 존호를 올릴 때에는 '상존호(上尊號)', 두 번째 이후부터는 '가상존호(加上尊號)', 사후에 올릴 때에는 '추상존호'라는 표현을 쓴다.[97] 필요에 의해 존호를 의논하여 정하고, 이를 옥책이나 죽책, 옥보나 금보를 제작하여 올리며, 이를 위해 임시로 존호도감 또는 존숭도감을 설치하여 일련의 과정을 주관하였다. 행사를 치르고 난 후, 훗날 참고할 수 있도록 준비 과정에서부터 행사 후 시상에 이르기까지의 전말을 상세하게 기록한 의궤는 어보의 제작 과정에 대해서도 상세한 정보를 제공한다. 예를 들어 옥을 어디서 캤고, 어떤 장인이 어떤 도구를 써서 제작하였는지, 임금은 얼마나 주었는지, 옥책과 금보를 운반할 때 몇 명의 차비(差備)와 말이 동원되었는지, 어보의 치수와 모양은 어떠한지 등을 문자와 도설로 남겨놓았다. 따라서 당시의 제작 과정을 생생히 살필 수 있고, 필요에 따라서는 복원도 가능하게 하는 자료이다.

현재 규장각에 소장되어 있는 조선시대의 존호·존숭·상호도감의궤는 56종 212건에 이른다. 장서각에도 대략 50종을 소장하고 있고, 그 외 프랑스 국립도서관과 일본 궁내청에도 소장되어 있다. 이 세 곳에 소장되어 있는 의궤의 종류는 모두 규장각에도 소장되어 있으므로, 조선시대의 존호·존숭도감의궤는 대략 56종 정도라 할 수 있다.[98]

조선시대 존호는 주로 살아 있는 왕의 공덕을 찬양하기 위한 호칭으로 사용되었다. 조선시대 국왕으로서 생전에 존호를 받은 최초의 왕은

97 김종수, 위의 논문, 166쪽.
98 김종수, 위의 논문, 162쪽.

태조 이성계였다. 1399년(정종 1) 10월 권근(權近, 1352~1409)은 상소문을 통해 태조에게 존호를 올려야 한다고 요청하였고, 그 근거로 '근심하며 부지런히 덕을 쌓아 왕업을 창건하고 대통을 전하여 억만년 무궁한 기업(基業)을 열어 전하게 하였으니, 높은 공과 성한 덕이 하늘과 더불어 다함이 없다'는 내용을 제시하였다.[99] 이에 따라 태조에게 존호를 올리기 위한 봉숭도감(封崇都監)이 정종 2년 6월에 설치되고, '계운신무(啓運神武)'라는 4자의 존호를 올리게 되었다. 태조 이성계가 신무(神武)로써 조선을 창업한 공덕을 표시하는 호칭이었다.[100] 이후로 조선시대에는 살아 있는 국왕의 업적을 찬양하기 위한 존호가 무수히 올려졌다.

계유정난을 거쳐 왕위에 오른 세조에게 '승천체도열문영무(承天體道烈文英武)'라는 8자의 존호가 올라간 이후부터는 으레 8자의 존호가 답습되었다. 또한 살아 있는 국왕의 업적을 찬양하기 위한 존호는 한 차례로 끝나지 않고 여러 차례 올려졌으며, 시간이 흐르면서 존호를 올리는 일이 점점 더 많아졌다. 한편 대비 등에게 존호를 올릴 때 현왕에게도 으레 행해졌다. 생전에 수많은 정치적 격변을 겪은 왕에게 당연히 존호가 많이 올라가고, 대비가 여러 명 생존했을 때의 왕들이 존호를 받게 되었다. 이러다 보니 수차례의 존호를 받은 왕의 호칭은 수십 자가 되는 경우가 비일비재했으며, 조선 후기로 갈수록 더 많은 존호를 받게 되었다. 이러한 현상은 조선시대 국왕의 존호가 각 왕대의 정치사와 밀접하게 관련된 호칭이었음을 의미하며 아울러 조선왕조가 건국된

---

99 『정종실록(定宗實錄)』 권2, 1년 10월 8일 갑진(甲辰).
100 『정종실록』 권4, 2년 6월 20일 계축(癸丑).

이후 유교적 사고방식이 심화될수록 왕의 공덕을 문자로 찬양하는 유교적 관행이 점점 심화되었음을 보여준다.[101]

국왕의 호칭과 어보의 관계

존호(尊號)	상존호(上尊號)	존호는 주로 생전의 업적을 찬양하거나 대비에게 존호를 올릴 때 현왕에게 의례적으로 올리기도 한다. 상존호는 생전에 처음으로 올리는 존호를 말한다.
	가상존호(加上尊號)	두 번째부터 올리는 존호를 가리킨다.
	추상존호(追上尊號)	사후에 올리는 존호이다. 사후에 여러 번 존호를 올릴 때도 계속해서 추상존호라 부른다. 주로 국왕에 대한 역사적 평가를 담아 정했다.
시호(諡號)		왕의 사후에 생전의 공덕을 평가하여 짓는 호칭이다. 중국으로부터 받는 것과 국내 신하들로부터 받는 호칭 두 가지가 있다. 어보에는 주로 국내에서 정해진 시호를 새겼고 묘호를 함께 새기기도 했다.
묘호(廟號)		종묘 신실의 명칭, 신위에 새긴다. 시호와 함께 어보에 새긴 경우가 있다.
능호(陵號)		왕릉의 명칭이다. 어보에는 쓰이지 않는다.
전호(殿號)		혼전(魂殿, 국장 이후 종묘에 들어가기 전까지 신주를 모시는 곳)의 명칭이다. 어보에는 쓰이지 않는다.

---

101 신명호, 위의 논문, 55쪽.

4. 숙종과 그 왕후들의 어보

여기서는 숙종과 그 왕비들의 어보를 통해 조선시대 어보의 제작 배경과 과정을 살펴보고자 한다. 숙종 대(1674~1720)인 17세기 후반에서 18세기 초는 전후(戰後) 여러 측면에서 나라가 안정을 되찾던 시기였다. 숙종은 이전의 잦은 전란과 반정(反正)으로 실추된 왕실의 권위를 회복하기 위한 여러 사업을 추진하였다. 이러한 사업의 일환으로 앞 시대에 미처 손대지 못했던 종묘의 책보(冊寶)를 정리하였고, 이 과정에서 많은 전대(前代)의 어보가 다시 제작되었다. 우선 태조의 4대조인 목조·익조·도조·환조와 그들 비(妃)의 어보를 비롯하여 전란 중에 분실된 명종(明宗)의 어보, 태조와 태종의 가상시호보, 숙종 대까지 조종(祖宗)의 묘호를 받지 못했던 공정왕(恭靖王)에게 정종(定宗)이란 묘호와 함께 시호를 올리면서 제작한 어보, 당시까지 노산군(魯山君)이었던 단종(端宗)의 복위에 따른 단종과 단종비의 어보 등이 제작되었다. 또한 선대 왕과 왕비의 어보 중 전란으로 파손된 사례를 모두 조사하고, 어보를 보관하는 의장물인 보통(寶筒)이나 보록(寶盝) 중 없어진 물품들을 조사하여 새로 제작하여 모두 구비하게 하였다. 이러한 일련의 과정은『금보개조도감의궤(金寶改造都監儀軌)』, 『종묘의궤(宗廟儀軌)』 등의 기록으로 남았다.

숙종 대에는 전란과 반정 등으로 실추된 왕실의 권위 회복 및 복위 등의 사유 외에도 세자와 세자빈을 비롯해 여러 왕비의 책봉, 추숭·추존 등의 이유로 여러 어보가 제작되었다. 여기서는 숙종과 그 왕후 3인의 사례를 대상으로 조선 후기 어보의 제작 배경과 방식을 살펴보고자 한다. 숙종과 세 왕후의 어보는 책봉보인을 비롯하여 존호, 시호, 휘호 등을 가상한 사례를 포함하여 35과가 제작된 것으로 집계된다. 이 가운데 3과는 1943~1971년 사이에 종묘에서 분실하여 현존하는 사례는 32과이다. 어보의 제작 시기는 숙종이 왕세자에 책봉된 1667년(현종 8)부터 고종이 숙종과 세 왕후(인경·인현·인원왕후)에게 존호를 추상(追上)한 1890년(고종 27)까지이다.

숙종(肅宗)

숙종의 어보는 책봉인 1과, 상존호보 1과 , 상시호보 1과, 추상존호보 3과로 총 6과가 제작되었으며, 이 가운데 현존하는 유물은 5과이다. 분실된 1과의 어보는 1776년(영조 52) 숙종에게 '배천합도계휴독경(配天合道啓休篤慶)'이라는 존호를 추상하면서 제작한 어보이며, 1943~1971년 사이에 종묘에서 분실한 유물이다. 숙종 어보의 전모를 표로 나타내면 다음과 같다.

숙종의 어보

	보명(寶名)	제작 연대	제작 배경	보문(寶文)	현존
1	숙종 옥인 (肅宗 玉印)	1667년 (현종 8)	왕세자 책봉	왕세자인(王世子印)	○
2	숙종 옥인	1713년 (숙종 39)	상존호	현의광륜예성영렬왕보 (顯義光倫睿聖英烈王寶)	○
3	숙종 금보 (肅宗 金寶)	1720년 (경종 즉위)	상시호	장문헌무경명원효대왕지보 (章文憲武敬明元孝大王之寶)	○
4	숙종 금보	1753년 (영조 29)	추상존호	현의광륜예성영렬유모영운홍인준덕장문 헌무경명원효대왕지보 (顯義光倫睿聖英烈裕謨永運洪仁峻德章文 憲武敬明元孝大王之寶)	○
5	숙종 금보	1776년 (영조 52)	추상존호	현의광륜예성영렬유모영운홍인준덕배천 합도계휴경장문헌무경명원효대왕지보 (顯義光倫睿聖英烈裕謨永運洪仁峻德配天 合道啓休篤慶章文憲武敬明元孝大王之寶)	×
6	숙종 금보	1890년 (고종 27)	추상존호	현의광륜예성영렬유모영운홍인준덕배천 합도계휴경정중협극신의대훈장문헌무 경명원효대왕지보 (顯義光倫睿聖英烈裕謨永運洪仁峻德配天 合道啓休篤慶正中協極神毅大勳章文憲武 敬明元孝大王之寶)	○

1번 어보는 세자 책봉인으로 1667년(현종 8) 숙종을 왕세자에 책봉할 때 제작되었다. 인문은 '왕세자인(王世子印)'이며 형태와 재질은 귀뉴옥인(龜鈕玉印)이다. 세자는 책봉례 때 그 상징과 권위의 표지로서 교명(敎命)과 책(冊), 인수(印綬)를 수여받는다. 왕세자의 책봉례는 복잡한 절차에 의해 진행되었으나, 핵심은 궁궐에 백관과 종실이 모인 가운데 책봉받는 인물이 국왕으로부터 책봉 명령서인 교명, 덕을 기리는 죽책(또는 옥책), 지위에 따른 보인을 받고, 국왕이 해당 인물을 해당 지위에 봉한다는 선포로 이루어진다. 원자였던 숙종은 겨우 7세의 나이에 왕

세자에 책봉되었는데, 1667년(현종 8) 1월 21일 인정전에서 거행되었던 왕세자 책봉 의식 모습은 당일 실록의 기사에 상세히 실려 있다.[102] 당시 숙종은 어린 나이에도 불구하고 '거동 하나하나가 예에 맞지 않는 것이 없고 영특한 자태와 덕성스러움이 마치 성인(成人)처럼 엄연하니, 뜰을 가득 메운 신하들이 모두 탄복하여 목을 길게 빼고 바라보았다'고 한다.

숙종 〈왕세자인(王世子印)〉(1667, 현종 8)과 보영(寶影)(국립고궁박물관 소장)

왕세자 책봉인은 책봉명인 '왕세자'에 '인' 자를 더하여 '왕세자인' 으로 제작하였다. 이는 왕세제, 왕세손의 경우도 마찬가지인데, 영조 책봉인의 경우 '왕세제인'으로, 정조의 책봉인의 경우 '왕세손인' 등 4자로 제작한 사실 등을 통해 확인할 수 있다. 이는 현재 남아 있는 해당 책봉인을 일괄하여 본 결과 이례가 없는 현상이다. 다만 숙종의 왕세자

102 『현종(개수)실록』 권16, 8년 1월 21일 병신(丙申).

4장 국가의 의례와 어보의 제작

책봉인 제작 당시 인문의 선정 과정에서 약간의 논의가 있었음을 『증보문헌비고』의 「새인(璽印)」 조에서 발견할 수 있는데, 당시 영의정 정태화는 "왕세자의 옥인은 '왕세자지인'이라 쓰는 것이 마땅하나, 좌우에 자수가 맞지 않으니 '지' 자는 버리고 '왕세자인' 4자로 쓰자고 현종에게 아뢰었고, 현종은 이를 그대로 따랐다."[103] 이는 어보의 인문 구성에서 매우 중요한 기록으로 보이는데, 조선시대 어보의 경우 인면 전체의 구도와 좌우 균형을 맞추기 위해 '지' 자를 가감하는 방법을 취하였다는 사실을 보여준다. 이러한 기록을 여타 책봉인으로 확대해보면, 왕비 책봉인의 경우 '지' 자를 넣지 않고 '왕비지보'로 4자를 맞추고, 왕세자빈의 책봉인은 '지' 자를 넣어 '왕세자빈지인'으로 6자를 만드는 등의 방식이다. 이 또한 남겨진 해당 어보들을 일별한 결과 이례가 없는 현상이다. 즉, 조선시대 책봉인의 인문은 '지' 자를 융통성 있게 넣어 짝수를 맞춤으로써 인면 전체의 좌우 구도에 적합한 방식을 활용하였다고 하겠다.

왕세자를 포함한 세제, 세손의 책봉인은 '인(印)' 자를 썼는데, 아직 보위에 오르지 않았으므로, 국왕과 왕비 이상이 쓰는 '보' 자와 구분하여 신분을 나타내기 위함이었다. 뉴식(鈕式)은 모두 거북으로, 재질은 옥으로 제작하였음이 특징이다. 따라서 왕세자의 책봉인 양식은 귀뉴 옥인으로 제작하는 원칙이 있었음을 알 수 있다.[104] 크기는 대개 10센

---

103 『증보문헌비고』 권82, 예고(禮考), 새인(璽印).

104 1404년(태종 4) 8월에 원자 양녕대군을 세자로 삼았을 때 옥책(玉冊)과 금인(金印)을 주었다는 기록이 있는데(『태종실록』 4년 8월 6일) 이러한 사례는 조선 초기에 나타나는 예외적인 현상으로 보아야 할 것이다.

티미터 전후이며, 순조의 왕세자 책봉인의 경우는 13.7센티미터로 매우 크게 제작된 특수 사례에 해당한다.

2번 어보는 1713년(숙종 39) 숙종에게 '현의광륜예성영렬(顯義光倫睿聖英烈)'의 존호를 올리면서 제작되었다. 존호는 국왕이나 왕비의 덕을 기린다는 의미에서 올리던 칭호이다. 국왕에게 존호를 올리는 경우는, 생전에는 국가의 변란을 진압하여 공을 세웠다든지, 즉위한 지 오래되었다든지, 장수하였다는 등의 이유로 신하들의 주청을 받아들여 받는 경우가 있고, 사후에는 왕위를 이어받은 왕으로부터 존호를 추상받는 경우 등이 있다.

조선 초기 존호의 글자 수는 4자였다.[105] 그러나 세조 이후부터 8글자로 늘어났다. 1457년(세조 3) 세조에게 올린 존호는 '승천체도열문영무(承天體道烈文英武)'이다. 이후부터 국왕에게 올리는 존호는 8글자로 정형화되었으며, 국왕이 승하한 이후의 경우도 마찬가지였다. 존호를 올리고 어보를 제작하는 데 있어서 대체적으로 국왕이 생존 시에 올리는 어보는 옥보이고, 승하 이후 올리는 어보는 금보가 일반적이다.

숙종의 이 어보는 숙종의 생전에 즉위한 지 오래되었다는 사유로 올린 상존호옥보(上尊號玉寶)이다. 우선 존호를 올리게 된 배경을 기록을 통해 살펴보자. 1713년(숙종 39) 1월 5일 숙종이 숭정문(崇政門)에 나가서 백관(百官)의 조참(朝參)을 행하였는데, 영의정(領議政) 이유(李濡)가 임금이 즉위하신 지 40년이 되었다는 이유로 칭경(稱慶)의 예(禮)를 행

---

105 1400년(정종 2) 태조에게 '계운신무(啓運神武)', 정종에게 '인문공예(仁文恭睿)'라는 존호를 올린 사례를 통해 확인할 수 있다.

숙종 존호보, 〈현의광륜예성영렬왕보(顯義光倫睿聖英烈王寶)〉(1713, 숙종 39)와 보영(寶影)(국립고궁박물관 소장)

하고 상존호를 청하였다. 그러나 숙종은 을묘년(1675, 숙종 1)이 기원(紀元)이니, 그해에는 아직 만 40년이 못 된다는 이유를 들어 윤허치 않았다. 이후 대신들과 종친, 왕자들까지도 약 10여 일을 넘게 이 문제를 두고 계청하였다. 숙종은 그때마다 여러 이유를 들어 고사하고 윤허하지 않았다. 이 문제에 대한 논의가 시작된 지 약 12일이 지난 1월 17일 백관(百官)들이 정청(庭請)하고, 왕자(王子)와 여러 종친들이 잇따라 존호 올리는 일로써 계청하였다. 이때에 이르러 숙종은 마지못해 윤허하며 "여러 날 동안 조정의 뜰에 모여서 극력 청함이 이에 이르니, 겸양을 지키려던 당초의 마음을 끝내 스스로 이루기 어려워서 힘써 따르지 않을 수가 없다."라며 상존호를 윤허하였다. 이날 이 사안을 두고 사관은 다음과 같이 적었다.

　　사신(史臣)은 논한다. 임금의 겸덕(謙德)이 지극한데, 조신(朝臣)들이 이를 받들어 따르는 의리를 생각하지 않고, 마침내 강박(强迫)하여 청을 준허하고야 말았다. 따라서 10여 년 동안 간직해온 겸손한 덕이 시커멓게 어두워 발양되지 못하게 하였으니, 특히 백세(百世)의 비난이 두렵지 않겠는가. 주자(朱子)가 말하기를, "존호가 만일 옳지 않다면 임금이 스스로 깨달아 알 것이니, 어떻게 설득할 수 있겠는가." 하였다. 금상(今上)의 청허(聽許)가 너무 급하기 때문에 혹자는 당초에 성상의 뜻이 굳건히 결정된 데서 나온 것이 아니라고 의심하기도 하였으니, 애석한 일이다.[106]

사신의 판단은 조신들의 아첨에 의한 상존호 논의에 임금이 좀 더 신중했어야 했다는 지적이었고, 그 이유로 겸덕(謙德)이란 덕목을 들었다. 이후 주자의 말을 빌려 이러한 존호가 옳지 않음을 임금 스스로 더 잘 알 것이라는 지적도 서슴지 않았다. 또한 임금의 상존호에 대한 윤허가 너무 급한 듯하여 애초의 거절 또한 진정성이 있었는가 하는 의구심까지 내비쳤다. 이러한 사신의 논의를 통해 존호가 갖는 당대인의 가치 규정이 매우 엄정함을 살필 수 있다. 숙종의 존호보는 아름다운 예술품이자 왕실의 의례물로 남았지만 그 제작 배경과 역사의 평가는 유물의 외형과 상반될 수 있다는 사례를 보여준다.

3번 어보는 1720년(경종 즉위) 숙종의 국장 때에 시호를 올리면서 제작되었다. 귀뉴금보(龜鈕金寶)로 재질은 동 도금이다. 시호의 기원은 중국에 두고 있으나 그 시기는 확실하지 않다. 우리나라에서의 시호는 신라 법흥왕 원년(514)에 죽은 부왕에게 '지증(智證)'의 증시를 했다는 기

---

106 『숙종실록』 권53, 39년 1월 17일 을미(乙未).

4장 국가의 의례와 어보의 제작

록이 그 효시가 된다. 조선시대에는 국왕이나 왕비가 죽은 경우에 시호도감(諡號都監)을 설치하고 도제조(都提調), 제조(提調), 도청(都廳), 낭청(郎廳) 등을 임명해 시책(諡冊)과 금보(金寶)를 올리도록 했으며, 증시 절차가 엄숙하게 진행되었다. 시호를 올릴 때 예조에서 시책과 시보를 올리는 절차는 『세종실록』의 「상시책시보의(上諡冊諡寶儀)」에 상세하며,[107] 종묘에 시호를 청하는 의식은 『세종실록』 「오례(五禮)-흉례(凶禮)」의 「청시종묘의(請諡宗廟儀)」에 자세히 기록되어 있다.

시호는 국왕의 사후에 생전의 업적을 평가하여 결정하였는데, 크게 두 가지로 나누어볼 수 있다. 하나는 중국으로부터 받은 두 글자의 시호와, 국내에서 신하들이 올리는 시호가 있었다. 이 경우 6자, 8자, 12자 등 일정하지 않았지만 대부분 8자로 올리는 경우가 일반적이었다. 중국으로부터 받은 두 글자의 시호는 국왕이 승하한 후에 신하들이 의논하여 청시사(請諡使)를 보내 세 가지 안을 올렸고, 중국 황제는 이 가운데 하나를 정해 내려준다. 중국으로부터 받은 시호 가운데 이를 어보에 새긴 사례는 4과에 불과하다. 그중 태조, 정종, 선조의 어보 3과는 현재 국립고궁박물관에 소장되어 있고, 덕종의 어보는 망실되었다.[108]

이 어보는 숙종의 국장 때 장문헌무경명원효(章文憲武敬明元孝)의 시호를 올리면서 제작한 금보이다.

---

107 『세종실록』 권6, 1년 12월 12일 임오(壬午).

108 서준, 「국립고궁박물관 소장 어보의 제작과 종류 소고」, 『조선왕실의 어보』, 국립고궁박물관, 2011.

숙종 시호보, 〈장문헌무경명원효대왕지보(章文憲武敬明元孝大王之寶)〉(1720, 경종 즉위)와 보면(寶面)(국립고궁박물관 소장)

　　시호의 의미에 대해서는 시법(諡法)에 의해 법도대명(法度大明)을 장(章)이라 하고, 도덕박문(道德博聞)을 문(文)이라 하고, 상선벌악(賞善罰惡)을 헌(憲)이라 하고, 강강이순(剛强以順)을 무(武)라 하고, 숙야경계(夙夜儆戒)를 경(敬)이라 하고, 조림사방(照臨四方)을 명(明)이라 하고, 입의행덕(立義行德)을 원(元)이라 하고, 대려행절(大慮行節)을 효(孝)라 하였다고 하였다.[109] 숙종에게 시호를 올린 어보의 사례 외에도 조선시대 역대 왕에게 시호를 올리면서 제작된 어보는 30과이며 모두 금보이다. 그러나 고종과 순종에게 시호를 올리면서 만든 어보는 옥보로 대한제국 이후의 변화상을 엿볼 수 있다.

　　4~6번은 모두 숙종 사후에 제작된 추상존호보이다. 우선 4번은 1753년(영조 29) 12월, 영조가 숙종과 그 왕후들에게 존호를 가상하면

109 『경종실록』, 즉위년 6월 15일 경술(庚戌).

4장 국가의 의례와 어보의 제작

서 올린 금보(金寶)이다. 1753년 12월 26일 영조는 보령(寶齡) 60세가 된 해를 맞아 부모의 은혜에 감사하는 의미에서 자신의 효심을 드러내기 위해 숙종과 세 명의 왕후에게 존호를 올렸다. 숙종에게는 '유모영운홍인준덕(裕謨永運洪仁峻德)', 인경왕후(仁敬王后)에게는 '선목(宣穆)', 인현왕후(仁顯王后)에게는 '숙성(淑聖)'이란 존호를 가상하였다. 이들은 모두 사망한 이후였으므로 종묘에서 책보를 올렸다. 숙종의 셋째 왕비인 인원왕후(仁元王后)에게는 '영복(永福)'이란 존호를 가상했는데, 당시 인원왕후는 대왕대비로 생존해 있었으므로 창경궁 통명전(通明殿)에서 책보를 올렸다.

5번은 1776년(영조 52) 숙종에게 '배천합도계휴독경(配天合道啓休篤慶)'의 존호를 추상하면서 제작되었다. 이때의 추상존호는 현재의 시각에서 보면 엉뚱한 면이 없지 않다. 1776년 영조는 대신(大臣)들이 함께 입시한 자리에서 지난밤 꿈 이야기를 꺼낸다. "어젯밤 꿈이 이상하다. 선왕의 신명이 내려와 말씀하시기를, '내가 네 효성과 곤전(坤殿)이 어진 것을 알거니와, 지금 대신이 오히려 한마디 말도 없는 것이 매우 개탄스러우므로 이미 대신들에게 일렀다.' 하셨으니, 어찌 이상하지 않겠는가? 내가 나이 예순여섯에 가례(嘉禮)를 행하였는데, 그때에 곤전은 나이가 열다섯이었으나 이제 서른둘이 되었다."라는 내용이다. 이에 입시한 대신들은 당황하였고, 우의정 이사관(李思觀)은 "이것은 참으로 국가의 전에 없던 경사인데 오히려 친영(親迎)하실 때에 예를 갖추어 경축하지 못하였으니, 신들이 억울함이 어떠하였겠습니까? 또 성인(聖人)의 꿈은 본디 우연한 것이 아니니, 이것은 참으로 신명께서 가리켜 이끄신 것입니다."라며 응대하였다. 이후 시임·원임 대신과 예조 당상(禮

曹堂上)이 청대(請對)하여 일제히 존호를 청하니, 영조는 "어젯밤 꿈에 부덕(否德)을 용납하여 효성스럽다 하시고 내전을 현명하다고 하셨는데 깨어나매 부끄러워서 겸연쩍어 못 견디겠으나, 막중한 신명의 말씀인데 어찌 감히 잠잠할 수 있겠는가?"라며 존호에 대한 명을 내렸다.

존호를 올릴 대상은 영조 자신과 명릉(明陵, 숙종과 왕후 3인), 육상궁(毓祥宮, 사친 숙빈 최씨), 휘령전(徽寧殿, 영조비 정성왕후), 중궁전(中宮殿, 영조계비 정순왕후)으로 총 8명이었다.[110] 일면 엉뚱해 보이는 꿈 이야기로 시작된 이 왕실의 존숭 사업은 82세의 나이로 세상을 떠난 영조가 그해에 시행한 사업이다. 노쇠한 영조는 자신이 죽기 전 앞 세대에 존호를 추상함으로써 자신의 효심(孝心)를 드러내는 한편, 신하들을 통해 자신과 왕비에게 존호를 올리게 함으로써 왕실의 정통성을 확고히 하고자 했던 의도로 추측된다.

이러한 과정으로 정해진 존숭 사업에서 숙종의 존호는 '배천합도계휴독경(配天合道啓休篤慶)'이라 정해졌으며, 이 존호로 제작된 어보가 바로 앞의 표의 5번(151쪽 참조)에 해당하는 금보이다. 한편 숙종비 인경왕후(仁敬王后)의 존호는 '혜성(惠聖)'이라 하였으며, 계비 인현왕후(仁顯王后)의 존호는 '장순(莊純)', 계비 인원왕후(仁元王后)의 존호를 '휘정(徽靖)'으로 정했다. 또한 영조의 사친 육상궁의 존호는 '수복(綏福)'이라 하였다. 영조는 '요명순철건건곤녕(堯明舜哲乾健坤寧)'이라 하였으며 영조비 정성왕후의 존호는 '인휘(仁徽)', 계비 정순왕후의 존호는 '성철(聖

110 『영조실록』 권127, 52년 1월 7일 기묘(己卯).

4장 국가의 의례와 어보의 제작

哲)'로 각각 정했다.[111] 숙종의 존호보는 1943년~1971년 사이에 종묘에서 분실하였다.

6번 어보는 1890년(고종 27) 숙종에게 '정중협극신의대훈(正中協極神毅大勳)'의 존호를 올리면서 제작한 금보이다. 고종은 1890년 1월 3일 시임대신(時任大臣), 원임대신(原任大臣), 예조당상(禮曹堂上)을 재실(齋室)에서 인견(引見)하면서 숙종과 세 왕후에 대한 추상존호의 뜻을 내비치면서 다음과 같이 하교하였다.

> 우리 숙종대왕은 큰 공로와 훌륭한 업적이 모든 임금들보다 뛰어나서 큰 변란을 평정하여 나라의 기초를 영구하게 다졌으며 왕비를 복위시켜 인륜을 바로 세웠으니, 아! 잊지 못하는 간절한 생각은 세월이 갈수록 더해간다. 또한 우리 인경왕후는 훌륭한 덕과 아름다운 모범으로 정사를 돕고 교화를 넓혔으며, 인현왕후는 성왕의 배필이 되어 도움이 많았고 교화를 고치어 태평 시대가 돌아오게 하였으며, 인원왕후는 위기를 전환시켜 편안하게 만들어 공로가 모두 종묘(宗廟)에 있는바, 아름다운 덕행을 이루 다 쓸 수 없었다. 그리하여 이에 영조께서 존호를 받는 날에 함께 존호를 추상(追上)하는 행사를 거행해야 하겠는데, 이것은 부모를 섬기는 생각을 지울 수 없기 때문이다. 이제 조상의 공로를 추후에 드러내는 날을 당해 하늘에 있는 신령도 깊은 감회가 있을 것이므로 나는 조상의 뜻을 잇는 자손의 도리로 이제 숙종대왕과 세 왕후에게 존호를 추상함으로써 작은 정

111 『영조실록』 권127, 52년 1월 7일 기묘(己卯).

성이나마 표하려고 하는데, 대신들과 예조당상의 의견은 어떠한가?

자리에 함께 있었던 판중추부사 김홍집(金弘集)·김병시(金炳始), 우의정 조병세(趙秉世), 예조판서 홍철주(洪澈周) 등은 모두 이견 없이 찬성하였다. 하루가 지난 1월 4일 빈청(賓廳)에서 존호망단자(尊號望單子)를 서계(書啓)하였는데, 숙종에게 '정중협극신의대훈(正中協極神毅大勳)'으로, 인경왕후에게 '순의(純懿)', 인현왕후에게 '원화(元化)'로, 인원왕후에게 '정운(正運)'으로 서계하였다. 존호가 결정된 이후 두 달이 안된 시점에 옥책과 금보의 제작이 마무리되고, 고종은 종묘에서 숙종과 세 왕후를 추상하는 데 따른 옥책문과 금보를 직접 올린 후 친히 제사를 지냈고, 왕세자가 아헌례를 행했다.[112] 이러한 존호의 추상은 고종대에 행해진 왕실 선대(先代) 추숭 사업의 하나로, 왕위의 정통성을 재확인하려는 고종의 끊임없는 노력의 일환으로 이해할 수 있다.

인경왕후(仁敬王后)

인경왕후 김씨(仁敬王后 金氏, 1661~1680)는 숙종의 정비이다. 본관은 광산(光山), 광성 부원군(光城府院君) 김만기(金萬基, 1633~1687)와 서원부부인(西原府夫人) 청주 한씨(淸州韓氏, 1634~1660)의 딸이다. 그녀의 사후에 숙종의 계비가 되는 인현왕후(仁顯王后)와는 친·인척 간이다. 1670년(현종 11) 10세 때 세자빈에 간택되었으며, 다음 해 음력 3월 세자빈

112 『고종실록』 권27, 27년 3월 11일 경진(庚辰).

인경왕후의 어보

	보명(寶名)	제작 연대	제작 배경	보문(寶文)	현존
1	인경왕후 옥인 (仁敬王后 玉印)	1671년 (현종 12)	세자빈 책봉	왕세자빈지인(王世子嬪之印)	○
2	인경왕후 금보 (仁敬王后 金寶)	1676년 (숙종 2)	왕비 책봉	왕비지보(王妃之寶)	○
3	인경왕후 금보	1681년 (숙종 7)	상시호	인경왕후지보(仁敬王后之寶)	○
4	인경왕후 옥보 (仁敬王后 玉寶)	1713년 (숙종 39)	추상존호	광렬인경왕후지보(光烈仁敬王后之寶)	○
5	인경왕후 옥보	1722년 (경종 2)	추상휘호	광렬효장명현인경왕후지보 (光烈孝莊明顯仁敬王后之寶)	○
6	인경왕후 금보 (仁敬王后 金寶)	1753년 (영조 29)	추상존호	광렬선목효장명현인경왕후지보 (光烈宣穆孝莊明顯仁敬王后之寶)	○
7	인경왕후 금보	1776년 (영조 52)	추상존호	광렬선목혜성효장명현인경왕후지보 (光烈宣穆惠聖孝莊明顯仁敬王后之寶)	○
8	인경왕후 금보	1890년 (고종 27)	추상존호	광렬선목혜성순의효장명현인경왕후지보 (光烈宣穆惠聖純懿孝莊明顯仁敬王后之寶)	○

에 책봉되었다. 1674년 현종이 승하하고 숙종이 즉위하자 왕비가 되고 1676년(숙종 2) 16세의 나이에 정식으로 왕비에 책봉되었다. 1680년(숙종 6) 음력 10월, 발병 8일 만에 천연두로 20세의 젊은 나이로 승하했다. 두 명의 공주를 낳았으나 모두 일찍 죽었다. 젊은 나이에 승하한 인경왕후와 오랫동안 아이를 갖지 못한 인현왕후를 중심으로 하는 서인과 희빈장씨(禧嬪張氏)를 중심으로 하는 남인이 대립하여 후일 인현왕후가 폐위되는 기사환국과 갑술환국 등 비극이 초래된다. 1713년(숙종 39) '광렬(光烈)', 1722년(경종 2) '효장명현(孝莊明顯)', 1753년(영조 29) '선목(宣穆)', 1776년(영조 52) '혜성(惠聖)', 1890년(고종 27) '순의(純懿)'의

존호가 각각 추상되었다.

인경왕후의 어보는 세자빈 책봉인 1과, 왕비 책봉보 1과, 상시호보 1과, 추상존호보 5과로 총 8과가 제작되었고, 모두 현존한다. 인경왕후 어보의 전모는 앞의 표와 같다.

1번 어보는 1671년(현종 12) 인경왕후를 왕세자빈에 책봉하면서 제작한 옥인이다. 그녀는 1670년(현종 11) 12월 26일 세자빈으로 간택되었고, 이듬해 3월 22일 숭정전(崇政殿)에서 교명을 받으면서 공식 책봉되었다.

숙종비 인경왕후 왕세자빈 책봉인 〈왕세자빈지인(王世子嬪之印)〉(1671, 현종 12)과 보영(寶影)
(국립고궁박물관 소장)

당시 실록에서는 그녀의 내력과 성품에 대해 "빈(嬪)은 문원공(文元公) 김장생(金長生)의 4대손으로, 예법 있는 집에서 태어나 일찍부터 참하고 얌전한 여자의 덕이 드러났었는데 때마침 세가(世家)의 처녀를 뽑는 데에 들어 궁중에 들어갔다. 빈의 나이가 겨우 열 살이었는데도 행동거지가 예에 어긋나는 것이 없었으므로 사전(四殿)이 모두 사랑하여

4장 국가의 의례와 어보의 제작

드디어 세자빈으로 정하였었다. 이때에 이르러 책례(冊禮)를 행하게 되었는데 마침 비가 내리다가 행사할 때가 되자 비로소 맑아지니 사람들이 모두 서로 축하하였다."라고 적었다.[113]

왕실 여성의 어보에 대한 크기 문제로 조선 전기에 한 차례 논의가 있었다. 1432년(세종 14)의 일로, 맹사성·권진 등이 "대보(大寶)는 나비가 3촌 5푼이니, 중궁의 인(印)은 낮추어서 3촌 4푼이나 혹은 3촌 2푼으로 하고, 왕세자의 인이 3촌이니, 빈(嬪)의 인은 낮추어서 2촌 8푼이나 혹은 2촌 6푼으로 하되, 다 우수(偶數)를 취하게 하소서."라며 세종에게 고하였다. 여기에서 '대보'는 1403년(태종 3) 명나라로부터 받은 〈조선국왕지인(朝鮮國王之印)〉을 말한다. 또한 '우수'란 짝수로, 기수(奇數)인 양수에 반해 음수(陰數)로 인식되었다. 즉, 음양의 논리로 여성을 나타내는 수로 여겨졌다. 그런데 황희 등은 "한나라, 송나라 등의 옛 제도에 의하여 중궁의 인신은 대보와 같게 하고, 세자빈의 인은 세자의 인과 같게 하되, 그 두께를 적당히 감하게 하소서."라며 다른 견해를 보였다. 즉, 왕실 여성의 인장이라 할지라도 그 크기에 있어서는 왕과 왕세자의 등급과 같게 하되, 다만 두께에 차이를 두자는 절충안을 제시한 것이다. 이에 세종은 후자의 견해를 따랐다.[114]

세종 때에 정해진 이러한 방식이 후대에 그대로 지켜진 것은 아닌 것으로 보인다. 숙종과 인경왕후의 〈왕세자인〉과 〈왕세자빈지인〉을 보더라도 숙종의 경우 10.4센티미터×10.4센티미터, 숙종비의 경우

---

113 『현종실록』권13, 12년 3월 18일 계유(癸酉).
114 『세종실록』권55, 14년 2월 6일 을미(乙未).

10.1×10.1센티미터로 약 3밀리미터의 차이를 보인다. 3밀리미터는 어림잡아 1푼(分)에 해당하므로 그 크기를 의도적으로 달리했다고 할 수 있다. 높이에서도 전자의 경우 9.7센티미터, 후자는 8.1센티미터로 1.6센티미터의 차이가 있다. 현재 왕세자빈의 책봉인은 숙종비 인경왕후를 비롯하여 8과가 현존하는데, 크기가 작은 것은 8.7센티미터 전후, 큰 것은 11.6센티미터 정도까지 보이며, 후대로 내려올수록 조금씩 커져가는 현상을 볼 수 있고, 일반적으로 약 10센티미터 내외가 많다. 인문은 모두 책봉명인 '왕세자빈(王世子嬪)'+'지인(之印)'의 형식인 '왕세자빈지인' 여섯 자를 새겼고, 뉴식과 재질은 대부분 귀뉴옥인(龜鈕玉印)이다.[115]

2번 어보는 1676년(숙종 2) 인경왕후를 왕비에 책봉할 때 제작한 금보이다. 선왕이 승하하면 왕의 자리를 비워둘 수 없으므로 세자는 대개 닷새 후에 성복(成服)하고 나서 빈전이 있는 궁궐에서 즉위식을 거행하고 왕의 지위에 오른다. 그러나 세자빈을 왕비로 책봉하는 의식은 상기(喪期)를 마친 후에 행하므로 대개 재위 2년 후에 책봉이 이루어졌음을 알 수 있다. 왕세자빈이었던 인경왕후 또한 1674년 숙종의 즉위와 함께 왕비의 지위가 되었지만, 2년 후인 1676년(숙종 2)에 공식 책봉되었다. 그해 10월 21일 숙종은 인정전(仁政殿)에서 왕비의 책명(冊命)을 선포하고, 이어 사명(赦命)과 교지를 반포하였다. 인경왕후는 교명(敎命)과 옥책(玉冊), 금보(金寶)를 수여받고 왕비가 되었다.

---

115 1524년(중종 19) 인종비 인성왕후가 왕세자빈으로 책봉될 때 제작한 직뉴은인(直鈕銀印)은 귀뉴옥인이 아닌, 유일하며 특수한 사례에 해당한다.

　　　　　　　　　　　　　4장 국가의 의례와 어보의 제작

숙종비 인경왕후 왕비 책봉보 〈왕비지보(王妃之寶)〉(1676, 숙종 2)와 보면(寶面)(국립고궁박물 관 소장)

　왕비의 권위를 상징하는 여러 의물 가운데 교명은 왕비를 책봉한다 는 명령문에 해당한다. 왕배 책봉의 취지와 의미 및 왕비의 덕과 인품 을 칭송하는 내용으로 구성되어 있으며, 주로 비단 두루마리 형식으로 제작한다. 옥책문은 왕비를 책봉하면서 그 의의를 적고 그 인품과 덕을 칭송하는 글을 새기기도 했다. 주로 옥에 글자를 새겨 금니(金泥)로 칠 을 했다.

　금보는 왕비 책봉의 상징으로 주는 의례적 성격의 인장으로, 실제 행정 문서에 쓰인 사례는 드물다. 현재 조선시대 왕비의 책봉보는 인경 왕후의 책봉보를 비롯하여 총 13과가 현존하며 모두 귀뉴금보(龜鈕金 寶)이다. 보문의 내용은 모두 책봉명인 ‘왕비(王妃)’+‘지보(之寶)’의 형 식인 ‘왕비지보’ 4자를 새겼다. 왕세자빈 때의 ‘인(印)’에서 ‘보(寶)’로 격상되었고, 재질도 옥에서 금으로 바뀐 것을 볼 수 있다. 한편 대한제 국이 성립되면서 고종비가 황후로 책봉될 때의 어보인 〈황후지보〉는

인경왕후의 시호보 〈인경왕후지보(仁敬王后之寶)〉(1681, 숙종 7)와 보영(寶影)(국립고궁박물관 소장)

기존의 '귀뉴금보(龜鈕金寶)'에서 '용뉴금보(龍鈕金寶)'로 격상되었음을 알 수 있다.

3번 어보는 1681년(숙종 7) 인경왕후의 국장 때 시호를 올리며 제작한 금보이다. 왕비의 시호는 두 글자가 정형이다. 왕비의 시호는 왕의 묘호와 같은 역할을 하는데, 사후 왕의 묘호처럼 가장 많이 쓰이기 때문이다. 1680년 11월 2일 빈청에서는 인경왕후의 시호를 의논하여 '인경(仁敬)'이라 하였는데, 시법(諡法)에 '인덕(仁德)을 베풀고 정의를 행하였으며 자나 깨나 항상 조심하고 가다듬는다'는 뜻을 취하였다고 했다.[116] 왕비의 시호보는 시호인 '○○'+'왕후지보(王后之寶)'로 새기는 것이 정식이다. 인경왕후의 시호보 또한 정식인 '인경왕후지보'로 제작되었다. 그러나 왕비가 생시나 사후에 존호를 받았을 경우, 사후 부묘 때나 부묘 이후에 휘호를 받은 경우에는 그 명호들을 추가하되 '존호+휘호+

116 『숙종실록』권10, 6년 11월 2일 정사(丁巳).

4장 국가의 의례와 어보의 제작

시호+왕후지보'의 순서로 글자를 배치하여 제작하는 방식이 정례였다.

조선시대 왕비의 시호를 새긴 어보는 약 30과인데 이 가운데 추존왕 원종비 인헌왕후의 옥보를 제외하면 모두 금보이다. 한편 명성황후와 순명효황후의 시호보는 옥으로 제작되었는데, 대한제국기 이전과는 달라진 양식을 엿볼 수 있다. 그러나 뉴식은 대한제국기를 포함하여 모두 귀뉴(龜鈕)인 점이 특징이다.

4~8번은 인경왕후 사후 존호와 휘호를 추상하며 제작된 어보들이다. 우선 4번은 1713년(숙종 39)년 인경왕후에게 '광렬(光烈)'이란 존호를 추상할 때의 어보이다. 당시 조야와 왕실에서는 숙종이 즉위한 지 40년이 되었다는 이유로 칭경(稱慶)의 예(禮)를 행하고 존호 받을 것을 여러 번 청하였다. 그러나 숙종은 겸덕(謙德)의 뜻을 보이며 여러 번 사양하다가 결국 허락하였는데, 숙종 자신에게는 물론 이미 사망한 인경왕후, 인현왕후와 중궁전인 인원왕후에까지 존호를 올리게 했다. 이때 숙종은 '현의광륜예성영렬(顯義光倫睿聖英烈)', 인경왕후는 '광렬(光烈)', 인현왕후는 '효경(孝敬)', 인원왕후는 '혜순(惠順)'의 존호를 각각 받았다.

5번은 1722년(경종 2) 인경왕후에게 휘호를 올리면서 제작된 옥보 '광렬효장명현인경왕후지보(光烈孝莊明顯仁敬王后之寶)'이다. 휘호는 주로 왕비가 승하한 뒤 올리는 아름다운 호칭이다. 그러나 휘호는 존호와 달리 한 차례만 올리며, 4자를 기본으로 한다. 그러나 간혹 2자를 올린 예나, 두 번 올린 사례도 없지 않다.[117] 1722년(경종 2) 5월 6일 여러 대

---

117 휘호를 두 번 올린 예로 중종 계비 장경왕후가 승하하였을 때인 1515년(중종 10) '숙신명혜(淑愼明惠)'를 올리고, 1546년(명종 1) 부묘할 때 '선소의숙(宣昭懿淑)'을 다시 올렸다.

신들이 빈청(賓廳)에 모여 인경왕후[光烈仁敬王后]의 휘호를 '효장명현 (孝莊明顯)'이라 하고, 인현왕후의 휘호를 '의열정목(懿烈貞穆)'이라 하였으며, 왕대비전(王大妃殿)인 인원왕후의 존호를 '자경(慈敬)'이라 하였다. 이때 인경왕후의 휘호보는 이전에 받았던 존호 '광렬(光烈)'+이번에 받은 휘호 '효장명현(孝莊明顯)'+시호 '인경왕후(仁敬王后)'+'지보(之寶)'로 구성하였다.

6~8번은 인경왕후 사후에 올린 추상존호보들이다. 1753년(영조 29)에 '선목(宣穆)', 1776년(영조 52)에 '혜성(惠聖)', 1890년(고종 27)에 '순의(純懿)'의 존호를 각각 추상하면서 제작되었다. 인문의 구성은 존호가 추가될 때마다 이전에 받았던 존호를 시기 순으로 나열하고 맨 나중에 금번의 존호를 넣었다. 그 이후 휘호, 시호의 순으로 구성하여 배열하였다. 어보의 재질은 국장과 관련한 시호, 휘호의 제작에 옥을 쓴 예와 달리 추상존호 때에는 모두 금보로 제작하였음이 공통적이다.

인현왕후(仁顯王后)

인현왕후 민씨(仁顯王后 閔氏, 1667~1701)는 숙종의 계비이다. 본관은 여흥(驪興), 여양부원군(驪陽府院君) 민유중(閔維重, 1630~1687)과 은성부부인(恩城府夫人) 송씨(宋氏)의 딸이다. 1680년 숙종의 정비 인경왕후 김씨가 천연두로 사망하여 불과 반달 만인 1681년(숙종 7) 숙종의 계비가 되었다. 1688년 후궁 장씨(張氏)가 아들 윤(昀, 후일의 경종)을 낳자 숙종은 이 왕자를 원자를 정하고자 했으나, 당시 조정을 장악하고 있던 서인들은 원자 정호(定號)를 뒤로 미룰 것을 주장했다. 원자 정호 문제는 결국 기사환국으로 이어져 1689년 서인들이 쫓겨나고 남인들이 집권하였으며 인현왕후 역시 폐서인되어 안국동 사가로 내쳐졌다가 1694년(숙종 20) 갑술환국으로 복위했다. 1700년(숙종 26)에 발병한 괴질로 투병하다 1701년(숙종 27)에 사망했다. 1713년(숙종 39)년 존호 '효경(孝敬)', 1722년(경종 2) 휘호 '의열정목(懿烈貞穆)', 1753년(영조 29) 존호 '숙성(淑聖)', 1776년(영조 52) 존호 '장순(莊純)', 1890년(고종 27) 존호 '원화(元化)'가 각각 추상되었다.

인현왕후의 어보는 왕비(복위) 책봉보 1과, 상시호보 1과, 추상휘호보 1과, 추상존호보 4과로 총 7과가 제작되었으며, 이 가운데 현존하는 유물은 5과이다. 분실된 어보는 1701년(숙종 27) '인현왕후(仁顯王后)'의 시호를 올리면서 제작한 어보와, 1753년(영조 29) '숙성(淑聖)'이란 존호를 추상할 때 제작한 어보이다. 2과 모두 1943년~1971년 종묘에서 분실한 유물이다. 인현왕후 어보의 전모를 표로 나타내면 다음 페이지와 같다.

1번 어보는 1694년(숙종 20) 갑술환국으로 복위하면서 제작된 왕비 책봉보이다. 1694년 6월 1일 숙종은 인정전에서 인현왕후에게 교명과 옥책, 금보를 내리며 왕비로 다시 책봉하였다.

이에 앞서 4월 12일 숙종은 비망기를 내려 "국운(國運)이 안태(安泰)를 회복하여 중곤(中壼)이 복위하였으니, 백성에게 두 임금이 없는 것은 고금을 통한 의리이다. 장씨(張氏)의 왕후새수(王后璽綬)를 거두고, 이어서 희빈(禧嬪)의 옛 작호를 내려주고 세자(世子)가 조석으로 문안하는 예는 폐하지 않도록 하라."라고 했다. 또 장씨의 왕후옥보(王后玉寶)를 부수라고 명하였다. 여기서 '왕후새수'나 '왕후옥보'는 모두 그녀가

인현왕후의 어보

	보명(寶名)	제작 연대	제작 배경	보문(寶文)	현존
1	인현왕후 금보 (仁顯王后 金寶)	1694년 (숙종 20)	왕비 책봉 (복위)	왕비지보(王妃之寶)	○
2	인현왕후 금보	1701년 (숙종 27)	상시호	인현왕후지보(仁顯王后之寶)	×
3	인현왕후 금보	1713년 (숙종 39)	추상존호	효경인현왕후지보(孝敬仁顯王后之寶)	○
4	인현왕후 금보	1722년 (경종 2)	추상휘호	효경의열정목인현왕후지보 (孝敬懿烈貞穆仁顯王后之寶)	○
5	인현왕후 금보	1753년 (영조 29)	추상존호	효경숙성의열정목인현왕후지보 (孝敬淑聖懿烈貞穆仁顯王后之寶)	×
6	인현왕후 금보	1776년 (영조 52)	추상존호	효경숙성장순의열정목인현왕후지보 (孝敬淑聖莊純懿烈貞穆仁顯王后之寶)	○
7	인현왕후 금보	1890년 (고종 27)	추상존호	효경숙성장순원화의열정목인현왕후지보 (孝敬淑聖莊純元化懿烈貞穆仁顯王后之寶)	○

1690년(숙종 16) 왕비 책봉 때에 받은 책봉보인 〈왕비지보〉이다. 숙종은 인현왕후를 복위시키는 과정에서 중전을 빈으로 강등시키며 기존의 왕비 책봉보를 거두어 파기한 것이다. 이는 중전이 둘일 수 없듯, 왕비를 새로 복위시키는 과정에서 기존 왕비의 책봉보를 파기함으로써 인현왕후 복위와 희빈 장씨 강등에 대한 국왕으로서의 입장을 더욱 분명히 표명한 것으로 이해된다.

2번 어보는 1701년(숙종 27) 인현왕후 국장 때에 시호를 새긴 금보이다. 인현왕후가 승하하고, 8월 20일 여러 대신과 정부(政府)·관각(館閣)의 당상관과 육조의 참판 이상이 시호를 '인현(仁顯)', 능호(陵號)를 '명릉(明陵)', 전호(殿號)를 '경녕(敬寧)'이라고 의논하여 올렸다. 인현왕후의 시호보는 현재 소재를 알 수 없고 1943~1971년 종묘에서 분실된 것

4장 국가의 의례와 어보의 제작

인현왕후 왕비 책봉(복위)보 〈왕비지보(王妃之寶)〉(1694, 숙종 20)와 보면(寶面)(국립고궁박물관 소장)

으로 파악된다.

3~7번은 인현왕후 사후 존호와 휘호를 추상하며 제작된 어보들이다. 우선 3번은 1713년(숙종 39) 인현왕후에게 '효경(孝敬)'이란 존호를 추상할 때의 어보이다. 당시 조야와 왕실에서는 숙종이 즉위한 지 40년이 되었다는 이유로 칭경(稱慶)의 예(禮)를 행하고 존호 받을 것을 여러 번 청하였다. 그러나 여러 번 사양하다가 결국 허락하였는데, 숙종 자신에게는 물론 이미 사망한 인경왕후, 인현왕후와 중궁전인 인원왕후에까지 존호를 올리게 했다. 이 어보는 당시 제작되었던 숙종과 세 왕후의 존호보 가운데 하나이다.

4번은 1722년(경종 2) 인현왕후에게 휘호를 추상하면서 제작한 옥보이다. 1722년 5월 6일 여러 대신들이 빈청(賓廳)에 모여 인경왕후(光烈仁敬王后)의 휘호를 '효장명현(孝莊明顯)'이라 하고, 인현왕후의 휘호를 '의열정목(懿烈貞穆)'이라 하였으며, 왕대비전(王大妃殿)인 인원왕후의

인현왕후 추상휘호보 〈효경의열정목인현왕후지보(孝敬懿烈貞穆仁顯王后之寶)〉(1722, 경종 2)와
보영(寶影)(국립고궁박물관 소장)

존호를 '자경(慈敬)'이라 하였다. 이때 인현왕후의 휘호보는 이전에 받
았던 존호 '효경(孝敬)'+그 당시에 받은 휘호 '의열정목(懿烈貞穆)'+시호
'인현왕후(仁顯王后)'+'지보(之寶)'로 구성하였다.

　5~7번은 인현왕후 사후에 올린 추상존호보들이다. 1753년(영조 29)
에 '숙성(淑聖)', 1776년(영조 52)에 '장순(莊純)', 1890년(고종 27)에 '원
화(元化)'의 존호를 각각 추상하면서 제작되었다. 인문의 구성과 제작
배경 등은 앞의 내용과 중복되므로 여기서는 설명을 피하기로 한다.

인원왕후(仁元王后)

인원왕후 김씨(仁元王后 金氏, 1687~1757)는 숙종의 두 번째 계비이다. 본
관은 경주(慶州), 경은부원군(慶恩府院君) 김주신(金柱臣, 1661~1721)과 가
림부부인(嘉林府夫人) 임천 조씨(林川趙氏, 1660~1731)의 딸이다. 숙종의
계비 인현왕후의 승하 이후 1702년(숙종 28) 10월 3일에 16세의 나이

로 숙종의 세 번째 왕비로 책봉되었다. 경종이 즉위한 이후에는 왕대비가 되었고, 영조 즉위 이후에는 대왕대비가 되었다. 특히 숙종의 후궁 숙빈 최씨(淑嬪崔氏)와 영빈 김씨(寧嬪金氏)와 가깝게 지냈으며, 숙빈 최씨 소생인 연잉군(延礽君)을 지지해 왕세제 책봉에 결정적인 역할을 하였고 연잉군이 역모의 주범으로 용의선상에 오르자 몸소 보호하였다. 1721년(경종 원년)에는 영조를 왕세제로 등극시키고 양자로 입적했다. 영조와 며느리인 정성왕후의 효도를 받다가 1757년 5월 13일(음력 3월 26일) 창경궁 자경전(慈慶殿)에서 사망하였다.

인원왕후는 생시인 1713년(숙종 39) '혜순(惠順)', 1722년(경종 2) '자경(慈敬)', 1726년(영조 2) '헌렬(獻烈)', 1740년(영조 16) '광선(光宣)', 1740년(영조 16) '현익(顯翼)', 1747년(영조 23) '강성(康聖)', 1751년(영조 27) '정덕(貞德)', 1752년(영조 28) '수창(壽昌)', 1753년(영조 29) '영복(永福)', 1756년(영조 32) '융화(隆化)' 등의 존호를 받았고, 사후인 1757년(영조 33) '정의장목(定懿章穆)'의 휘호를, 1776년(영조 52) '휘정(徽靖)', 1890년(고종 27) '정운(正運)'의 존호를 각각 받았다.

인원왕후의 어보는 왕비 책봉보 1과, 상존호보 10과, 상휘·시호보 1과, 추상존호보 2과로 모두 14과이며, 모두 현존하고 있다. 인원왕후 어보의 전모를 표로 나타내면 다음과 같다.

인원왕후의 어보

	보명(寶名)	제작 연대	제작 배경	보문(寶文)	현존
1	인원왕후 금보 (仁元王后 金寶)	1702년 (숙종 28)	왕비 책봉	왕비지보(王妃之寶)	○
2	인원왕후 옥보 (仁元王后 玉寶)	1713년 (숙종 39)	상존호	혜순왕비지보(惠順王妃之寶)	○
3	인원왕후 옥보	1722년 (경종 2)	상존호	혜순자경왕비지보(惠順慈敬王妃之寶)	○
4	인원왕후 옥보	1726년 (영조 2)	상존호	혜순자경헌렬왕비지보 (惠順慈敬獻烈王妃之寶)	○
5	인원왕후 옥보	1740년 (영조 16)	상존호	혜순자경헌렬광선대왕대비지보 (惠順慈敬獻烈光宣大王大妃之寶)	○
6	인원왕후 옥보	1740년 (영조 16)	상존호	혜순자경헌렬광선현익대왕대비지보 (惠順慈敬獻烈光宣顯翼大王大妃之寶)	○
7	인원왕후 옥보	1747년 (영조 23)	상존호	혜순자경헌렬광선현익강성대왕대비지보 (惠順慈敬獻烈光宣顯翼康聖大王大妃之寶)	○
8	인원왕후 옥보	1751년 (영조 27)	상존호	혜순자경헌렬광선현익강성정덕대왕대 비지보(惠順慈敬獻烈光宣顯翼康聖貞德 大王大妃之寶)	○
9	인원왕후 옥보	1752년 (영조 28)	상존호	혜순자경헌렬광선현익강성정덕수창대 왕대비지보(惠順慈敬獻烈光宣顯翼康聖 貞德壽昌大王大妃之寶)	○
10	인원왕후 금보 (仁元王后 金寶)	1753년 (영조 29)	상존호	혜순자경헌렬광선현익강성정덕수창영 복대왕대비지보(惠順慈敬獻烈光宣顯 翼康聖貞德壽昌永福大王大妃之寶)	○
11	인원왕후 옥보 (仁元王后 玉寶)	1756년 (영조 32)	상존호	혜순자경헌렬광선현익강성정덕수창영 복융화대왕대비지보(惠順慈敬獻烈光宣 顯翼康聖貞德壽昌永福隆化大王大妃之寶)	○
12	인원왕후 금보 (仁元王后 金寶)	1757년 (영조 33)	상휘·시호	정의장목인원왕후지보 (定懿章穆仁元王后之寶)	○
13	인원왕후 금보	1776년 (영조 52)	추상존호	혜순자경헌렬광선현익강성정덕수창영 복융화휘정정의장목인원왕후지보(惠順 慈敬獻烈光宣顯翼康聖貞德壽昌永福隆 化徽靖定懿章穆仁元王后之寶)	○
14	인원왕후 금보	1890년 (고종 27)	추상존호	혜순자경헌렬광선현익강성정덕수창영 복융화휘정정운정의장목인원왕후지보 (惠順慈敬獻烈光宣顯翼康聖貞德壽昌永 福隆化徽靖正運定懿章穆仁元王后之寶)	○

1번 어보는 1702년(숙종 28) 인원왕후가 숙종의 두 번째 계비로 책봉되면서 제작된 금보이다. 손잡이는 거북이 모양으로 제작하였고, 인문은 책봉명인 '왕비(王妃)'+'지보(之寶)'로 상례를 따랐다.

2~13번의 12과의 어보는 인원왕후가 생시와 사후에 받았던 존호보들이다. 희빈 장씨의 소생인 경종에게 1회, 숙빈 최씨의 소생인 영조에게 10회, 고종에게 1회의 존호를 받았다. 1724년 38세인 경종이 승하하고 왕세제 연잉군이 등극하면서 인원왕후는 왕대비가 되었다. 이후 인원왕후는 무척 장수하면서 영조의 효도를 받았다. 전술한 바와 같이 인원왕후는 숙종의 아들이자 숙빈 최씨 소생인 연잉군을 지지해 왕세제 책봉에 결정적인 역할을 하였고, 연잉군이 역모의 주범으로 용의선상에 오르자 그를 몸소 보호하였다. 이 부분은 정조 사후 간행된 「정종대왕행장」에서 재확인되는 내용이다.

나의 자전(慈殿)이 과인의 몸을 보우(保佑)하였음은 인원성후가 선대왕(영조)을 보우(保佑)함과 같았다.

영조가 인원왕후의 적극적인 지원을 받아 국왕이 된 것은 주지의 사실이다. 따라서 영조가 이러한 인원왕후를 지극정성으로 모셨음은 당연한 일이다. 인원왕후는 16세의 어린 나이에 숙종과 혼인하여 35세에는 왕실 최고의 어른이 되었고, 영조의 후원자가 되어 안정된 노년을 누릴 수 있었다. 영조가 인원왕후에게 올린 존호가 사후를 포함하여 11회나 된다는 사실은 이러한 사실을 반영한다. 모자 사이라 할 수 있는 인원왕후와 영조의 나이 차이는 불과 일곱 살이었다. 상존호보에 대한 내용은 앞에서 상세히 기술하였으므로 여기서는 중복을 피한다.

14번 어보는 1890년(고종 27) 조선왕실에서 인원왕후에게 올린 마지막 존호보이다. 당해 3월 12일 실록의 기사에는 왕실 추숭에 대한 고종의 사령교문이 실려 있다. 고종은 왕실 추숭의 목적을 "훌륭한 왕업을 잇고 천명(天命)을 밝게 받아 만대에 영원할 계책을 생각하며 선대의 효성을 추모하여 조상의 공적을 크게 빛낸다."라는 기본 취지를 밝히고, 이어 그 구체적인 내용을 반포했다.

인원왕후 가상존호보 〈혜순자경헌렬광선현익강성정덕수창영복융화휘정정운정의장목인원왕후지보(惠順慈敬獻烈光宣顯翼康聖貞德壽昌永福隆化徽靖正運定懿章穆仁元王后之寶)〉(1890, 고종 27)와 보면(寶面)(국립고궁박물관 소장)

이제 영묘(英廟)에 존호를 가상하는 날을 맞이하여 옛날 조상의 사당에 아름다움을 돌리는 정성을 생각하였다. 부모에게 효도하려는 마음은 이승이건 저승이건 차이가 없어 양양(洋洋)하게 위에 계신 듯하고 아래에 계신 듯하며, 훌륭한 덕성을 그림으로 그릴 수 있다면 그 소리는 분명하고 그 신령은 빛날 것이다. 오직 선조의 뜻을 잇고 사업을 이어받는 계책은 선대 임금을 힘써 생각하는 것인데, 더구나 빛나는 업적을 드러내는 조치는 우리 왕가의 예법에도 마땅하다. 그래서 이미 떳떳한 법을 그대로 따르고 또 왕후들의 업적도 함께 드러내는 바이다. 올해 3월 11일에 숙종대왕에게는 '정중협극신의대훈(正中協極神毅大勳)'이라는 존호를, 인경왕후에게는 '순의(純懿)'라는 존호를, 인현왕후에게는 '원화(元化)'라는 존호를, 인원왕후에게는 '정운(正運)'이라는 존호를 추상하였다. 존호를 추상하는 성대한 의식은 선조(先祖)이신 숙종대왕을 즐겁게 해드리고, 세 분 왕후의 훌륭한 덕음(德音)에 부합될 것이다.

고종은 영조에게 존호를 가상하면서 그 아버지인 숙종에게까지 존호를 가상하는 것이 왕가의 예법에 마땅하며, 그 뜻을 확대해 왕후들의 업적도 함께 드러내는 것이 숙종을 즐겁게 하는 동시에 세 분 왕후의 덕음에 부합한다는 취지를 밝혔다. 이러한 추숭의 의식으로써 선대의 업적을 드러내고 선대에 대한 자신의 효를 나타내고자 한다는 취지로 이해된다. 즉, 추숭을 통해 어보를 제작하여 올리는 일은 어버이와 선조의 공덕을 높여 명호를 지어 올림으로써 효라는 유교 윤리를 실천하는 한편 왕실의 정통성을 확보하려는 행위였음을 엿볼 수 있다.

어보는 왕실을 상징하는 인장이지만 그 제작 배경에는 정치적 요인이 수반되기 마련이다. 정치사적인 측면에서 숙종 대를 요약하는 단어는 '환국(換局)'이다. '국면의 전환'이라는 의미의 이 용어는 왕실의 구조 개편과 정책의 변화, 인명(人命)의 처분 등을 수반했다. 숙종과 그 왕후들의 어보를 일괄해보면 그들의 일생이 고스란히 반영되었다는 점을 발견하게 된다. 숙종은 세 왕비를 두었으나 이들에게서는 왕자를 얻지 못했고 희빈 장씨와 숙빈 최씨에게서 각각 경종과 영조가 되는 왕자를 낳았다. 숙종 대 치세의 한 특징인 궁중의 복잡한 갈등 구조는 어보 제작의 조건과 밀접히 관련되었으며, 이렇게 제작된 어보들은 역사의 유물로 남았다.

책봉에 의한 어보의 제작은 당시의 정치 상황과 밀접한 관련이 있고, 존숭·추숭과 관련한 어보는 인물의 인품과 함께 정치적 평가에 상응한다. 존숭·추숭과 관련한 존호, 시호, 묘호, 휘호 등의 어보는 왕과 왕비의 공덕을 드리우고, 아름다운 명호(名號)를 지어 올림으로써 유교 이념의 중요 덕목인 효(孝)를 왕실에서 시행한다는 근본적 측면에서 제작되었다. 그러나 후기로 넘어올수록 존호를 올리는 행위를 수차례 반복함으로써 왕실의 권위를 높이는 수단으로 활용하는 경향을 보였다. 선조에게 명호를 지어 올리는 일에 대한 당대인의 가치 규정이 매우 엄정했음을 볼 때, 아름다운 예술품이자 왕실의 의례물로 남은 어보 또한 좀 더 새롭고 객관적 시각으로 바라보아야 할 시점이라 하겠다.

5. 어보의 봉안과 관리

국가 행사에서 주인공에게 올린 어보는 그 주인공이 세상을 떠난 후에, 조선의 역대 국왕과 왕비의 신위를 모신 종묘에 영구히 봉안되었다. 즉, 어보의 주인공 살아생전에는 궁궐에 보관하였고, 사후에는 국장 전까지 왕의 시신을 모시는 빈전(殯殿)에 모셨다가 3년상이 끝나고 난 후 신위를 종묘에 봉안하는 부묘(祔廟) 때에 어보도 함께 모셔 갔다. 모실 때는 신위, 어책과 함께 가마에 싣고 행렬을 이루어 나갔다.

존호 등 각종 호칭을 정하여 국왕에 바치는 행위는 조선의 통치 이념인 유교에 입각한 국왕에 대한 총체적 평가였고, 이를 새긴 어보의 종묘 봉안은 최종적인 정통성의 승인이었다. 이렇게 종묘에 봉안된 조선의 어보는 주인공으로서는 최고의 영광이었고, 신위와 함께 영원히 나라와 왕실을 지키는 상징이 되었다.

종묘는 1403년(태종 3)에 짓기 시작하여 그 이듬해 완성된 후 전란으로 훼손되어 몇 차례 보수를 거쳐 현재 정전(正殿) 19칸, 영녕전(永寧殿) 16칸의 모습을 갖추었다. 종묘의 신실은 신주함을 기준으로 동쪽에는 보장(寶欌)을, 서쪽에는 책장(冊欌)을 두어 책보를 봉안하였다. 봉안된 책보는 종묘서(宗廟署)에서 관리하였고, 때로 국왕이 직접 봉심(奉審, 능이나 묘를 보살피던 일)하여 파손되거나 누락된 책보를 다시 제작하기도 하였다.

국왕이 어보(御寶)와 어책(御冊)을 종묘에 모시는 절차

- 어보와 어책을 인정전 뜰의 임시 장막 안에서 옮겨 와 종묘의 임시 장막 안에 안치한다.
- 왕과 왕세자의 판위를 설치하고, 도감과 도제조 이하의 관리들과 종친, 문무백관은 각자의 위치에 선다.
- 책보와 책보상을 받들어 들여와 안치하고, 신주를 꺼내 안치한다.
- 왕과 관리들은 네 번 절하고 왕은 보책을 삼가 받들어 올린다.
- 읽는 관리들이 책보문과 어보문을 읽는다.
- 신주는 신주장에 다시 모시고 보책도 각각 보장과 책장에 안치한다.
- 관리는 모든 예를 마쳤음을 아뢰고 왕과 왕세자 및 종친, 문무배관은 종묘에서 나간다.

　　—『종묘친제규제도설병풍(宗廟親祭規制圖說屛風)』중「친상책보의도(親上冊寶儀圖)」(국립고궁박물관 소장)

　어보의 대규모 개수 사례를 확인할 수 있는 자료로 1705년(숙종 31) 종묘와 영녕전 각 실의 어보와 관련 물품들을 개조하여 봉안한 과정을 기록한『금보개조도감의궤(金寶改造都監儀軌)』가 있다. 1705년 4월 13일 숙종은 종묘에 봉안된 책보(冊寶) 등을 봉심(奉審)하고 전란 등으로 인해 파손되거나 유실한 어보 및 관련 물품을 새로 정비할 것을 명하였다. 이 의궤는 그 정비 과정의 전말을 기록한 책이다. 상·하 2책으로 이루어져 있는데, 상책은 종묘와 영녕전 각 실의 어보와 각종 물품을 정비한 기록이고, 하책은 1차 정비 작업에서 누락된 부분을 연이어 보완한 기록이다. 의궤를 통해 숙종 대에 종묘와 영녕전의 어보 및 관련 기물들이 재정비되는 과정을 생생히 살필 수 있다. 정비 사업의 대상과 범위, 방법 등의 논의 과정을 비롯하여, 각종 기물들의 제작 과정, 필요 물자의 조달 과정, 각종 기물들의 규격과 소요 물자의 종류 및 수량, 동원 인력의 차출 및 운용 방법, 관련 기관 간의 업무 협조 과정, 봉안 의식의 절차 등 작업 전반에 관한 거의 모든 사항들이 상세히 기록되어 있다. 현재 국립고궁박물관에는 종묘에 봉안되었던 어보가 대부분 소장되어 있는데, 이 의궤의 기록에 해당하는 유물들도 확인할 수 있다.

종묘에 봉안된 책보의 목록은 여러 문헌에 남아 있다. 우선 『종묘의궤(宗廟儀軌)』가 있다. 이 책은 종묘의 연혁과 제도, 각종 의식의 절차와 관련 행사들에 관련한 기록이다. 종묘 관련 도설, 정전 및 영녕전에 봉안한 신주가 수록되어 있는 한편 「책보록(冊寶錄)」이란 항목을 따로 두어 종묘에 봉안한 어책과 어보의 종류 및 수량을 파악할 수 있다.

또 다른 자료로 『종묘각실책보봉안도(宗廟各室冊寶奉安圖)』가 있다. 태조(太祖)부터 현종(顯宗)까지 종묘 각 실에 봉안된 책보의 수량과 위치를 기록한 책이다. 한 면에는 책보의 수량을 적고 다른 면에는 신실의 보장과 책장 안 책보의 위치를 도설로 나타냈다. 책보를 기록한 각종 자료 가운데 장 안의 각 층에 봉안된 책보의 위치까지 확인할 수 있는 세밀한 자료이다.

『종묘등록서(宗廟謄錄序)』는 각 왕대별로 종묘 각 실에 봉안되었던 왕과 왕비의 교명, 죽책, 옥책, 금보, 옥보,『국조보감』등의 연대, 수량 등이 기록되어 있다. 시대에 따른 유실 상황을 종합적으로 살펴볼 수 있어 종묘와 영녕전의 책보를 점검하거나 수리할 때 중요한 근거로 활용하였다. 종묘 봉안 책보에 대한 기록은 새로운 책보가 봉안될 때마다 수시로 추가하여 1909년(융희 3)까지 기록하였다.

종묘에 봉안된 어보는 1961년부터 종묘사무소에서 보관하다가 1992년에 궁중유물전시관으로 이관되었다. 이후 전시관의 위치가 구 국립박물관으로 옮겨지고, 명칭이 국립고궁박물관으로 변경되면서 현재까지 이곳에 보관되고 있다.

어보의 제작 과정

1. 도감의 구성과 행정

조선시대의 도감은 고려의 도감 제도를 본떠 산릉(山陵)·천릉(遷陵)·
봉릉(封陵)·부묘(祔廟)·주성(鑄成)·실록(實錄)·녹훈(錄勳)·책례(冊禮)·
가례(嘉禮)·빈전(殯殿)·국장(國葬)·존호(尊號), 어진(御眞)·악기(樂器)의
도감을 두었다. 이 가운데 어보를 제작하는 경우는 주로 책례, 가례, 국
장, 존호 등과 관련이 깊다.

도감에 속한 관원과 품계는 도감의 성격에 따라 다르지만, 주로 겸
직이나 임시직의 성격을 띠었다. 고려시대에는 별감(別監), 사(使), 판사
(判事), 판관(判官), 부사(副使), 녹사(錄事), 중감(重監), 제조(提調)가 있었
고, 이속(吏屬)으로는 기사(記事), 기관(記官), 서자(書者), 산사(算士) 등이
있었으며, 이학도감(理學都監)에는 따로 교수관(教授官)을 두기도 하였
다. 조선시대에는 도제조(都提調), 제조(提調), 도청(都廳), 낭청(郎廳), 감
조관(監造官)과 정사(正使), 부사(副使), 전교관(傳教官)과 같은 명칭이 보
이기도 한다. 도감의 구성과 행정에 대해서는 관련 의궤를 통해 그 진
행 상황을 파악할 수 있다.

책례도감(冊禮都監)

우선 책례 때에 어보를 제작하는 과정은 『책례도감의궤』를 참조할 수 있다. 『책례도감의궤』는 조선시대 왕세자, 왕세손, 왕세제, 빈궁 및 왕비 등의 책봉에 관한 의식·절차를 기록한 책이다. 1610년(광해군 2) 이후 조선 말기까지 저궁책례(儲宮冊禮)에 관한 의궤와 후비책례(后妃冊禮)에 관한 의궤 등이 있다.

저궁책례의궤류에는 왕세자, 왕세손, 왕세제의 책봉 기록 외에도 대비전(大妃殿), 왕후의 존호를 올리는 기록, 중궁이나 저궁의 책봉 기록, 세자의 관례(冠禮) 기록도 포함되는 경우가 있다. 『책례도감의궤』는 대개 권두에 목록이 있고 이어 좌목(座目), 전교(傳敎), 의주(儀註), 전문(箋文), 이문(移文), 내관(來關), 감결(甘結), 미포식(米布式), 상전(賞典), 일방(一房), 이방(二房), 삼방(三房), 별공작(別工作), 상의원(尙衣院) 등의 순으로 기록되어 있다.

'좌목'에는 도제조 1인, 제조 3인, 도청(都廳) 및 낭청(郞廳) 6~7인으로 된 도감의 구성 명단이 수록되고, '전교'에는 책례의 거행 일정이 기록되어 있다. '의주'에는 책례, 조알(朝謁), 수책례(受冊禮), 진사전의(進謝箋儀), 백관하왕세자(百官賀王世子) 등이 있는데 『국조오례의』의 책례원의(冊禮原義)를 따르고 있다.

'전문'은 왕세자 등 책봉 당사자가 대전, 대비전, 중궁전에 진사(進謝)의 뜻을 표현한 것과, 백관·내각·태학유생(太學儒生)이 대전 등에 진하(進賀)의 뜻을 표현한 것 등으로 구분되는데 대개 사륙변려문(四六駢儷文)으로 되어 있다.

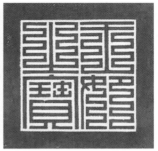

인조비 장렬왕후(莊烈王后) 왕비 책봉보(1638, 인조 16)의 보면(寶面)과 보영(寶影)(국립고궁박물관 소장)

'내관'에는 상급 또는 동급 관청으로부터 도착한 공문, '감결'에는 상급 관청에서 하급 관청에 내린 공문, '이문'에는 동등한 관아 사이에 오고 간 공문서가 수록되어 있다. '미포식'은 각 관아의 원역(員役)들에게 나누어주는 곡류나 포목의 출납에 관한 내용이 들어 있다.

'일방'에는 교명(教命), 교명궤(教命櫃), 교명배안상(教命排案床), 죽책(竹冊), 죽책갑(竹冊匣), 죽책내외궤(竹冊內外櫃)의 채색도가 있으며, 교명문, 교명의 직조식(織造式), 회장식(繪粧式), 봉과식(封裹式), 죽책문, 죽책의 등이 수록되어 있다.

'이방'에는 어보(御寶)와 이에 수반되는 인통(印筒), 주통(朱筒), 인록(印盝), 주록(朱盝), 호갑(護匣)의 채색도가 있으며, 옥인봉과식이 있다. '삼방'에는 연여(輦轝), 평교(平轎), 인마(印馬), 요여(腰轝), 채여(彩轝) 등의 채색도가 있고 책 끝에는 채색된 반차도(班次圖)가 있다.

참고로 저궁책례도감의궤류 가운데 1645년(인조 23)에서 1667년(현종 8) 사이에 만든 5종의 의궤에는 채색반차도가 없으나, 1610년에 엮은 의궤와 1690년(숙종 16)에서 1875년(고종 12) 사이에 엮은 12종의 의궤에는 채색반차도가 수록되어 있다. 한편, 후비책례도감의궤류에는 조선 말기에 만든 3종의 의궤에만 채색반차도가 있을 뿐, 그 이전에 만든 의궤 8종에는 없다.

존호도감(尊號都監)

상존호(上尊號)는 왕, 왕후, 대비 또는 선왕, 선왕후 등에게 여러 존호를 올리는 행위를 말한다. 이를 위해 임시로 설치한 기구가 존호도감이었다. 존호도감은 사안에 따라 존숭도감(尊崇都監), 가상존호도감(加上尊號都監), 추상존호도감(追上尊號都監)이라고도 한다. 생존해 있는 왕·왕후의 경우는 '존숭' 또는 '가상'으로 칭했고, 승하한 선왕·선왕후의 경우는 '추상'으로 불렀다. 한편 왕을 낳은 후궁이나 일찍 죽은 세자 등에게도 존호를 올리는 경우가 있었다.

존호는 본래 왕이나 왕후의 생전 또는 사후에 그 덕성을 찬양, 표창하기 위해 행한 것으로, 3년상이 지난 뒤 종묘에 부묘(祔廟)할 때는 필수적인 전례였고, 그 밖에도 수시로 행하였다. 특히, 장수한 왕·왕후의 경우는 여러 차례 올리기도 하였다. 왕·왕후에 따라 개별적으로 존호가 행해지기도 하였다. 그러나 보통은 하나의 도감에서 여러 명의 왕과 왕후를 한꺼번에 존숭하였다. 부묘 시의 상호도감은 부묘도감과 함께 설치되었는데, 일반적으로 부묘도감에서 겸하는 것이 관례였다. 기타 경우의 상호도감은 책례도감과 같은 규모로 구성되는데, 보통 의정급 도제조 1인, 판서급 제조 3인, 당하관인 도청 2인, 낭청 6인, 감조관(監照

官) 6인 및 잡직·서리·군사 등으로 조직되었다.

　도감은 업무 분장을 위해 도청을 1방, 2방, 3방, 별공작(別工作) 등
으로 편제하였다. 1방은 옥책문(玉冊文), 악장(樂章), 제술(製述), 서사(書
寫), 2방은 옥보(玉寶) 또는 금보(金寶)의 서사·제작, 3방은 각종 의장(儀
仗)·문물의 준비, 별공작은 대소 기구의 제작과 영선(營繕) 업무를 담당
하였다. 상호도감의 주요 행사는 존호의 수여장 격인 옥책, 증표인 옥
보 또는 금보의 제작과 그 증정식 및 이에 따르는 제반 의례·연회의 준
비와 진행이었다.

국장도감(國葬都監)

국장 기간 동안의 상·장례에 따르는 모든 의전, 재정, 시설, 문한(文翰)
등의 업무는 국장도감을 설치하여 진행하였다. 다만 빈전(殯殿)과 산릉
(山陵)에 관한 일만은 별도의 도감이 설치되어 담당하였다. 국장도감이
처음 설치된 것은 1365년(공민왕 14) 공민왕비였던 노국대장공주(魯國大
長公主)의 상사 때이다. 이때 빈전도감, 조묘도감(造墓都監), 불재도감(佛
齋都監)과 함께 설치되어 4도감으로 지칭되었다.

　조선시대에는 1396년(태조 5) 태조의 계비 신덕왕후 강씨(神德王后康
氏)의 상에 4도감의 하나로서 설치되었고, 그 아래 상복, 옥책(玉冊), 관
곽(棺槨) 등을 담당하는 13소(所)가 부설되었다. 1419년(세종 1) 정종의
국장 때부터는 불재도감이 폐지되고 순전한 유교 의식으로 행하게 되
었다. 조선 후기의 정제(定制)에 의하면 보통 도청(都廳)과 1·2·3방(房)
으로 조직되었다. 여기에 분전설사(分典設司), 분장흥고(分長興庫), 지석

소(誌石所), 우주소(虞主所), 별공작소(別工作所) 등이 부설되어 장의 업무를 분담하였다.

도청은 의전의 집행과 전체 업무의 지휘, 1방은 상여, 주렴(朱簾), 평상(平床) 등의 제작, 2방은 각종 의장(儀仗), 기명(器皿)의 준비, 3방은 애책(哀冊), 어보(御寶), 만장(輓章) 등 문한의 일을 맡았다. 분전설사, 분장흥고 등은 각각 시설·재정 등의 업무를 보았다.

이 밖에도 독책관(讀冊官), 독보관(讀寶官), 상시책보관(上諡冊寶官) 등 50여 인의 유사(有事)로 구성되어 있었다. 왕후의 상일 경우에는 독책관 이하에 고위 내시들이 임명되었다. 왕세자, 세자빈 등 중요 왕족의 장례에는 예장도감(禮葬都監)이 설치되었는데 그 규례는 거의 국장도감에 준하였다.

2. 장인의 종류와 역할

조선시대 의궤를 살펴보면 책봉, 상존호, 국장 등의 의식에서 어보의 제작과 관련해 차출한 장인의 수는 적게는 20여 명에서 많게는 50명이 넘는 경우도 있다. 물론 이 장인들은 어보의 제작뿐 아니라 보통(寶筒), 보록(寶盝), 호갑(護匣), 보자기, 자물쇠 등 어보에 수반되는 여러 물품의 제작에 참여한 장인의 수를 포함한 것이다. 여기서는 금보와 옥보, 기타 의물들을 제작한 중요 장인들의 종류와 역할을 살펴보기로 한다.

서사관(書寫官)

서사관은 조선시대 왕실에서는 각종 글씨의 서사를 위해 차출된 관원이었다. 엄밀히 말해 서사관은 장인의 범주에 포함할 수 없으나 어보의 제작 과정에서 첫 단계에 해당하는 보문을 쓰는 역할을 하므로 여기에서 설명하기로 한다.

어보에 보문을 쓰는 이들은 승문원이나 교서관, 규장각에 소속되어 상시적 서사 업무를 담당한 사자관(寫字官)과, 여러 행사 때에 주로 도감(都監)에 소속되어 서사의 업무를 맡은 서사관이 있었다. 『경국대전』에 의하면 승문원의 사자관은 40명으로, 국초에는 문신(文臣) 가운데 글씨를 잘 쓰는 사람으로 구성하였으나 후기로 넘어올수록 선서자(善書者)가 드물어 선조 때부터 사서(士庶)를 막론하고 군직(軍職)을 부여하여 사자관의 관직을 주어 상임(常任)케 하였다. 이와 달리 서사관은 왕실의 책례(冊禮), 존숭(尊崇), 추숭(追崇), 국장(國葬) 등 각종 행사 때에 도감에 소속되어 글씨 쓰는 업무를 맡은 관원이었다.

서사관은 크게 전서를 쓰는 전문서사관(篆文書寫官)과, 해서를 쓰는 해서서사관(楷書書寫官)으로 구분된다. 이를 구체적 역할에 따라 좀 더 상세히 나누면 전문서사관에는 어보의 보문을 담당한 보전문서사관(寶篆文書寫官), 금보전문서사관(金寶篆文書寫官), 옥보전문서사관(玉寶篆文書寫官), 옥인전문서사관(玉印篆文書寫官) 등이 있었고, 교명문의 전서를 쓰는 교명전문서사관(敎命篆文書寫官), 표석의 전서를 쓰는 표석전문서사관(表石篆文書寫官), 영정 등의 표제를 쓰는 표제서사관(標題書寫官) 등이 있었다.

해서서사관에는 재궁에 '상(上)'자를 쓰는 재궁상자서사관(梓宮上字書寫官), 명정을 쓰는 명정서사관(銘旌書寫官), 각종 책문의 내용을 쓰는 죽책서사관(竹冊書寫官), 옥책서사관(玉冊書寫官), 금책서사관(金冊書寫官), 시책서사관(諡冊書寫官), 애책서사관(哀冊書寫官)이 있었고, 교명문의 내용을 쓰는 교명문서사관(敎命文書寫官), 각종 신주를 쓰는 신주서사관(神主書寫官) 등이 있었다.

전서는 해서나 행서처럼 일반적으로 사용하는 자체는 아니었고 어보나 어진, 금석문의 두전(頭篆, 비석의 머리 부분에 쓴 전자(篆字)) 등에 제한적으로 사용한 특수한 서체였다. 그중에서도 왕실에서 가장 많이 사용된 곳이 어보이다. 어보의 보문은 반드시 임금의 재가를 받아 시행하였는데, 이러한 사례는 "선조(宣祖)의 옥보에는 글자 수가 매우 많은데 어떤 전자(篆字)로 써서 새길 것인가? 자체를 상세히 써서 들이라."[118] 라고 한 기록을 통해서도 확인할 수 있다.

어보의 보문은 승문원이나 교서관(校書館)의 전자관(篆字官)이 쓰기도 하였으나 도감의 전문서사관이 쓴 사례가 많다. 전문서사관으로는 당대에 전서에 능숙한 고위직을 채용하였으며 이들은 당시 전서의 대표적 명필이기도 하였다. 의궤를 일괄해보면 전문서사관의 대표적 인물로 광해군 대의 허함(許涵), 효종 대의 이익엽(李益燁)·여이징(呂爾徵), 현종 대의 김수항(金壽恒), 영조 대의 조현명(趙顯命)·유척기(俞拓基), 철종 대의 김도희(金道喜)·박회수(朴晦壽)·홍재룡(洪在龍), 고종 대의 김문근(金汶根) 등이 보인다.[119]

사자관(寫字官)

서사관이 쓴 보문을 어보의 양식에 맞게 옮겨 쓰는 역할을 담당했다. 사자관은 본래 문서를 정사(正寫)하거나 정서(正書)하는 일을 맡은 관원으로 장인은 아니지만 어보의 제작 과정상 여기서 언급한다. 승문원(承文院)과 교서관(校書館), 오위(五衛), 규장각(奎章閣), 장용영(壯勇營) 등에

---

118 『광해군일기』 권106, 8년 8월 19일 정사(丁巳).
119 손환일, 「조선 왕조 어보 보문의 서체」, 『왕의 상징 어보』, 국립고궁박물관, 2012.

속한 기술직 관원으로 담당 관서에 따라 조금씩 역할이 달랐지만 기본적으로 초를 잡았던 문서를 또박또박한 글씨로 베껴 옮기는 역할을 하였다. 어보의 경우에도 서사관이 기본적인 형태의 전서를 쓰면 사자관이 어보의 규격과 전법(篆法)에 맞게 옮겨 적었던 것으로 보인다.

화원(畫員)

각자장이 전각(篆刻)할 수 있도록 어보의 재료에 사자관이 베낀 글자를 북칠(北漆)하였다. 북칠은 돌 등에 글자를 새길 때, 글씨가 적힌 종이의 글자 자국이 대상물에 남도록 하는 일을 말한다. 글씨가 적힌 얇은 종이에 밀을 칠하여 그 뒤쪽에 비치는 글자 테두리를 그려서 돌에 붙이고 문질러서 글자를 내려 앉힌다. 화원들은 본래 도화서에 소속되어 그림 그리는 일을 하는 관원으로, 궁중에서 필요로 하는 각종 그림 제작을 담당하였는데 왕의 초상인 어진(御眞)과 공신(功臣)들의 초상화, 중국과 일본 사신의 요청에 따른 그림 제작, 각종 기록화와 반차도(班次圖), 행사 때 필요한 물품과 각종 의장물(儀仗物) 제작에 참여하는 등 매우 다양한 활동을 하였다.

보장(寶匠), 인장(印匠)

어보를 전각, 조각, 주조하는 역할을 맡았다. 조선 후기에는 보인을 만드는 재료에 따라 금보장(金寶匠), 은보장(銀寶匠), 옥보장(玉寶匠), 금인장(金印匠), 은인장(銀印匠), 옥인장(玉印匠)으로 세분하기도 했다. 도감에 소속되어 보인을 제작한 장인의 처지는 시기별로 달라져서 17세기 도 감에서는 보장이 동원되었고, 인장은 1753년부터 보인다. 17세기 말부 터 18세기까지는 내수사·상의원의 관장이거나 훈련도감의 군문에 소 속되어 있었다. 보인을 만드는 재료에 따라 옥을 다루는 장인과 금은을 다루는 장인으로 구분된 것은 곧 제작 과정에서 금보는 주조의 비중이 높고, 옥보는 조각적 특성이 강하기 때문이었다.[120]

보문각장(寶文刻匠), 조각장(彫刻匠)

금보나 어보의 전문(篆文)과 뉴(鈕)의 조각을 담당했다. 각장(刻匠)은 본 래 나무나 돌, 금속 등에 조각을 하거나 새기는 일을 하는 장인이다. 새 기는 재료와 관계없이 새기는 일을 하는 모든 장인을 각장이라고 부른 다. 동일한 각장이라도 다루는 재료에 따라 새기는 기술이 다르기 때문 에 일에 따라서 각장이 달랐다. 무기 등을 제작하는 각장은 주로 금속 이나 목재에 조각하거나 새기는 일을 하였다. 조선 초기 군기감에 소속 된 각장은 화살 제작에 참여하여 목공(木工)이 만든 화살대에 깃을 붙 이는 일을 하였다. 그 밖에 총통이나 조총 및 금속제 기물에 감독관과 색리(色吏), 제작 장인의 성명, 만든 날짜와 무게 등을 새기는 일도 하였 다. 돌에 글씨를 새기는 석장이나 목판 등에 글씨를 새기는 각장과도 각각 역할이 달랐다.

---

120 장경희, 「조선 후기 왕실의 옥공예 장인 연구」, 『미술사연구』 15호, 미술사연구회, 2001.

옥각수(玉刻手), 옥장(玉匠)

옥보를 전각, 조각하는 역할을 맡았다. 본래 옥각수나 옥장은 관부에서 옥을 가공하여 각종 공예품을 만들던 장인을 말한다. 전국에서 산출되는 옥으로 왕권을 상징하는 의물(儀物)이나 일상용 공예품을 제작하는 일도 옥장의 직무였다. 옥장이 제작하는 의물은 첫째, 왕권을 상징하는 옥보(玉寶)와 옥인(玉印) 및 옥책(玉冊) 등이 있다. 둘째, 왕실 의례 때 옥장은 왕, 왕비, 왕세자, 왕세자빈 등이 착용한 예복(禮服)에 패용할 장신구를 제작하였다. 셋째, 왕실의 가례 행사 때 옥병이나 옥잔 등의 그릇을 제작하였다. 넷째, 왕과 왕비가 일상생활에서 착용하는 장신구를 제작하기도 하였다.

은장(銀匠)

어보를 은으로 제작할 경우 차출되었다. 은장은 주로 왕실의 일상과 가례나 책례, 국장과 같은 각종 의례에 필요한 물품과 관수용(官需用)으로 쓰는 은기를 제작하였으며, 중국에 국신물〔國信物, 국가와 국가 사이에 교환하는 신물(信物)〕로 보내는 은기나, 공(功)이 있는 신하 및 궁인이 왕자를 생산했을 때 내리는 하사품을 만들었다. 조선 초기의 『경국대전』에 의하면 은장은 경공장(京工匠)으로 공조에 8명, 상의원에 8명을 두었을 뿐 외공장은 두지 않았다. 『대전회통』에도 공조와 상의원에 각각 은장 8명을 두었다고 나오며, 은장의 수와 명칭은 변화가 없어 보이지만 실제로 조선 후기 각종 의궤에 보이는 은장들은 대은장과 소은장으로 구분되어 있다.

소로장(小爐匠)

쇳물을 녹이고, 주물을 만드는 일을 담당하였다.

천혈장(穿穴匠)

어보에 인수(印綬)를 꿸 구멍을 뚫었다. 천혈장은 본래 기물에 구멍을 뚫는 장인을 말한다. 조선 후기 도감에 소속된 천혈장은 도감의 성격에 따라 구멍을 뚫을 대상이나 재료가 달라졌다. 예컨대 1614년 화기도감에 징발된 천혈장은 1명이 하루에 쾌쟁(快錚) 13자루, 혹은 불랑기(佛狼機) 13대, 혹은 현자총통(玄字銃筒) 6대, 혹은 백자총통(百子銃筒) 7대, 승자총(勝字銃) 10자루, 혹은 삼안총(三眼銃) 10자루의 구멍을 뚫어야 했다. 국장·부묘·존호존숭도감 등에 차출된 천혈장은 시호나 존호를 새길 어보나 어책의 구멍을 뚫는 역할을 하였다. 한편 왕실의 족보인『선원록(璿源錄)』을 수정하는 교정청에 동원된 천혈장은 전문적으로 서책의 구멍을 뚫는 일을 하기도 하였다.

마경장(磨鏡匠)

금속의 어보를 갈아서 매끈하게 마무리하는 일을 담당했다. 마경장은 본래 한성부에 등록되어 공조와 상의원에서 거울을 만들거나 금속제 기물의 표면에 윤을 내던 장인을 말한다. 왕실의 각종 의례 때 왕권을 상징하는 보인(寶印), 제사나 행사에 필요한 각종 그릇이나 음악을 연주하기 위한 악기 등 금속제 물품의 표면에 윤을 내는 역할을 수행하였다.

매듭장〔每緝匠〕

어보의 수(綬)를 만들었다. 매듭은 본래 복식이나 의식 용구의 장식으로 사용하며, 일명 격답(格搭)·결자(結子)라고도 한다. 인장에서는 일반적으로 수(綬)라고 하지만 조선시대 어보에서는 영자(纓子), 결영자(結纓子) 등으로 불렀다. 조선시대 경공장으로는 상의원(尙衣院)에 다회장(多繪匠)과 매듭장〔每緝匠〕이 각각 배치되어 있었다.

수의 길이는 17세기와 18세기 초까지 대개 2척, 그 후에는 3척 5촌이며, 1882년의 기록에는 6척 5촌을 사용하기도 하여 시기에 따라 다르다. 보통 홍진사(紅眞絲) 또는 홍융모사(紅絨冒絲)로 만들며, 안에 홍향사(紅鄕絲)를 심사(心絲)로 넣고 밖으로 홍진사를 엮어가며 원다회(圓多繪)를 만든다. 18세기 기록에는 심사에 면사(綿絲)를 사용하기도 했다. 홍향사는 홍색의 국내산 견사(絹紗)를 말하며, 홍융모사는 꼬임을 주지 않은 정련사(精練絲) 중 품질이 좋은 견사를 말한다.

원다회가 만들어지면 다회를 어보 거북이 아래의 한쪽 구멍으로 통과시켜 밖으로 빼내어 양 끝을 서로 합쳐서 끝에 매듭을 맺고 그 끝에 방울〔方兀〕과 술〔蘇兀〕을 단다. 방울술의 원둘레는 보통 8푼이며, 안에는 금지(金紙)를 넣는다. 방울술은 방망이술이라고도 하는데 술 머리를 바늘로 망을 떠서 씌우고 아래에 술을 늘어뜨린다. 기본적인 망의 기법은

안에 둥글게 깎은 나무를 넣고 위에서부터 아래로 열과 열을 따라 실로 고리를 걸어 엮어 입체적으로 구성한다. 망으로 떠서 만들기 때문에 나무와 망이 분리되고 고리 사이에 틈이 생겨 비쳐 보이므로 망 안에 금전지를 넣어 밖으로 금빛이 비쳐 보이도록 장식한다.

두석장(豆錫匠)

어보의 보록(寶盝) 등에 장착하는 장석을 만들었다. 두석장은 본래 목제품을 비롯한 각종 가구에 덧대는 금속 장식〔장석(裝錫) 혹은 금구(金具)〕을 만드는 장인을 말한다. 장석은 주로 놋쇠를 다루어 만들어졌다. 두석장이라는 명칭은 『경국대전』 공조(工曹)의 경공장(京工匠) 가운데 포함된 '두석장'에서 연유한다. 두석이라는 용어는 옛 문헌에 간혹 나타나지만 오늘날에는 전혀 사용하지 않는다.

과록장(裹綠匠)

보통(寶筒)과 보록(寶盝)의 안쪽 면에 천을 덧대어 바르는 역할을 맡았다.

지환장(指環匠)

어보의 보록 등에 장착하는 손잡이용 고리를 만들었다.

쇄약장(鎖鑰匠)

어보의 보록에 장착하는 자물쇠를 만들었다.

시장(匙匠)

자물쇠를 트는 열쇠를 제작했다.

호갑장(護匣匠)

주로 동물의 가죽을 사용하여 호갑을 만든 장인이다. 호갑은 보록(寶盝)과 주록(朱盝)을 담아 이동하기에 편리하도록 만든 것이다. 영조 때에 편찬된 『국조상례보편(國朝喪禮補編)』에 의하면 호갑의 겉은 검은 곰의 가죽을 사용하고 안은 백마 가죽이다. 내부에 붉은 사슴의 가죽을 바른 경우도 있다. 덮개와 네 모서리는 푸른 보라색(靑紫)으로 칠한 가죽으로 꾸며서 싼다.

담편장(擔鞭匠)

어보를 어깨에 메고 이동할 수 있도록 호갑에 부착하는 담편을 제작한 장인이다. 『국조상례보편』에 의하면 담편은 흰 칠을 한 가죽인데, 안은 백마 가죽이며, 좌우에는 보라색 사슴 가죽으로 만든 끈이 있다.

소목장(小木匠)

나무로 보록(寶盝)의 판을 짰다. 소목장은 본래 나무로 창호, 난간, 가구, 문방구, 생활용구 등을 만드는 장인이었다. 조선시대 소목장은 경공장(京工匠)과 외공장(外工匠)으로 상의원(尙衣院), 교서관(校書館), 군기시(軍器寺), 귀후서(歸厚署), 내수사(內需司), 선공감(繕工監), 조지서(造紙署) 등과 지방의 관아에 소속되어 활동하였으며, 왕실과 국가의 행사에 따른 특별도감이 설치될 때마다 차출되었다.

칠장(漆匠)

보록, 주록 등의 칠을 담당하였다. 칠장은 본래 옻나무 수액인 옻을 채취하거나 기물에 옻칠을 하는 장인이다. 칠장은『경국대전』'공장조(工匠條)'에 수록된 전문 직종이나 각종『의궤』,『일성록』등에는 칠장뿐만 아니라 바탕칠을 하는 가칠장(假漆匠)과 옻칠을 하는 진칠장(眞漆匠), 소반을 칠하는 반칠장(盤漆匠) 등도 등장한다. 이는 옻칠의 용도가 다양하기 때문에 전문 분야를 더욱 세분화한 것으로 볼 수 있다. 일반적인 물품과 달리 어보를 담는 보록에는 대부분 검정색 칠이 아닌 주칠(朱漆)을 하였다.

침선비(針線婢)

어보에 수반하는 각종 보자기를 담당하였다. 침선비는 본래 조선시대

궁에서 일하는 관비의 하나로 상의원과 공조에 소속되어 의복을 재봉하는 임무를 맡았다. 이들은 시녀가 되기도 하고, 관기도 되었으나 후기에는 아예 관기로 취급되었다.

3. 어보의 의장품

어보와 관련 의물들의 규식(規式)을 정리한 사례로, 최근 프랑스에서 반환된 외규장각 어람용 의궤 가운데 『사전가상존호도감책보도식(四殿加上尊號都監冊寶圖式)』이 있다. 이 책은 1753년(영조 29) 12월, 영조가 숙종과 그 왕비들에게 존호를 가상하면서 올린 금보(金寶)와 옥책(玉冊) 및 그에 수반한 각종 의물들의 규식을 정리한 내용이다. 당시 영조는 통명전에서 책보를 모시는 의식, 종묘의 태실에서 책보를 올리는 의식, 태실에 책보를 올릴 때 왕세자가 함께 예를 거행하는 의식, 대왕대비에게 존호를 더하면서 예물을 올리는 의식, 왕세자와 왕비가 대왕대비에게 예물을 올리는 의식과 같이 존호를 올리는 데 필요한 일체의 의식을 새롭게 정했는데, 책보(冊寶)에 대한 규정도 이때 함께 정비하였다.

이 책의 목차는 전교(傳敎), 목록(目錄), 책도식(冊圖式), 보도식(寶圖式)의 순서로 되어 있다. '전교'에서는 1753년 12월 26일 영조가 당일 종묘의 태실과 대왕대비전에 책보를 봉심(奉審)하고 그간의 책보를 포함한 여러 기물들의 크기가 일정치 않으므로 이번에 정한 규식을 도감에 명해 1부의 책으로 만들도록 하고 이후 이 법식을 영구히 따를 수

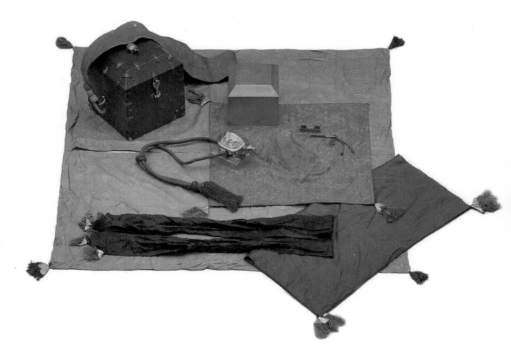

1753년(영조 29) 12월, 영조가 숙종에게 존호를 올리며 제작한 어보와 관련 물품(국립고궁박물
관 소장)

5장 어보의 제작 과정

있도록 하라는 어명이 기재되어 있다. 이 자료에는 당시 제작한 책보와 이에 수반한 여러 물품들의 상세한 도설 및 용도, 소요 물품, 크기, 제작 방법 등이 망라되어 있어 조선 후기 책보와 각종 의물의 전형을 확인할 수 있고, 향후 이러한 의물들을 재현하는 데에도 참고 자료로 활용할 수 있다.

'책도식'에는 옥책 1부에 소요되는 갑(匣), 내함(內函), 외궤(外樻), 결영자(結纓子), 봉표지(封標紙), 배안상(排案床), 독책상(讀冊床)이 수록되었고, '보도식'에는 금보 1과에 소요되는 보통(寶筒), 주통(朱筒), 보록(寶盝), 주록(朱盝), 호갑(護匣), 담편(擔鞭), 배안상(排案床), 독보상(讀寶床)이 정리되었다.

책보(冊寶) 및 각종 의례품의 명칭 및 수량, 용도

옥책(玉冊) 1부

끼우는 솜보자기[격유복(隔襦袱)] : 매 첩(貼) 사이에 끼워 넣는다. 건수는 첩 수의 분량에 따른다.
묶는 끈[결영자(結纓子)] 2 : 솜보를 끼워 넣은 후에 묶는다.

갑(匣) 1 : 책(冊)을 담는다.
겹보자기[겹복(裌袱)] 1 : 갑을 싼다.
묶는 끈[結纓子] 2 : 보자기로 싼 위를 묶는다.

내함(內函) 1 : 갑(匣)을 담는다.

자물쇠 열쇠 갖춤〔쇄약시구(鎖鑰匙具)〕1 : 내함을 잠근다.

열쇠주머니〔시낭자(匙囊子)〕1 : 열쇠를 담는다.

겹보자기〔겹복(裌袱)〕1 : 내함을 싼다.

묶는 끈〔結纓子〕2 : 보자기로 싼 위를 묶는다.

외궤(外樻) 1 : 내함을 담는다.

자물쇠 열쇠 갖춤〔鎖鑰匙具〕1 : 외궤를 잠근다.

열쇠주머니〔匙囊子〕1 : 열쇠를 담는다.

홑보자기〔단복(單袱)〕1 : 외궤를 싼다.

묶는 끈〔結纓子〕1 : 보자기로 싼 위를 묶는다.

봉표지(封標紙) : 봉지(封紙)는 보자기로 싸서 묶은 위쪽에 꽂는다. 표지
(標紙)는 봉지 위에 꽂는다.

배안상(排案床) 1 : 옥책을 올려놓는다.

보(袱) 1 : 상(床) 위에 덮는다.

요〔욕(褥)〕1 : 상 아래에 펼친다.

자리〔석(席)〕1 : 요〔褥〕위에 펼친다.

독책상(讀冊床) 1 : 책문을 읽을 때 얹는다.

보(袱) 1 : 상(床) 위에 덮는다.

요〔褥〕1 : 상 아래에 펼친다.

석(席) 1 : 요 위에 펼친다.

금보(金寶) 1과

끈〔영자(纓子)〕1 : 금보의 거북 구멍에 꿴다.

솜보자기〔유복(襦袱)〕1 : 금보를 싼다.

묶는 끈〔結纓子〕2 : 보자기로 싼 위를 묶는다.

보통(寶筒) 1 : 금보를 담는다.

솜보자기〔襦袱〕1 : 보통을 묶는다.

묶는 끈〔結纓子〕2 : 보자기로 싼 위를 묶는다.

주통(朱筒) 1 : 인주를 담는다.

솜보자기〔襦袱〕1 : 주통을 싼다.

묶는 끈〔結纓子〕2 : 보자기로 싼 위를 묶는다.

보록(寶盝) 1 : 보통을 담는다.

자물쇠 열쇠 갖춤〔鎖鑰匙具〕1 : 보록을 잠근다.

열쇠주머니〔匙囊子〕1 : 열쇠를 담는다.

겹보자기〔裌袱〕1 : 보록을 싼다.

큰 끈〔대영자(大纓子)〕1 : 보록 좌우의 둥근 고리에 매단다.

묶는 끈〔結纓子〕2 : 보자기로 싼 위를 묶는다.

봉표지(封標紙) : 봉지(封紙)는 보자기로 싸서 묶은 위쪽에 꽂는다. 표지 (標紙)는 봉지 위에 꽂는다.

주록(朱盝) 1 : 주통을 담는다.

자물쇠 열쇠 갖춤〔鎖鑰匙具〕 1 : 주록을 잠근다.

열쇠주머니〔匙囊子〕 1 : 열쇠를 담는다.

겹보자기〔裌袱〕 1 : 주록을 싼다.

큰 끈〔大纓子〕 1 : 주록 좌우의 둥근 고리에 매단다.

묶는 끈〔結纓子〕 2 : 보자기로 싼 위를 묶는다.

봉표지(封標紙) : 봉지(封紙)는 보자기로 싸서 묶은 위쪽에 꽂는다. 표지
(標紙)는 봉지 위에 꽂는다.

호갑(護匣) 1 : 보록과 주록을 담는다.

자물쇠 열쇠 갖춤〔鎖鑰匙具〕 2 : 호갑을 잠근다.

열쇠주머니〔匙囊子〕 2 : 열쇠를 담는다.

봉지(封紙) : 열쇠에 매단다.

담편(擔鞭) 4 : 호갑에 붙인다.

걸피(去/乙皮) 1 : 호갑의 두 쪽을 연결하여 붙인다.

호갑(護匣) 후면의 세로로 붙이는 가죽〔호갑후면수부피(護匣後面竪付皮)〕 2 :
호갑과 걸피 사이에 붙인다.

얼기끈〔얼지영자(乻只纓子)〕 : 담편에 묶는다.

배안상(排案床) 1 : 금보를 올려놓는다.

보(袱) 1 : 상(床) 위에 덮는다.

요〔褥〕 1 : 상 아래에 펼친다.

자리(席) 1 : 요 위에 펼친다.

독보상(讀寶床) 1 : 보를 읽을 때 올려놓는다.

보(袱) 1 : 상(床) 위에 덮는다.

요〔褥〕 1 : 상 아래에 펼친다.

자리〔席〕 1 : 요 위에 펼친다.

금보(金寶)와 각종 의물의 소요 물자와 제작 방법, 크기

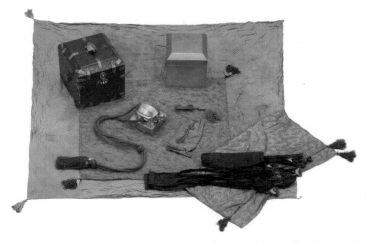

1753년(영조 29) 12월, 영조가 숙종비 인경왕후에게 존호를 올리면서 제작한 어보와
관련 물품(국립고궁박물관 소장)

금보(金寶) 1과

숙동(熟銅)으로 주성(鑄成)한다. 사방 각 3촌 5푼, 두께는 1촌이다. 전각

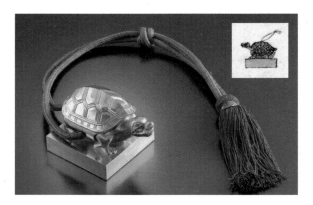

『의궤』속의 금보 그림과 숙종의 금보(국립고궁박물관 소장)

(篆刻)한다. 외성곽(外城郭)은 4푼이다. 상단에 거북손잡이를 둔다. 높이
는 2촌 2푼, 넓이는 2촌 7푼이다. 길이는 머리 길이와 함께 5촌이다〔조
례기척(造禮器尺, 자의 한 가지)을 쓴다〕. 배 아래에 횡혈(橫穴)을 둔다. 전체
를 황금으로 도금한다.

끈〔纓子〕 1

홍진사(紅眞絲)로 원다회(圓多繪)를 만든다. 소(槊)는 홍면사(紅綿絲)를
넣는다. 길이는 3척 5촌이다. 원둘레는 8푼이다〔포백척(布帛尺, 바느질자)
을 쓴다〕. 한 끝으로 거북의 구멍을 관통하고 두 끝으로 거북의 등에서
합하여 매듭한다. 그 끝을 합하여 방울〔方兀〕과 솔〔蘇兀〕을 합한다. 〔솔에
는 지금(紙金)을 넣는다.〕

솜보자기〔襦袱〕 1

안과 밖에 모두 다홍운문단(多紅雲紋緞)을 쓴다. 소(槊)로 설면자(雪綿子)

를 넣어 꿰맨다. 사방 각 1척 1촌이다(포백척을 쓴다). 네 귀퉁이에 남진
사(藍眞絲)와 금전지(金錢紙)를 매단다.

묶는 끈〔結纓子〕 2

자적초(紫的絹)를 쓴다. 길이 각 2척, 넓이 각 3촌이다(포백척을 쓴다). 두
끝에 와주(蛙蟵)를 만든다. 와주는 삼각이며 남진사(藍眞絲)와 금전지(金
錢紙)를 매단다. (두 끝의 와주와 금전지는 차후 하지 말라는 전교가 있었다.)

보통(寶筒) 1

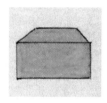

『의궤』 속 보통(寶筒)
그림

숙동(熟銅)으로 네 조각을 만든다. 은으로 땜질하
여 네모진 통을 만든다. 통 안쪽의 네 끝은 치(齒)
를 만들어(치의 높이는 2푼) 덮개를 받든다. 덮개는
사방을 깎아내며 윗부분은 평평하여 휘지 않게 한
다. 통 안은 사방 각 5촌 6푼이다. 통 바닥에서 덮
개 안까지의 높이는 5촌 6푼이다(조례기척을 쓴다).
밖은 황금으로 도금한다. 안은 다홍운문단(多紅雲紋緞)을 바른다〔후백지
(厚白紙)로 배접하여 붙인다〕. 통 바닥에는 홍모전(紅毛氈) 한 조각을 깐다
(통 안의 모양에 따라 잘라 넣는다). 설면자(雪綿子)로 들어가는 양에 따라
공간을 메꾼다. 의향(衣香) 한 봉을 넣는다.

솜보자기〔襦袱〕 1

안팎을 모두 다홍광직(多紅廣織)을 쓴다. 소(槊)는 씨를 뺀 설면자(雪綿
子)를 넣고 합하여 봉한다. 사방 각 1척 2촌이다(포백척을 쓴다). 네 귀퉁

이에 남진사(藍眞絲)와 금전지(金錢紙)를 매단다.

묶는 끈〔結纓子〕2

자적초(紫的綃)를 쓴다. 길이 각 3척, 넓이 각 2촌이다(포백척을 쓴다). 두 끝에 와주(蛙蟵)를 만든다. 와주는 삼각이며 남진사(藍眞絲)와 금전지(金錢紙)를 매단다. (두 끝의 와주와 금전지는 차후 하지 말라는 전교가 있었다.) 변(卞) 자 모양으로 묶는다. 보록(寶盝) 안에 넣는다.

주통(朱筒) 1

『의궤』 속 주통(朱筒) 그림

숙동(熟銅)으로 네 조각을 만든다. 제조는 은으로 땜질하여 네모진 통을 만든다. 통 안쪽의 네 끝은 치(齒)를 만들어 덮개를 받든다. 덮개는 사방을 깎아내며 윗부분은 평평하여 휘지 않게 한다. 통 안은 사방 각 5촌 6푼이다. 통 바닥에서 덮개 안까지의 높이는 5촌 6푼이다(조례기척을 쓴다). 밖은 황금으로 도금한다. 안은 다홍운문단(多紅雲紋緞)을 바른다(후백지(厚白紙)로 배접하여 붙인다). 통 바닥에는 홍모전(紅毛氈) 한 조각을 깐다(통 안의 모양에 따라 잘라 넣는다). 설면자(雪綿子)로 들어가는 양에 따라 공간을 메꾼다. 의향(衣香) 한 봉과 당주홍(唐朱紅) 한두 봉을 넣는다.

솜보자기〔襦袱〕1

안팎에 모두 다홍광직(多紅廣織)을 쓴다. 소(槊)는 씨를 뺀 설면자(雪綿子)를 넣고 합하여 봉한다. 사방 각 1척 2촌이다(포백척을 쓴다). 네 귀퉁이에 남진사(藍眞絲)와 금전지(金錢紙)를 매단다.

묶는 끈〔結纓子〕 2

자적초(紫的綃)를 쓴다. 길이 각 3척, 넓이 각 2촌이다(포백척을 쓴다). 두 끝에 와주(蛙蟵)를 만든다. 와주는 삼각이며 남진사(藍眞絲)와 금전지(金錢紙)를 매단다. (두 끝의 와주와 금전지는 차후 하지 말라는 전교가 있었다.) 변(卞) 자 모양으로 묶는다. 주록(朱盝) 안에 넣는다.

보록(寶盝) 1

『의궤』 속 보록(寶盝)
그림

백자판(栢子板)을 쓴다. 두께는 4푼이다. 보록 안쪽 상단에 치(齒)를 만들어(치의 높이는 2푼) 덮개를 받든다. 덮개는 네 귀퉁이를 깎아낸다. 덮개 위쪽의 작은 거북은 숙동(熟銅)으로 주성(鑄成)하고 황금으로 도금하여 박아 끼운다. 보록의 안쪽은 사방 각 6촌 5푼이다. 보록의 바닥에서 덮개 안쪽까지의 높이는 6촌 5푼이다(조례기척을 쓴다). 보록의 바깥은 자서피(紫黍皮)로 싼다〔어교(魚膠)로 붙인다〕. 전체에 옻칠을 한 번 하고 왜주홍칠(倭朱紅漆)을 한 번 한다. 장식은 숙동에 황금도금을 쓴다. 보록의 좌우에 각각 원환(圓環)과 배목(排目)을 설치한다. 국화동(菊花童) 갖춤 한 개이다. 안은 다홍운문단(多紅雲紋緞)을 바른다〔후백지(厚白紙)로 배접하여 붙인다〕. 설면자(雪綿子)로 들어가는 양에 따라 공간을 메꾼다. 의향(衣香) 한 봉을 넣는다.

자물쇠 열쇠 갖춤[鎖鑰匙具] 1

숙동(熟銅)으로 주성(鑄成)하고 조각한다. 황금으로 도금한다. 열쇠 끈은 홍진사(紅眞絲)를 쓴다. 방다회(方多繪) 양 끝에 방울[方兀]과 솔[蘇兀]을 합한다[솔에는 지금(紙金)을 넣는다].

열쇠주머니[匙囊子] 1

다홍운문단(多紅雲紋緞)을 쓴다. 길이 3촌 5푼, 넓이 2촌 7푼이다(포백척을 쓴다). 끈은 홍진사(紅眞絲)를 쓴다. 세 번 꼬아 매듭을 갖춘다.

겹보자기[裌袱] 1

다홍방사주(多紅方紗紬)를 쓴다. 사방 각 2척 2촌 5푼이다(포백척을 쓴다). 네 귀퉁이에 남진사(藍眞絲)와 금전지(金錢紙)를 매단다.

큰 끈[大纓子] 1

황녹피(黃鹿皮)를 쓴다. 길이 2척 5촌, 넓이 3촌이다(포백척을 쓴다). 노루 가죽을 가늘게 조리하여 다회를 만들고 보록 좌우의 원환에 꿴다. 이 큰 끈의 양 끝을 꿰매어 연결한다.

묶는 끈[結纓子] 2

홍진사(紅眞絲)를 써서 세 번 꼬아 묶는다. 길이는 각 4척이다(포백척을 쓴다). 무게 각 2냥. 십(十)자 모양으로 묶는다. 호갑(護匣) 안에 넣는다.

봉표지(封標紙)

봉지(封紙)는 자문지(咨文紙, 중국에 보내는 문서를 적는 데 쓰던 두껍고 단단한 종이)를 쓴다. 길이는 2촌, 넓이는 2촌 7푼이다(조례기척을 쓴다). 풀을 먹인다. 위에 '신근봉(臣謹封)'이라 쓴다. 신(臣) 자 아래, 근봉(謹封) 위에 도제조의 착함(着啣, 문서에 직함과 성명을 적거나 수결(手決)을 둠)을 한다. 보자기의 묶은 곳 위에 꽂는다. 보자기 네 귀퉁이의 금전지를 봉지의 위쪽에 낸다. 표지(標紙) 또한 자문지를 쓴다. 길이 7촌, 넓이 1촌 5푼이다(조례기척을 쓴다). '○○○○금보'라고 그 상단에 써서 봉지에 꽂는다.〔금보에는 마땅히 '가상존호(加上尊號)' 넉 자가 있어야 하나 이번에 누락한 이후 예(例)로 삼지 않는다.〕

주록(朱盝) 1

『의궤』속 주록(朱盝) 그림

백자판(栢子板)을 쓴다. 두께는 4푼이다. 주록 안쪽 상단에 치(齒)를 만들어(치의 높이는 2푼) 덮개를 받든다. 덮개는 사방을 깎는다. 덮개 위쪽의 작은 거북은 숙동(熟銅)으로 주성(鑄成)하고 황금으로 도금하여 주록에 박아 넣는다. 주록의 안쪽은 사방 각 6촌 5푼이다. 주록의 바닥에서 덮개 안쪽까지의 높이는 6촌 5푼이다(조례기척을 쓴다). 주록의 바깥은 자서피(紫黍皮)로 싼다〔어교(魚膠)로 붙인다〕. 전체에 옻칠을 한 번 하고 왜주홍칠(倭朱紅漆)을 한 번 한다. 장식은 숙동에 황금도금을 쓴다. 주록의 좌우에 원환(圓環)과 배목(排目)을 설치한다. 국화동(菊花童) 갖춤은 한 개다. 안은 다홍운문단(多紅雲紋緞)을 바른다〔후백지(厚白紙)로 배접하여 붙인다〕. 설면자(雪

綿子)로 들어가는 양에 따라 공간을 메꾼다. 의향(衣香) 한 봉을 넣는다.

자물쇠 열쇠 갖춤〔鎖鑰匙具〕 1

숙동(熟銅)으로 주성(鑄成)하고 조각한다. 황금으로 도금한다. 열쇠 끈
은 홍진사(紅眞絲)를 쓴다. 방다회(方多繪) 양 끝에 방울〔方兀〕과 솔〔蘇兀〕
을 합한다.〔솔에는 지금(紙金)을 넣는다〕.

열쇠주머니〔匙囊子〕 1

다홍운문단(多紅雲紋緞)을 쓴다. 길이 3촌 5푼, 넓이 2촌 7푼이다(포백척
을 쓴다). 끈은 홍진사(紅眞絲)를 쓴다. 세 번 꼬아 매듭을 갖춘다.

겹보자기〔裌袱〕 1

다홍방사주(多紅方紗紬)를 쓴다. 사방 각 2척 2촌 5푼이다(포백척을 쓴다).
네 귀퉁이에 남진사(藍眞絲)와 금전지(金錢紙)를 매단다.

큰 끈(大纓子) 1

황록피(黃鹿皮)를 쓴다. 길이 2척 5촌, 넓이 3촌이다(포백척을 쓴다). 노루
가죽을 가늘게 조리하여 다회를 만들고 보록 좌우의 원환에 꿴다. 이
큰 끈의 양 끝을 꿰매어 연결한다.

묶는 끈〔結纓子〕 2

홍진사(紅眞絲)를 써서 세 번 꼬아 묶는다. 길이 각 4척이다(포백척을 쓴
다). 무게 각 2냥. 십(十)자 모양으로 묶는다. 호갑(護匣) 안에 넣는다.

봉표지(封標紙)

봉지(封紙)는 자문지를 쓴다. 길이는 2촌, 넓이는 2촌 7푼이다(조례기척을 쓴다). 풀을 먹인다. 위에 '신근봉(臣謹封)'이라 쓴다. 신(臣) 자 아래, 근봉(謹封) 위에 도제조의 착함(着啣)을 한다. 보자기의 묶은 곳 위에 꽂는다. 위에 보자기 네 귀퉁이의 금전지를 봉지의 위쪽에 낸다. 표지(標紙) 또한 자문지를 쓴다. 길이 7촌, 넓이 1촌 5푼이다(조례기척을 쓴다). 'ㅇㅇㅇㅇ주록'이라고 그 상단에 써서 봉지에 꽂는다.〔주록에는 마땅히 '가상존호(加上尊號)' 넉자가 있어야 하나 이번에 누락한 이후 예(例)로 삼지 않는다.〕

호갑(護匣) 1

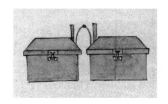

『의궤』 속 호갑(護匣) 그림

겉은 황록피(黃鹿皮)를 쓴다. 안은 백마피(白馬皮)를 쓰고 백정포(白正布)로 배접한다. 쪼가리를 내어 소(槊)를 넣는다. 청서피(靑黍皮)로 네 면을 회장(繪粧)한다. 초록진사(草綠眞絲)로 꿰매어 상자를 만든다. 덮개는 사방을 깎고, 위는 수평으로 휘지 않게 한다. 상자 안쪽은 사방 각 8촌 5푼이다. 상자의 바닥에서 덮개 안쪽까지의 길이는 8촌 9푼이다(조례기척을 쓴다). 장식은 뒷면에 쌍적첩(雙赤貼)을 만들어 상자의 덮개와 연결하도록 한다. 앞쪽에는 두 개의 배목(排目)을 만든다. 덮개 안쪽 구멍 뚫린 곳 아래의 배목에 끼운다. 구멍 뚫린 곳은 쇳조각으로 장식한다. 모두 정철로 만들고 납땜을 한다. 상자의 전면 좌우에는 청자서피(靑紫黍皮)를 잘라 붙인다. 구멍의 모양은 담편(擔鞭)을 끼울 수 있게 만든다. 초록진사(草綠眞絲)로 꿰맨다.

안쪽은 홍록피(紅鹿皮)를 바른다〔어교(魚膠)로 붙인다〕.

걸피(去/乙皮) 1

겉은 황록피(黃鹿皮)를 쓰고 안은 백마피(白馬皮)를 쓴다. 청서피(靑黍皮)로 회장(繪粧)한다. 초록진사(草綠眞絲)로 꿰맨다. 길이 4척 2촌, 넓이 2촌 7푼이다(조례기척을 쓴다). 중앙에 둥근 구멍을 두는데 지름이 5촌이다. 청자서피(靑紫黍皮)를 둥글게 잘라 장식을 붙인다. 홍진사(紅眞絲)로 꿰맨다. 두 끝을 생모시로 쓴 노끈을 이용해 좌우의 호갑에 붙여 하나의 태(駄)를 이룬다.

담편(擔鞭) 4

긴 담편 2개는 길이가 각 2척 8촌이다. 짧은 단편 2개는 길이가 각 2척 5촌이다. 넓이는 각 1촌이다(포백척을 쓴다). 겉은 황록피(黃鹿皮)를 쓴다. 소(槊)는 줄우피(乼牛皮)를 넣는다. 한 조각을 만들고 이와 같이 또 한 조각을 만들어 두 조각을 서로 합하는데 초록진사(草綠眞絲)로 꿰맨다. 길고 짧은 담편의 각 한쪽을 호갑의 아랫부분 좌우에 나누고 생모시 노끈으로 꿰매어 붙인다. 짧은 담편 각 한끝은 청자서피(靑紫黍皮)로 회장하고 각색 진사(眞絲)로 꿰매고 설철(舌鐵)을 매단다. 긴 담편 중간에 구멍을 뚫어 짧은 담편의 설철을 삽입한다. 짧은 담편 중간에 항철(項鐵)을 꿰고 긴 담편의 나머지 끝을 삽입하여 서로 어긋나지 않도록 한다.

호갑(護匣) 후면의 세로로 붙이는 가죽 2

겉은 자서피(紫黍皮)를 쓰고 안은 백마피(白馬皮)를 쓴다. 청서피(靑黍皮)

로 회장(繪粧)하고 초록진사(草綠眞絲)로 꿰맨다. 길이는 각 1척 2촌 7푼이고 넓이는 각 8촌 7푼이다(조례기척을 쓴다). 상단 좌우에 각 두 구멍을 낸다. 청자서피(靑紫黍皮)를 둥글게 잘라 붙여 장식하는데 홍진사(紅眞絲)로 꿰맨다. 그 아래쪽은 생모시 노끈을 써서 호갑 뒷면 걸피의 사이에 붙인다. 그 상단 구멍 난 곳에 자적녹피(紫的鹿皮)를 세로로 세우고 작은 끝으로 구멍을 꿴다. 이것으로 담편을 잡아 묶어 치우치지 않게 한다.

자물쇠 열쇠 갖춤〔鎖鑰匙具〕 2

정철(正鐵)로 때려 만들고 은입사(銀入絲, 은실을 이용해서 금속에 문양을 새기는 기법)를 한다. 끈은 자적녹피(紫的鹿皮)를 꼬아 만든다.

열쇠주머니〔匙囊子〕 2

자적녹피(紫的鹿皮)를 쓴다. 길이는 3촌 5푼, 넓이는 2촌 7푼이다(포백척을 쓴다). 끈은 자적녹피로 꼬아 만든다.

봉지(封紙)

초주지(草注紙)로 가지를 만들어 자물쇠 사이에 매단다. 열쇠주머니를 자물쇠에 건다. 이 종이가지를 모두 열쇠에 둘러 봉한 후에 도제조 아무개 직(職) 신(臣) 성(姓) 착합(着啣)을 하고 '근봉(謹封)'이라 쓴다.

배안상(排案床) 1

백자판(栢子板)을 쓴다. 가래나무와 피나무이다. 길이는 3척, 넓이는 2

『의궤』 속 배안상(排案床) 그림

척, 높이는 2척 9촌이다(조례기척을 쓴다). 왜주홍칠(倭朱紅漆)을 한다. (전에 다시 칠한 것은 그대로 쓴다.)

복보(覆袱) 1

홍세주(紅細紬) 다섯 폭을 쓴다. 길이와 넓이는 배안상과 같다. 네 귀퉁이에 남진사(藍眞絲)와 금전지(金錢紙)를 매단다.

상하배요(床下排褥) 1

겉은 자적세주(紫的細紬)를 쓰고 안은 백세주(白細紬)를 쓴다. 소(槊)는 씨를 뺀 설면자(雪綿子)를 넣고 백정포(白正布)로 싼다. 길이는 2척 2촌 5푼, 넓이는 1척 4촌 5푼이다(포백척을 쓴다).

요 아랫자리〔褥下席〕 1

채화육문선(彩化六紋縇)을 쓴다. 자적세주(紫的細紬)를 쓴다.

독보상(讀寶床) 1

『의궤』 속 독보상(讀寶床) 그림

백자판(栢子板)을 쓴다. 가래나무와 피나무이다. 길이는 1척 8촌, 넓이는 1척, 높이는 1척이다(조례기척을 쓴다). 왜주홍칠(倭朱紅漆)을 한다. (전에 다시 칠한 것은 그대로 쓴다.)

복보(覆袱) 1

홍세주(紅細紬) 세 폭을 쓴다. 길이와 넓이는 독보상과 같다. 네 귀퉁이에 남진사(藍眞絲)와 금전지(金錢紙)를 매단다.

상하배요〔床下排褥〕1

겉은 자적세주(紫的細紬)를 쓰고 안은 백세주(白細紬)를 쓴다. 소(槊)는 씨를 뺀 설면자(雪綿子)를 넣고 백정포(白正布)로 싼다. 길이는 1척 7촌 5푼, 넓이는 1척 4촌 5푼이다(포백척을 쓴다).

요 아랫자리〔褥下席〕1

채화육문선(彩化六紋縇)을 쓴다. 자적세주(紫的細紬)를 쓴다.

6장

유물에 담긴 상징성

1. 어보의 서체와 상징

인장을 새기는 행위, 또는 새겨진 인장을 '전각(篆刻)'이라 하듯이 여기에 쓰이는 서체는 전서(篆書)가 주종을 이루며, 이는 이미 동아시아의 오랜 전통이 되었다. 전서는 한자체의 하나로 예서 이전의 서체를 포괄한다. 주로 진시황의 문자 통일을 분기로 대전(大篆)과 소전(小篆)으로 나뉘며, 상주(商周)의 갑골문(甲骨文)·금문(金文), 춘추전국시대의 육국문자(六國文字), 진(秦)의 소전(小篆), 그리고 무전(繆篆), 첩전(疊篆) 등 각 시대와 국가, 용도에 따라 무수히 많은 서체가 생성·소멸하였다.

조선시대 어보에 사용한 서체는 대부분 구첩전(九疊篆)이다. 구첩전은 첩전, 혹은 상방대전(上方大篆, 尙方大篆)이라고도 한다. 인전(印篆)의 한 형태로 필획을 중첩하고 쌓아 올려 인면을 가득 메우는 서체이다. 필획이 많이 중첩된 경우 10첩(疊) 이상인 경우도 있다. 첩전은 어보를 포함한 관인에서 흔히 볼 수 있고, 중원의 경우 송대(宋代)부터 시작하여 원대(元代) 이후에 성행하였으며 대부분 주문(朱文)이다. 첩전은 어보와 관인에 사용한 특별한 서체로서의 의미도 있지만, 위조를 방지하기 위해 발생하였다고 보기도 한다.

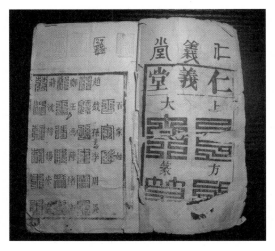

『백가성(百家姓)』, 청나라 건륭 연간에 인의당(仁義堂)에서 상
방대전으로 제작한 서적

　　조선에서는 어보에 쓰이는 서체를 '구첩전'이나 '첩전'이라 쓴 사례
는 보이지 않고, 이칭인 '상방대전(上方大篆)'이란 용어를 흔히 사용하
였다. 상방대전의 발생 배경에 대하여 김진흥(金振興, 1621~?)의 『전대
학(篆大學)』에서는 '정막(程邈)이 이사(李斯)를 수식하여 법을 내었다(程
邈飾李斯出法)'고 기록하였다. 이사는 진시황을 도와 통일시대 진나라의
정국을 담당한 실력자로, '소전'이란 서체를 개발한 사람이며, 정막은
진대(秦代) 사람으로 예서를 처음 만들었다고 알려져 있다.[121]

　　상방대전에 대한 중국의 문헌을 살펴보자. 당대(唐代) 위속(韋續)은
『묵수(墨藪)』에서 "상방대전(尙方大篆)은 정막이 짓고, 후대인이 수식하

121　졸저, 『한국인장사』, 다운샘, 2013.

여 법으로 삼았다."라고 하였다. 청대(淸代) 요안(姚晏)은 『재속삼십오거
(再續三十五擧)』에서 "후세의 관인은 9첩, 8첩, 7첩이 있는데, 모두 주문
사인(朱文私印)이다. 간혹 9첩이 있는데, '상방대전(上方大篆)'이라고 한
다."라고 하였다. 위속의 기록에서는 이 서체에 대해 '상방(尙方)'이란
용어를 썼고, 김진흥의 기록에서 '정막이 이사의 서체를 수식했다'는 말
과 달리 정막이 짓고 후대인이 수식하였다고 기록하였다. 요안은 '상방
(上方)'이란 용어를 쓰고 구첩전의 이칭으로 설명하였다. 이 기록들을 종
합하면 이 서체의 발생 배경에 대해서는 약간의 차이를 보이지만 구첩
전(九疊篆)=상방대전(上方大篆)=상방대전(尙方大篆)의 등식은 성립한다.

그러면 인장에서 구첩전을 사용하는 상징적 의미에 대해 살펴보자.
명대인(明代人)은 "우리나라의 모든 인장은 매 글자마다 전서의 굴곡이
아홉 획이며 이는 바로 '건원용구(乾元用九)'[122]의 뜻"이라 하였다.[123] 또
한 중국 현대의 인학가(印學家)는 새보(璽寶)와 관인(官印)에서 '건원용
구'의 의미를 차용함에 대해 '건원(乾元)은 천(天)의 덕(德)이며 구(九)는
양(陽)의 수로 하늘의 덕이니, 곧 하늘의 덕을 사용함, 즉 인장을 통해
하늘의 덕을 실행한다는 의미'로 해석했다. 조선의 국새와 어보에서 구
첩전을 사용한 이유 또한 서체에 포함된 '건원용구'의 의미를 인장에
함축하였다 하겠다. 이는 고궁의 건축물과 꽃담 등에 남은 길상문(吉祥

---

122 '건원용구(乾元用九)'는 『주역(周易)』 건괘(乾卦)의 '乾元用九 天下治也'에서 따온
   말이다. 전(傳)에서는 '용구지도(用九之道)는 천여성인동(天與聖人同)하니 득기용
   (得其用)이면 즉천하치야(則天下治也)'라 설명했다.〔성백호(成百曉) 역주, 『주역전의
   (周易全義)』, 전통문화연구회(傳統文化硏究會), 2004〕

123 서관(徐官), 『고금인사(古今印史)』(『歷代印學論文選』, 西泠印社, 1999, 49쪽).

경복궁 교태전의 꽃담

文)의 서체가 대부분 구첩전인 점과 상통하는 현상이다.

상방(上方·尚方)의 뜻은 무엇일까? '상방(上方)'의 사전적 의미는 주로 방위의 개념으로 동북방을 가리킨다. 『한서(漢書)』「익봉전(翼奉傳)」에 보이는 안사고(顔師古, 581~645)의 주에서는 "상방은 북(北)과 동(東)이다. 양기(陽氣)가 싹터 생겨나므로 상(上)이라 한다."라고 하였다. 한편 '상방(上方)'은 '상방(尚方)'과 혼용한다. '상방(尚方)'은 한대(漢代)의 관서명으로 제왕과 황궁에 필요한 도검(刀劍) 및 일용완호(日用玩好)를 공급하는 관서이다. 이후 명대(明代)까지도 상방은 이러한 역할 외에도 궁중에 음식이나 의약품을 공급하던 관서였다. 조선에서도 '상방(尚方)'은 궁중의 의복과 일용품, 보물 따위의 관리를 맡아보던 '상의원(尚衣院)'의 이칭이었다. 이를 종합해보면 구첩전의 이칭으로서 상방대전은 동북방의 의미와는 큰 관련성이 없어 보이며, 궁중의 소용품을 제공하던 관서의 명칭과 연관이 있어 보인다. 상방대전은 인장에 쓰이는 서체로 특히 국새와 어보에 부여되었으므로, 국왕을 포함한 왕실의 소요 물품을 진상하는 '상방'이란 용어를 서체명에 차용하였다고 보는 편이 자연스럽다.

조선시대 전 기간에 걸쳐 사용하였던 상방대전은 대한제국기로 넘어오면서 큰 변화를 보였다. 즉, 기존의 상방대전을 거의 쓰지 않고 대부분 간명한 '소전'으로 바꾸었다. 소전은 전서의 일종으로 발생국의 명칭을 따 진전(秦篆)이라고도 하며 대전(大篆)과는 상대 개념이다. 진시황이 천하를 통일하고 승상 이사(李斯)로 하여금 만들게 하였다고 전한다.[124] 당시 진나라의 문자를 중심으로 여기에 합치되지 않는 다른 나라들의 문자를 모두 폐지하였다. 소전은 이전의 문자에 비해 균일하며 좌우 대칭의 정제된 형태로 나타나 제왕의 냉엄한 권위를 대하는 듯하다. 따라서 최초로 중원을 통일한 진나라와 시황제의 자긍심이 담긴 서체로 인식된다. 이후 한대(漢代)로 넘어와 예서(隷書)의 시대에도 전서는 인장과 비액(碑額)에 쓰이는 공식적 서체로 남았고, 이러한 전통은 후대에도 변함이 없었다.

중국 새보에 쓰인 서체는 명나라의 경우 첩전, 혹은 사물이나 자연현상을 모방한 상형전(象形篆) 등이 간혹 보이지만 대부분 간명한 소전이다. 청나라 새보는 대부분 한자와 만주 문자를 하나의 인장에 병용하였고 한자는 소전 일색이다. 명나라 새보의 서체와 비교해 다소 굵고

---

124 고대 중국의 문헌에서는 대전과 소전의 발생 배경에 대해 다음과 같이 기록하였다. "대전(大篆)은 주선왕(周宣王) 때에 사주(史籀)가 처음 만든 것이다. 평왕(平王)이 동쪽으로 천도할 때 문자가 어그러지고 뒤섞였는데, 진(秦)의 이사(李斯)와 호무경(胡毋敬)이 주서(籀書)를 고쳐 소전(小篆)이라 하였다. 그러므로 대전(大篆)과 소전(小篆)이 있게 된 것이다.(大篆出於周宣之時 史籀創著 平王東遷 文字乖錯 秦之李斯及胡毋敬有改籀書 謂之小篆 故有大篆小篆焉")(北魏 酈道元, 『水經注』 卷7, 「穀水」)

매끈하며 곡선적인 특징을 보인다. 재질에서는 두 나라 모두 금속성 물질로 제작한 사례는 적고 주로 옥을 사용했다는 공통점이 있다.

대한제국을 선포한 고종 또한 최초로 중원을 통일하고 황제의 지위에 오른 진시황의 권위와 상징성이 담긴 서체를 대한제국의 국새와 어보에 차용한 것으로 이해된다. 또한 중원의 여러 국가에서 대대로 새보에 사용한 서체 또한 소전이었으므로, 대한제국은 조선왕조 500년 동안 사용하여온 구첩전에서 탈피하여 황제국으로서의 위상을 소전에 담아 국새와 어보의 서체에도 반영하였던 것으로 여겨진다.

2. 어보의 뉴식과 상징

조선시대의 어보는 손잡이의 모양에 따라 용뉴(龍鈕), 귀뉴(龜鈕), 직뉴(直鈕)로 나눌 수 있다. 조선 전기 태조(太祖)와 정종(定宗), 태종(太宗)의 어보가 용뉴로 제작되었다는 기록이 있으나 유물이 현전하지는 않는다. 세종 대 이전까지 만들어진 용뉴의 어보가 어떠한 이유에서 계속 만들어지지 않았는지 알 수 없으나, 대한제국 성립 이전까지의 동물형 어보는 모두 귀뉴로 제작하였다. 세종 대부터 대한제국 성립 이전까지 귀뉴 어보는 방형의 보신(寶身)에 귀뉴의 양식을 유지했으며, 대한제국 성립 이후에는 귀뉴 어보와 더불어 황제국을 상징하는 용뉴 어보를 병용하였다. 방형의 귀뉴 어보는 앞 시대를 잉습(仍習)하여 꾸준히 제작하였지만 시대의 흐름에 따른 양식상의 변화가 뚜렷하다. 한편 직뉴형 어보는 3과가 있는데, 모두 조선 전기 왕세자빈에게 내려졌다는 공통점이 있다.

조선시대 전 기간에 걸쳐 가장 많이 사용한 거북의 상징적 의미의 연원은 중국 고대로 올라간다. 하(夏)나라의 우임금이 치수(治水)를 할 때 낙수(洛水)에서 나온 거북의 등에 마흔다섯 점의 글씨가 있었다고 전하는 이른바 '낙서(洛書)'는 '하도(河圖)'와 함께 『주역(周易)』의 근본이 되었다. 또한 사령(四靈, 용·봉황·거북·기린)의 하나로 신성한 동물로 인식되어 왕릉의 내벽 등에 그림으로 남았다. 한편 조형물로서의 거북은 석비(石碑)의 귀부(龜趺)에 사용되었고, 조선시대에는 관복의 상자 등에 시문하였는데, 이는 거북등무늬의 연속적 문양에 무병장수의 염원을 담았다고 풀이된다.

한편 조선왕실의 각종 의물(儀物)에서도 거북을 차용한 사례가 보인다. 『세종실록』 「오례」에는 노부(鹵簿)의 깃발 가운데 가귀선인기(駕龜仙人旗)가 있다. 거북을 타고 물결을 가르며 가는 신선을 그린 의장기이다. 또한 같은 책에서 가례(嘉禮) 때에 사용하는 여연(輿輦)의 주렴(珠簾)에 거북 문양을 사용한다고 밝혔다. 이러한 왕실의 기물에 거북이나 거북등무늬를 시문한 이유는 왕과 왕실의 신성성과 영구(永久)의 염원을 나타내기 위한 것으로 이해된다.

그렇다면 동아시아에서 인장에 거북을 얹은 의미는 무엇일까. 동한(東漢) 응소(應劭)의 『한구의(漢舊儀)』에 의하면 거북은 "음물(陰物)로 때에 따라 몸을 감추어 신하의 도리를 나타낸다. 공(功)이 이루어지면 물러난다(龜者陰物 隨時蟄藏 以示臣道 功成而退也)." 하여 거북의 상징을 신하의 도리에 비유하였다. 또한 같은 책에서 "제후왕(諸侯王), 열후(列侯), 승상(丞相), 장군(將軍), 어사대부(御史大夫), 흉노단우(匈奴單于), 어사(御史), 황태자(皇太子) 등은 모두 거북뉴의 인장을 받는다."라고 기록하였다. 두 기록을 통하여 인장에서 거북뉴가 갖는 상징성과 이를 소지할 수 있는 신분을 살필 수 있다. 즉, 황제 이하 제후왕 및 열후, 황태자를 비롯한 고위 관리에게 모두 거북뉴를 하사하였다는 점을 알 수 있다.

낙랑의 고분에서 출토된 거북손잡이 영수강녕(永壽康寧) 옥인(玉印)(국립중앙박물관 소장)

조선시대 명(明)·청(淸)으로부터 받았던 6과의 국새 또한 모두 거북뉴였음은 한대(漢代)로부터 전해진 전통이 후대에도 고스란히 이어졌다고 볼 수 있는 대목이다.

한국의 고대·중세로 올라가 보면 이와는 조금 다른 양상이 나타난다. 고려 명종 2년(1172)에 금나라로부터 받은 왕의 인장이 낙타뉴[駝鈕]였다는 기록이 『고려사』에 보인다. 이후 공민왕 19년(1370)에는 명나라로부터 거북뉴의 〈고려국왕지인(高麗國王之印)〉을 받았다는 기록이 있다. 명종 대에 받았다는 낙타뉴는 고대 한반도에서 예(濊), 부여(夫餘), 한(韓), 고구려(高句驪) 등이 진(晉)·한(漢)으로부터 받은 관인 유물에도 남았다. 이러한 현상을 통해 본다면 고대로부터 12세기까지 중원으로부터 받은 인장의 뉴식은 유물과 기록을 통해 모두 낙타뉴이며 중원에 명나라가 들어선 14세기 이후로는 거북뉴로 정착되어 조선시대 전 기간에 걸쳐 사용된 것으로 판단된다.

대한제국기에 접어들면서 조선의 국새와 어보는 거북에서 용으로 일

대 변화를 보였다. 조선시대에는 인장을 제외한 왕실의 각종 의물에서 용을 쓴 흔적을 적지 않게 찾아볼 수 있다. 조선 왕실의 각종 의물에는 용의 발톱 수에 따라 왕은 오조룡(五爪龍), 왕세자는 사조룡(四爪龍), 왕세손은 삼조룡(三爪龍)으로 규정하여 사용하였다. 이 규정은 세습하는 왕의 상징을 용 아래로 격하시킬 수 없는 불가피함과 더불어 용의 서열을 발톱 수로 정한다는 합리적인 계산에서 연유한 것으로 풀이된다.

조선 왕실의 각종 의물에 용 문양을 사용한 데 반해 유독 인장에서만은 거북이를 고수한 이유는 무엇일까. 이러한 의문은 두 가지 측면에서 생각해볼 수 있다. 첫째, 다른 기물에 비해 인장은 고대로부터 재질, 용어, 뉴식의 측면에서 국가 간 신분의 질서를 나타내는 전통이 있었다. 전술한 바와 같이 제후국인 조선에서 고대로부터 받아왔던 인장의 뉴식은 낙타와 거북이었다. 낙타는 한대(漢代)로부터 동북방에 부여된 인장의 상징이지만 실상 우리 민족과 그리 친숙한 동물은 아니다. 그렇다면 제후국으로서 전통을 유지하면서 선택할 수 있는 범위는 거북이에 국한될 수밖에 없었던 것으로 추측된다. 둘째, 조선시대에 명·청으로부터 받았던 6과의 국새 또한 모두 거북뉴였다. 그런데 어보를 그보다 높은 상징인 용으로 제작한다면 국새와 어보 사이에 위격(位格)의 문제가 발생하게 된다. 이러한 점을 고려한다면 조선시대에 거북뉴를 고수한 이유는 선택이 아닌 당위였을 것으로 이해된다.

6장 유물에 담긴 상징성

3. 어보의 재질과 상징

조선시대 어보의 재질은 금(金), 은(銀), 옥(玉), 백철(白鐵)이 있다. 우선 금보는 순금으로 만든 사례는 거의 없다. 순금은 재질이 물러 보문이 쉽게 손상되기도 하지만 재용 면에서도 왕실의 부담이었을 것으로 추측된다. 따라서 금, 수은, 은, 동을 섞어 혼합·주조하여 도금하거나, 천은(天銀)에 도금하는 방식이 주류를 이룬다. 은으로 제작할 경우에는 주로 품질이 뛰어난 천은으로 제작하였다.

옥보(玉寶)나 옥인(玉印)은 실록을 비롯해 각종 의궤,『승정원일기』의 기록을 통해 주로 경기도 남양(南陽)에서 채취하여 제작하였음을 확인할 수 있다. 남양옥은 인장은 물론, 편경(編磬), 옥책(玉冊) 등 왕실의 의례 관련 물품에 흔히 사용되었다. 남양옥으로 인장과 옥책을 만든 사례는 각종 『책례도감의궤(冊禮都監儀軌)』와『상호도감의궤(上號都監儀軌)』에 상세하며, 악기를 만든 사례는『악기조성청의궤(樂器造成廳儀軌)』에 보인다.『승정원일기』에는 인조 대(仁祖代) 이후 왕실의 의례 물품에 필요한 옥을 캐기 위해 옥장(玉匠)이나 차사원(差使員)을 남양으로 보낸 기록이 많다.

영조비 정성왕후(貞聖王后) 옥보(1778, 정조 2, 국립고궁박물관 소장)

옥인은 이를 사용하고 보관하기 위한 관련 물품이 수반되었다. 예컨 대 옥인을 감싸는 보자기인 겹복(裌袱), 보관을 위한 내함인 인통(印筒), 외함인 인록(印盝), 보안을 위한 쇄약(鎖鑰), 인주를 보관하기 위한 주통 (朱筒), 주통을 보관하는 주록(朱盝), 주록을 담아 이동하는 호갑(護匣), 인장을 얹어놓는 인안(印鞍) 등 많은 주변 물품이 수반되었다.

백철로 제작한 어보는 유일하게 1과가 전한다. 현재 보문이 너무 낡 고 손상이 심하여 누구의 어보인지 알지 못하다가 최근의 연구에 의해 예종비(睿宗妃) 장순왕후(章順王后)의 어보로 밝혀졌다. 백철로 만든 장 순왕후의 어보는 조선시대 어보의 예외적인 사례에 해당한다.

금보나 은보 등 금속성 재질의 제작 방식은 옥으로 만드는 경우에 비해 시간과 공력이 많이 소요되는 일이었다. 특히 금속 주물로 어보를 제작할 경우에는 보뉴(寶鈕)와 보신(寶身)을 따로 주조하여 둘의 이음매 를 금으로 용접하였다.

6장 유물에 담긴 상징성

조선시대 어보의 재료로 주로 사용되었던 금, 은, 옥의 신분별 차이점은 무엇일까? 우선 책봉보인의 경우를 살펴보면 왕비의 경우 금으로, 왕세자 이하는 모두 옥으로 제작하였다는 특징을 유물을 통해 확인할 수 있고, 기타 특수한 사례인 은제가 있다. 국왕의 부인에 대한 위격(位格)과 그 자손에 대한 신분적 차별을 둔 것으로 볼 수 있다. 따라서 조선시대 책봉보인에서는 옥보다는 금을 상격(上格)으로 인식하였다고 할 수 있다.

이와 달리 중국에서는 한대(漢代)로부터 금보다는 옥을 중시하는 경향을 보였다. 이러한 전통은 진시황이 남전산(藍田山)에서 화씨벽(和氏璧)이라는 귀한 옥을 얻어 '수명어천(受命於天) 기수영창(旣壽永昌)' 여덟 글자를 새겨 전국새(傳國璽)로 삼으면서부터 시작되었다고 본다.[125] 지금도 국새를 '옥새(玉璽)'라 부르는 이유 또한 화씨벽으로 시작된 전국새의 전통이 면면히 이어진 결과로 여겨진다. 한대(漢代) 이후 청대(淸代)까지 남은 새보들도 금속성 물질보다는 옥의 수량이 압도적으로 많다. 중국은 예로부터 양질의 옥이 많이 생산되기도 하였지만 여러 광물질 중에 특히 옥에 의미를 부여해왔다. 옥에 대한 관념은 주대(周代)에 이미 상징적인 의미로 전환되기 시작하였으며, 인덕, 권위, 위계, 우애 등의 상징이 되었다. 특히 옥에는 각종 덕이 구비되어 있다고 믿었으며, 5덕(五德) 외에 9덕(九德)이나 10덕(十德)이 있다고 하였다. 『예기(禮記)』에서 "군자는 옥으로써 덕을 나타낸다."하여 몸에 지니는 옥을 군자의 표상으로 여겼다.

---

125 채옹(蔡邕), 『독단(獨斷)』.

〈정조 효손 은인(正祖孝孫銀印)〉, '효손(孝孫) 팔십삼서(八十三書)'(1776, 영조 52,
국립고궁박물관 소장)

6장 유물에 담긴 상징성

조선시대 책봉보인의 경우 옥보다는 금을 좀 더 상격(上格)으로 인식하였음을 볼 수 있지만, 존호보, 시호보, 묘호보 등 존숭과 추숭의 측면에서 금과 옥의 재질상 차별성은 뚜렷하지 않다. 그러나 옥을 상서로운 물질로 여겨 옥이 생산된 일을 두고 국왕에게 하례한 일을 세종 대의 기록을 통해 확인할 수 있다.

어보를 은으로 만든 사례는 모두 6과인데 현재 남아 있는 유물은 5과이다. 우선 유물이 전하지 않는 사례로 1465년(세조 11) 덕종비(德宗妃) 소혜왕후(昭惠王后)에게 특별히 내린 〈효부수빈인(孝婦粹嬪印)〉이 있다. 소혜왕후는 1455년(세조 1) 세자빈에 간택되어 정빈(貞嬪)에 책봉되었으나 이후 세자가 횡사하였다. 10년이 지난 후인 1465년(세조 11) 세조는 정빈을 고쳐 수빈(粹嬪)으로 삼고 특별히 '효부(孝婦)'라는 명칭을 더해 은인을 다시 만들어주었다.

특별한 사례의 은제 어보로 1776년(영조 52)에 영조가 정조에게 내린 〈효손(孝孫) 팔십삼서(八十三書)〉가 있다. 사도세자와 영조 자신에 대한 왕세손의 효심에 감동하여 세손 시절의 정조에게 내린 은인이다. 83세 영조의 친필을 새긴 것으로 어필을 새긴 유일한 어보이다.

1776년(영조 52)에 영조가 진종(眞宗)을 위해 만든 〈효장승통세자지인(孝章承統世子之印)〉과 진종비(眞宗妃) 효순왕후(孝純王后)를 위해 만든 〈효순승통현빈지인(孝純承統賢嬪之印)〉 또한 은으로 제작된 어보이다. 양자로서 왕위에 오를 정조를 위해 왕위 계승의 정통성을 확고히 하고자 영조의 명으로 만든 특별한 은인이다. 각각 효장(孝章)과 효순(孝純)의 시호 뒤에 종법상의 계통을 잇는다는 의미인 '승통(承統)' 두 글자를 특별히 추가하여 제작하였다.

7장

국새와 어보의 수난

1. 조선시대의 전쟁과 파손

조선시대 종묘에 봉안된 어보의 관리는 주로 종묘서(宗廟署)에서 맡았
다. 『경국대전(經國大典)』에서는 "종묘의 옥책, 죽책, 고명은 종묘서의
제조가 매년 한 번씩 받들어 살핀다."라고 규정하였다. 『경국대전』의
규정에서는 어보가 빠져 있지만 종묘에는 책보(冊寶), 즉 어책과 어보
가 함께 봉안되어 있으므로 매년 한 번씩 공식적인 봉심(奉審) 때에는
어보도 살폈을 것이다. 또한 국왕이 종묘를 방문했을 때에는 책보도 아
울러 살펴보고 오는 경우가 많았다. 영조의 경우 종묘와 영녕전 각 실
의 책보를 살펴본 후, 다음부터는 봄과 가을로 종묘에 봉심할 때 책보
도 아울러 봉심하라고 명하기도 하였다.[126] 이처럼 국왕의 각별한 관심
과 관서의 특별한 관리에도 불구하고 종묘 또한 안전한 장소만은 아니
었다.[127]

　임진왜란 이전 어보가 대규모 망실된 사건으로는 1590년(선조 23)

---

126 『영조실록』 권37, 10년 1월 17일 갑오(甲午).

127 조선시대 어보의 수난사에 대해서는 「朝鮮時代 御寶 硏究」(임현우, 홍익대학교 대
학원 석사학위논문, 2007)에 상세하므로 주로 이를 참고하였음.

종묘의 책보 도난과 방화 사건이 있었다. 당시의 사건을 『선조수정실록』에서는 아래와 같이 적었다.

> 도적이 태묘(太廟)에 들어가 방화하였는데 체포하여 복주(伏誅)하였다. 선공감(繕工監)의 서원(書員) 이산(李山)과 은장(銀匠) 등이 종묘의 수복(守僕)과 결탁하여 종묘 안으로 들어가서 제실(諸室)에 소장된 인책(印冊)을 훔치고 금·은을 절취해서 정(錠)으로 주조해 이익을 함께 분배했다. 수복이 그 자취를 없애려고 그 안에 방화하였는데 수졸(守卒)이 먼저 발견하고 소리쳐 알리는 바람에 다행히도 박멸(撲滅)할 수 있었다. 그런데 도적들이 이미 종묘 안에서 유숙했기 때문에 배설물이 낭자하였으며 보책(寶冊)의 태반이 망실되었다. 상이 소복(素服)으로 군신(群臣)을 인솔하고 곡림(哭臨)하였다. 이에 대규모로 적인(賊人)을 색출하여 삼성추국(三省推鞫)하였는데, 이산을 최후에 체포하여 복주한 것이다.

정부의 말단 관리와 장인이 구슬아치와 결탁하여 어보를 녹여 분배하고, 그 증거를 없애기 위해 종묘에 불을 지른 정황이 상세히 기술되어 있다. 이 사건을 두고 사관(史官)은 "태평세월이 오래 계속되어 사론(士論)은 성하였으나 풍속이 천박해져 간악한 행위가 계속 일어났는데, 유신(儒臣) 가운데서 역적이 나오고 간악한 도적들이 청묘(清廟)에까지 들어갔으므로, 식자들은 장차 환란이 일어날 조짐임을 알았다."라고 적

었다.[128]

이 사건이 있고 2년 후에 임진왜란이 발발하여 어보는 큰 위기를 맞았다. 이때 어보들은 선조가 북으로 몽진(蒙塵)할 때 종묘에서 빼내어 가지고 갔으며, 어가가 평양성(平壤城)에 당도한 이후 성이 함락되는 다급한 상황에서 미처 챙기지 못하고 땅에 묻었다가 평양성을 탈환한 후 땅속에서 파내어 영변으로 옮겼으며 서울로 환도 후 다시 종묘에 봉안하였다.[129] 국가의 존망이 다급한 위기 속에서 다행히도 종묘 각 실의 금색·옥색·은색의 3색 어보 51과가 흠 없이 모두 있었다고 『선조실록』은 기록하였다.[130]

대규모의 전란이 끝나고 왕실의 대대적인 추숭 사업과 미비(未備)된 어보의 제작은 숙종 때에 있었다. 이러한 사실을 알려주는 사료로 『금보개조도감의궤(金寶改造都監儀軌)』가 있다. 이 책은 1705년(숙종 31) 종묘와 영녕전의 금보와 관련 기물들을 개수(改修)한 과정을 기록한 의궤이다. 종묘와 영녕전에는 역대 왕과 왕후들의 신주뿐 아니라 금보와 옥책(玉冊) 등도 함께 봉안하였다. 그런데 세월의 흐름에 따른 기물들의 노후와 파손은 불가피한 것이었고, 또한 여러 변란과 전란을 겪으면서 유실된 것들도 있었다. 이 의궤는 1705년(숙종 31) 4월 13일 숙종의 명에 따라 정비 작업에 대한 논의가 시작된 때로부터, 윤4월 12일에 금보개조도감이 설치되고 기물들이 모두 제작되어, 6월 17일 봉안(奉安) 의

---

128 『선조수정실록』 권24, 23년 1월 1일 갑진(甲辰).

129 『선조실록』 권34, 26년 1월 19일 갑술(甲戌).

130 『선조실록』 권35, 26년 2월 12일 정유(丁酉).

식이 거행되기까지의 전 과정을 담고 있다. 유실되었던 영녕전 제11실의 명종대왕(明宗大王) 금보를 비롯해, 종묘와 영녕전 각 실의 보갑(寶匣) 등이 이때 새로 마련되었다. 의궤를 통해 당시 기물 개수 과정 및 의식의 진행 절차를 생생하게 파악할 수 있으며, 당시 소요된 각종 물품들의 종류와 수량, 규격 등도 상세히 알 수 있다. 그러나 숙종 때의 보충작업에서는 망실된 어보에 대한 제작은 있었지만 일부 파손된 어보는 새로 제작하지 않았다. 그 이유에 대해서는 아래의 기록이 유효하다.

예조에서 아뢰기를 "종묘 제7실의 의인왕후(懿仁王后)의 옥보와 인목왕후(仁穆王后)의 금보의 귀뉴(龜鈕)가 결절(決折)되었고, 영녕전 11실의 명종대왕 금보가 없어졌는데, 새로 만들어야 옳은지의 여부와……(중략)." 영의정 최석정이 이르기를 "『예기』에 제복이 헤어지면 이를 고치되 유의(遺衣)는 그냥 두고 고치지 아니하며, 제기(祭器)가 떨어지면 새로 만들되 종기(宗器)는 그대로 보존하여 고치지 않는다 하였으니, 이는 그 조종(祖宗)의 구장(舊藏)은 잘 지키는 것이 중한 것이지 추후하여 수보(修補)할 수 없다고 여긴 때문입니다. 이제 여기 태묘에 소장된 인장과 금보가 혹은 손상되고 혹은 떨어지기도 하였는데, 이는 세월이 점점 오래된 때문이니, 이것은 진실로 이세(理勢)의 당연한 것입니다. 이제 만일 그 체모(體模)의 불완전함을 꺼려 새로 만든다면 외관은 비록 좋지만 종기를 보수(保守)하는 가르침에 어긋나니……(중략)." 임금이 말하기를 "태묘에서 예부터 간직해온 것을 이제 와서 추보한다는 것은 끝내 미안한 일이니 그대로 두고 삼가 그것을 간직하여 보호하는 것이 진실로 마땅할 것이다."131

위 기록을 보면 고전의 고사를 근거로 대대로 보관되어온 어보를 폐
기하거나 함부로 다시 만들지 않고, 있는 그대로 보존하는 편이 후손
된 입장에서 조종(祖宗)의 유품을 좀 더 잘 간직하는 것이라는 인식을
엿볼 수 있다.

131 『증보문헌비고』 81권, 예고, 새인(璽印).

2. 현대의 전쟁과 유실

대한제국 국새의 이동 경위

중국의 사서(史書)에는 승국보(勝國寶)라는 용어가 간혹 보인다. '승국
(勝國)'이란 멸망한 나라, 즉 망국(亡國)으로 현재의 국가를 승리로 이끌
어준 나라라는 반어적 의미를 내포하고 있다. 따라서 '승국보'는 패망
한 나라의 국새와 어보를 지칭한다. 금나라의 경우 황제가 주관하는 큰
제사에서 자국의 국새와 함께 패망국의 승국보를 궁궐의 뜰에 진설하
였다.[132] 전쟁에서 이겨 영토를 넓혔다는 자긍심과 승전국으로서의 도
취감을 드러낸 선례라 하겠다.[133]

　　대한제국을 강제 병합한 일제도 이와 크게 다르지 않았다. 일제는
한일합방을 강제 체결하고 약 6개월 후인 1911년 3월 3일 대한제국의
국새 가운데 상당수를 약탈하였다. 『순종실록』에 의하면 이왕직 차관

---

132 『금사(金史)』 권31, 예지(禮志) 4. "凡天子大祀 則陳八寶及勝國寶于庭".

133 대한제국 국새의 이동 경위에 대해서는 졸저, 『고종 황제 비밀 국새』, 소와당, 2010
　　에 상세하므로 주로 이를 참고하였다.

(次官) 고미야 미호마쓰(小宮三保松)가 '옛 국새(國璽)와 보새(寶璽)를 총독부에 인계했다'는 기록이 있다.[134] 구체적인 내역을 〈대한국새(大韓國璽)〉 1과, 〈황제지보(皇帝之寶)〉 1과, 〈대원수보(大元帥寶)〉 1과, 〈제고지보(制誥之寶)〉 1과, 〈칙명지보(勅命之寶)〉 1과, 〈칙령지보(勅令之寶)〉 1과로 적었다. 마지막의 '칙령지보(勅令之寶)'는 대한제국의 국새에 없는 것으로 두 과의 〈칙명지보〉를 오기(誤記)한 것으로 여겨진다. 아무튼 조선총독부에서 인계한 대한제국의 국새는 천황의 진상품으로 바쳐져 일본 궁내청으로 들어가는 모욕을 겪었다. 빼앗긴 주권과 함께한 국새의 숙명이었다.

8·15 해방 1년 후인 1946년 8월 15일 미군정은 궁내청에 소장된 대한제국 국새를 모두 인수하여 한국에 정식으로 인계하였다. 이때 반환된 국새는 〈대한국새〉, 〈황제지보〉, 〈제고지보〉, 〈칙명지보〉(2과), 〈대원수보〉로 당일 조선일보 기사에 실려 있다.[135] 『순종실록』에 기록된 목록과 일치하므로 한일합방 이후 일본이 가져간 국새가 모두 국내로 되돌아온 셈이다.

8·15 광복과 더불어 1945년 9월 11일 군정장관(軍政長官)에 소장 A. V. 아널드가 임명됨으로써 미군정이 실시되었다가 행정권을 한국인에게 이양하는 첫 단계로서 1947년 2월 10일 민정 장관에 안재홍(安在鴻)이 임명되고, 1947년 6월 3일 종래의 미군정청을 남조선과도정부로 개편하였다. 기구개혁위원회가 설치되고, 미국인 부처장은 고문이 되었

---

134 『순종실록』 부록 권2, 4년 3월 3일.

135 조선일보, 1946. 8. 15.

으며 한국인이 그 후임 부처장으로 임명되었다. 그리고 5·10 선거 결과 이승만(李承晩)이 1948년 7월 24일 대통령에 취임함으로써 대한민국 정부가 수립되고 이에 따라 과도정부는 그 행정권을 대한민국에 이양하였다. 당시 과도정부로부터 대한민국 총무처에 이전된 정부의 물품 목록에는 당시 인수한 대한제국 국새의 목록이 상세하다.[136] 이 목록에 수록된 대한제국의 국새와 관인은 〈황제지보〉, 〈대한국새〉, 〈대원수보〉, 〈제고지보〉, 〈내각총리대신장〉, 〈칙명지보〉, 〈내각지인〉이다. 1946년 일본으로부터 환수한 목록에 〈내각총리대신장〉과 〈내각지인〉이 추가되었다.

이후 총무처에서는 1949년 2월 3일부터 10일간, 되찾은 국새를 대한제국 조약 문서들과 함께 국립박물관에서 특별 전시하였다. 이때 공개한 국새와 관인은 〈대한국새〉, 〈황제지보〉, 〈대원수보〉, 〈제고지보〉, 〈칙명지보〉, 〈내각지인〉, 〈내각총리대신장〉이다.[137] 당시까지만 해도 대한제국의 국새는 일본에서 돌아온 그대로 전해지고 있었음을 확인할 수 있다. 그러나 전시회가 끝난 뒤 총무처에서 관리하던 시기에 6·25 전란을 겪었고, 전쟁의 와중에 국새를 모두 유실하였다. 2014년 환수한 〈황제지보〉 또한 전란 당시 잃어버렸던 국새 가운데 한 과이다. 전란 이후 동아일보의 사설에서는 국새 분실 사건을 다루면서 "흔히 우리 국민 중의 몰지각한 분자들은 외국인의 환심을 사기 위하여 고귀한 물건을 선사하는 버릇이 있는 것 같으며, 국보이건 무엇이건 가리지 않

---

136 「과도정부사무인계서(총무과)」, 문서번호 77-(1), 국가기록원 서울기록정보센터 소장.

137 동아일보, 1949. 1. 25.

7장 국새와 어보의 수난

는 악질적인 경우가 간혹 있다는 소문도 있다."라며 국새의 해외 유출에 대한 개연성과 함께 문화재에 대한 몰지각함을 꼬집기도 했다.[138] 그 뒤 1954년 6월, 잃어버렸던 〈대원수보〉, 〈제고지보〉, 〈칙명지보〉, 3과는 경남도청 금고에서 발견하였다고 한다.[139] 1911년 일제의 약탈로부터 시작된 대한제국 국새의 유실 상황을 시기별로 정리하면 다음 페이지의 표와 같다.

이 표를 통해 알 수 있듯 현재 대한제국의 국새는 2014년 환수한 〈황제지보〉를 포함해 〈칙명지보〉, 〈제고지보〉, 〈대원수보〉, 4과가 현존한다. 그런데 이 표를 보면 하나의 의문점이 발견된다. 흔히 한일강제병합 이후 일제가 대한제국의 국새를 모조리 가져간 것으로 알려져 있었으나 실은 총 10과 가운데 6과만을 가져갔음을 알 수 있다. 이는『순종실록』에 실린 목록에 근거하므로 온전히 신뢰할 수 있을지에 대해서는 의문의 여지가 있다. 기록을 신뢰한다고 가정했을 때 일본으로 넘어가지 않고 국내에 남겨진 국새는 〈황제지새〉, 〈황제지보〉 2과, 〈흠문지새〉이다. 이 4과의 국새는 대한제국이 일본에 병합된 이후 자취를 감춰 현재까지 오리무중이다. 언제 어떻게 유실하였는지 알려진 바가 전혀 없다. 1946년 조선일보의 기사, 1948년 과도정부 사무인계서의 목록, 1949년의 특별 전시 등의 경로를 거치는 동안 그 누구도 일본으로부터 되돌아온 국새의 수량에 대해서 이의를 제기하지 않은 점을 보면 당시인들은『순종실록』의 목록을 그대로 인정한 것만은 사실이다. 향후 한

---

138 동아일보, 1965. 3. 25.
139 동아일보, 1965. 3. 20.

대한제국 국새의 이동과 유실 상황

	보명(寶名)	1911년 『순종실록』의 기사	1946년 조선일보 기사	1948년 과도정부 사무인계서	1949년 특별 전시 도록	현재 유실 여부 (소장 기관)
1	대한국새 (大韓國璽)	○	○	○	○	유실
2	황제지새 (皇帝之璽)					유실
3	황제지보 (皇帝之寶)					유실
4	황제지보	○	○	○	○	(국립고궁박물관)
5	황제지보					유실
6	제고지보 (制誥之寶)	○	○	○	○	(국립전주박물관)
7	칙명지보 (勅命之寶)	○	○	○	○	유실
8	칙명지보	○	○	○	○	(국립중앙박물관)
9	흠문지새 (欽文之璽)					유실
10	대원수보 (大元帥寶)	○	○	○	○	(국립전주박물관)

일강제병합 이후 종적을 감춘 국새 4과와 함께, 한국전쟁 이후 유실하여 현재까지 자취를 감추고 있는 국새 2과의 행방을 찾는 노력이 필요하다.

일제강점기와 한국전쟁기 국새와 어보의 수난

일제강점기인 1924년에는 종묘에 보관 중이던 어보를 도난당하는 일이 발생했다. 당시 종묘의 영녕전에 괴한이 침입하여 덕종과 예종의 어보를 훔쳐 간 일이었다. 이 사건은 한동안 '종묘실보사건(宗廟失寶事件)'으로 이름 붙여져 항간의 이슈가 되었지만 이후의 신문에서 이 어보들을 되찾았다는 기사는 보이지 않는다. 당시 어보실보사건을 최초로 다룬 동아일보에 '종묘전내(宗廟殿內)에 의외사변(意外事變) / 덕예양조(德睿兩朝)의 어보(御寶)를 분실(紛失)'이란 제하의 기사를 원문 그대로 옮기면 아래와 같다.

리조오백년력대대왕의 詞位를 봉안한 宗廟에도적이드럿다 재작십일아츰에종묘를수직하는직원이아츰奉審을하든중우연히첨첩히잠긴종묘의잠을쇠가비틀녀잇는것을보고황겁하야이사실을즉시장관에게보고하매장관이하 책임자가되는례식과장이 종묘에 이르러문을열고 살펴보니 과연德宗睿宗 량조신위압헤 노혀있든寶가간곳이업섯다본시이 '보'라하는것은생시에쓰시든인장으로 재료는 百鐵조유이라 그다지 갑진것은아니다 고물이나또는력사로는극히귀중한것이니 분명히엇더한자가 돈에욕긔가나서 대담한짓을한것인 듯 하다하며 이놀나온소식을 드르신 리왕뎐하께서는 십일밤을 새우시여 리왕직책임관리와 청덕궁 경찰서당을시시로부르시어 '보'를 차젓느냐고 초조히 지내시는데 대하야서는 근시자들은 다만황송히 지낼뿐이오 십일일 저녁때까지는 범죄의단서를 잡지못하고矢野 창덕궁

경찰서댱은부하를독려하야 대활동을 계속중이라한다.[140]

1924년 4월 9일 밤 종묘에 도둑이 들었고, 다음 날 아침 수직하는 직원이 종묘를 봉심하던 중에 자물쇠가 열려 있는 것을 발견하여 이왕직 장관 이하 예식 과장에게 보고하고 덕종과 예종의 어보가 분실되었음을 확인하였다. 이에 순종의 독려하에 이왕직관리책임자와 창덕궁경찰 서장을 중심으로 범죄의 단서를 잡기 위해 활동 중이라는 내용이다. 이러한 일이 신문지상을 달구었던 다음 날인 4월 13일 같은 신문에서는 다소 당황스러운 기사가 실렸다.

> 종묘에 사변이 이러나자 우호로는 리왕뎐하를 위시하야 창덕궁 내는 주야로 초조한 빛에 싸히었스며 더욱히 뎐하께서는 거의 침담을 이즈시고 어보를 차잣느냐고 시시로 근시에게 하문이 계시어 실로 봉답할 길을 모르는 이때에 리왕직의 주뢰자가 되어 소위 이번 사건의 즉접 책임자가 된다하는 리왕직 차관 조전치책(篠田治策, 시노다 지사쿠)씨와 례식과장 리항구(李恒九) 량씨는 재작십일일 아츰부터 자동차를 모라 룡산 효창원(孝昌園)에 이르러 날이 맛도록 꼴푸 노리에 정신이 업섯다 하니 과연 이것이 그들의 취할 바 가장 온당한 도리이엇겟는가. 차관과 장관은 꼴프 노리에 자미만 보고 지내니 그럴도리가 잇슬가하야 리왕직 안에도 불평이 만으며 이 사건에 대하야 민장관은 다만 낫을 숙이고 묵묵히 잇슬뿐이니 과연 그들의 태만

---

[140] 동아일보, 1924. 4. 12.

한 죄책은 엇지나 징치되겠는가 하야 종척과 귀족간에 임의 비난이 높다더라.[141]

이 기사는 동아일보 1924년 4월 13일자에 수록된 '꼴푸놀이에 취한 이왕직차관과 예식과장' 제하의 기사이다. 종묘에 봉안된 어보를 도난당한 큰 사건이 벌어져 순종이 거의 잠을 자지 못하는 지경인데도 그 책임자인 시노다 차관과 이항구 예식과장이 아랑곳하지 않고 유유자적 골프 나들이에 나선 행태를 질타한 내용이다. 이들이 골프에 나선 날은 어보 분실 사건이 알려진 4월 10일 당일이었다. 더구나 당시 이항구는 자신의 아버지 이완용과는 별개로 일제로부터 남작(男爵)의 작위를 수여받아 막 조선 귀족의 반열에 오른 상태였다. 이런 보도가 나가자마자 도리어 흥분하여 여러 신문기자들이 모여 앉은 공개석상에서 "종묘의 어보라는 것은 당장 나라에서 쓰시는 것도 아니요, 승하하신 후에 만들어놓은 돈으로 쳐도 몇 푼어치 안 되는 것인데 그만한 것을 잃었다고 좋아하는 골프 놀이도 못 한단 말이오. 그러면 집에서 술을 먹거나 계집을 데리고 노는 것도 못 하겠구려!" 같은 막말을 쏟아냈다. 당시 기자는 이항구의 막말에 "다른 사람의 입에서 나왔다면 구태여 나무랄 것도 없으려니와 왕가의 존엄을 위하여 존재한 리왕직 고관으로 이 말을 차마 한다 하면 무슨 말을 못 하겠는가."라며 탄식했다.[142] 결국 이 어보들은 찾지 못하고 당시 일본인이 운영 주체로 있던 조선미술품제작소

141 동아일보, 1924. 4. 13.
142 동아일보, 1924. 4. 15.

에서 모조하여 종묘에 봉안하였다.[143]

이후 한국전쟁 때에도 어보가 도난되거나 매매되었던 정황이 신문 지상에 드러난다. 1952년 3월 4일자 경향신문에서는 '또 옥새를 발견, 이번 것은 천연색의 왕의 것'이란 제하의 기사가 실려 있다.

> 앞서 서울 계엄민사부에서 옥새와 보검(寶劍)을 압수하여 한국은행에 보관 중인데, 이번에는 미군이 우리나라의 국보를 발견하여 당 계엄민사부에 전하여 왔다. (중략) 그런데 옥새를 미국인이 소유하게 되기까지는 네 사람의 손을 거친 후였다고 한다. 동옥새는 천연금으로 되어 있고 옥새 배면에 조각된 거북이 이마에 왕(王) 자가 새겨 있다. 저번 입수한 옥새는 왕비의 것이고 이번 발견된 것은 왕의 것인 듯하다는데 정확한 감정 결과는 아직 판명되지 않았다.[144]

이후로도 당해 3월부터 5월까지 서울 곳곳에서 옥새를 발견했다는 기사가 다수 보이며, 대부분 유엔군으로 참전했던 미군의 손에서 발견되었다는 보도였다. 1952년 4월 27일 동아일보의 보도에서는 서울 은방(銀房)에서 미군관계의 부탁으로 옥새를 감정 중이라는 정보를 얻은 서울계엄민사부에서 즉시 은방으로 출동하여 옥새를 압수하였다는 보도도 실렸다.[145] 한국전쟁 기간 중에 종묘에 있던 어보 중 상당수가 도

143 매일신보, 1924. 5. 2.
144 경향신문, 1952. 3. 4.
145 동아일보, 1952. 4. 27.

7장 국새와 어보의 수난

난당해 미군의 손에 들어갔던 정황을 알 수 있는 기록들이다.

이후 전쟁을 수습하고 재도약의 발판을 마련하던 1965년 3월 25일 동아일보 사설에서는 당국의 관리 소홀로 대한제국의 국새와 외교문서를 분실한 기사를 다루면서 "흔히 우리 국민 중의 몰지각한 분자들은 외국인의 환심을 사기 위하여 고귀한 물건을 선사하는 버릇이 있는 것 같으며, 국보이건 무엇이건 가리지 않는 악질적인 경우가 간혹 있다는 소문도 있다."라는 충격적인 기사를 내보낸다. 당시 잃어버린 국새의 해외 유출에 대한 개연성과 함께 문화재에 대한 당대인의 몰지각함을 꼬집은 것으로 이해된다. 이후 1987년에 미국에서 발견된 고종·순종·명성황후 등의 어보를 한인 사회의 노력과 외교적 협력으로 반환받은 이후[146] 2000년대에 들어 환수 사례가 늘고 있는 추세이다.

---

146 동아일보, 1987. 2. 27.

3. 왕실 인장의 환수 사례

지난 2009년 3월에는 잃어버렸던 고종 황제의 국새를 되찾았다는 기사가 연일 신문지상에 발표되었다. 한 재미 교포가 소장하고 있던 유물을 국립고궁박물관에서 인수하였다는 보도였다. 고종의 비밀 국새인 〈황제어새(皇帝御璽)〉였다. 국사편찬위원회가 소장하고 있는 유리원판필름에 실물 사진과 당시의 문서를 통해 확인할 수 있었던 국새 유물이 국내로 유입된 것이다. 조선시대를 비롯하여 대한제국기까지 우리 국새의 실물 소장이 빈약한 시점에서 이 유물의 출현은 세간의 관심을 집중시키기에 충분한 사건이었다. 이 비밀 국새는 감정 과정에서 진위에 대한 견해가 엇갈리는 등 파행을 겪기도 했지만 결국 진품으로 매듭지어져 현재 보물 제1618호로 지정되었다.[147] 한편 이 국새의 반환은 해외에 불법 반출된 우리 인장 문화재에 대한 시선이 일본에 집중된 데서 미국으로까지 시야를 확대하는 계기로 작용하기도 하였다.

그로부터 약 5년이 지난 시점인 2014년 4월 25일, 버락 오바마 미국

---

147 졸저, 『고종 황제 비밀 국새』, 소와당, 2010.

　　　　　　　　　　　　　　　　　7장 국새와 어보의 수난

대통령이 청와대에서 열린 박근혜 대통령과의 한미정상회담에서 조선 왕실과 대한제국에서 사용한 인장 9점을 한국 측에 정식 반환하였다. 이들 인장은 한국전쟁에 참전한 미국 해병대 장교가 덕수궁에서 불법으로 반출한 문화재로 그 후손이 보관해오다가, 지난해 11월 샌디에이고에서 미국 국토안보부 수사국(HSI)에 의해 압수됐으며 불법 반출임이 밝혀짐에 따라 한국으로의 반환이 결정된 유물들이다. 환수한 유물은 대한제국 국새 1점, 어보 1점을 비롯해, 조선시대 국새 2점과 왕실에서 소장한 사인(私印) 5점으로 총 9점이다.

환수한 대한제국의 국새는 〈황제지보(皇帝之寶)〉로, 대한제국에서 제작한 10과의 국새 가운데 하나이다. 현재까지 대한제국의 국새는 3과만이 국내에 전해져왔는데, 이 반환으로 인해 1과가 추가된 셈이다. 어보는 〈수강태황제보(壽康太皇帝寶)〉로, 1907년 순종황제가 태황제인 고종에게 '수강(壽康)'이란 존호를 올리면서 제작한 어보이다. 이 어보는 대한제국기 일제에 의한 국권 침탈의 아픈 기억을 고스란히 담고 있으며, 어보로서는 유일하게 8각으로 제작하고 각 면에는 주역의 8괘를 새긴 독특한 유물로서도 가치가 있다.

한편 조선시대 국새 2점은 〈유서지보(諭書之寶)〉와 〈준명지보(濬明之寶)〉로, 각각 국왕의 유서(諭書)와, 시강원의 교지 및 교서에 국왕의 명으로 찍은 국새이다. 이들 국새의 발견과 환수는 그간 상대적으로 소홀하게 보아 넘긴 조선시대 국새 유물을 찾을 가능성을 보여주는 중요한 사례이다. 마지막으로 왕실 소장 사인 5점은 각각 〈쌍리(雙螭)〉, 〈우천하사(友天下士)〉, 〈연향(硯香)〉, 〈춘화(春華)〉, 〈향천심정서화지기(香泉審定書畵之記)〉이다. 이들 인장은 모두 헌종(憲宗) 때에 왕실 주관으로 제작한 인보인 『보소당인존(寶蘇堂印存)』에 수록되어 있어 조선 왕실로부터 전해진 유물임을 확인할 수 있다. 인장의 재질과 손잡이에 새겨진 조각 등이 매우 뛰어나 왕실 사인의 품격을 보여주는 중요한 유물들이다.

한 나라의 국격을 가장 상징적으로 집약한 물품이 있다면 그것은 바로 국새일 것이다. 특히 국왕을 중심으로 사회가 형성된 왕조시대의 국새는 국가 최고 권력자의 인장인 동시에 국가의 상징이라 할 수 있다. 최근 들어 조선시대와 대한제국기에 사용하였던 국새들이 이국의 땅에서 속속 모습을 드러내고 있다. 질곡과 부침이 심해 우리의 국새를 제대로 돌보지 못했던 과거에 대한 일종의 정리와 보상과 같아 보이기도 한다. 여하튼 국외 소재 인장 문화재가 외교적 협력에 의해 국내로 반환되는 현상은 반가운 일이 아닐 수 없다.

국새와 어보, 왕실의 사인은 국권과 함께 왕실의 정통성 및 문예 활동 등을 압축하는 유물이므로 국외 소재 문화재 환수 추진의 중요한 분야로 인식되어야 한다. 이러한 인장 문화재는 인문에 새겨진 내용, 손잡이의 형태, 제작 기법 등을 통해 해당 국가 및 소유주를 명확히 파악할 수 있는 유물이므로 문화재 환수 추진 과정에서 비교적 용이하게 접근할 수 있는 분야이기도 한다. 또한 지난 2009년 고종의 비밀 국새인 〈황제어새〉가 미국에서 발견된 이래로 해외 소재 조선 왕실 인장이 여러 매체를 통해 속속 보고되고 있으며, 국민적 관심도 높은 시점이다.

〈황제어새(皇帝御璽)〉

기록에는 보이지 않지만 고종은 〈군주어새〉, 〈황제어새〉라는 비밀 국

7장 국새와 어보의 수난

새를 사용하였다.[148] 〈황제어새〉의 존재는 그간 국사편찬위원회 소장 유리원판필름 사진으로만 전해지고 있었다. 그러나 2009년 3월 잃어버렸던 고종의 국새를 되찾았다는 기사가 연일 신문지상에 발표되었고, 그것은 바로 고종의 비밀 국새인 〈황제어새〉였다. 조선시대를 비롯하여 대한제국기까지 우리 국새의 실물이 한 점도 남아 있지 않은 당시에 이 유물의 출현은 세간의 관심을 집중시키기에 충분하였다.

〈황제어새(皇帝御璽)〉와 내함은 2단으로 구성되었으며, 하단에는 인주를, 상단에 국새를 넣었다. 뚜껑은 네 면을 경사지게 꺾어 마무리했다. 내함의 하단에는 붉은 명주 천을 직접 접착해 마무리했으나 국새가 들어가는 상단은 두께 0.5센티미터의 소나무로 내곽을 만든 뒤 붉은 천을 붙여 마감했다.(국립고궁박물관 소장)

148 〈황제어새〉에 대해서는 졸저(『고종 황제 비밀 국새』, 소와당, 2010)에 상세하므로 주로 이를 참고하였음.

이 비밀 국새는 일본의 한반도 침략이 노골화되던 대한제국기에 제작되었다. 고종은 세계 각국에 일본의 만행을 드러내고 대한제국의 지지를 요청하는 친서(親書)에 이 국새를 사용하였다. 러일전쟁을 승리로 이끈 일본이 한반도에 대한 침략을 더욱 노골화한 시점에서 사용된 이 비밀 국새는 고종에 대한 일제의 감시와 압박이 심하였다는 사실을 유물로써 방증하는 사례이다. 문화재청은 이 비밀 국새를 보물 제1618호로 지정하였다. 〈황제어새〉는 국가가 존폐 위기에 선 100년 전 고종이 비밀리에 제작하여 사용한 국새로, 가치를 따지기조차 어려운 중요문화재라 하겠다.

되돌아온 국새는 외함인 보록(寶盝)이 분실된 상태였고 보통(寶筒)이라 일컫는 내함 속에 들어 있었다. 국새는 전체 높이 4.8센티미터, 인면의 넓이 5.3×5.3센티미터, 무게 794그램이었다. 조선시대와 대한제국기 국새의 인면이 10센티미터에 이르는 점을 감안하면 반 정도 크기에 불과했다. 손잡이는 거북뉴였고, 앞다리와 뒷다리 사이에 횡혈(橫穴)이 있었으며, 비단실로 짠 인수(印綬)가 매달려 있었다. 정방형의 인면에는 주문(朱文)으로 '황제어새(皇帝御璽)'라는 글자가 있었다. '어(御)' 자 아래에 두 군데, '제(帝)' 자 중간에는 언제 뚫렸는지 모를 공혈(孔穴)이 있다.

보통(寶筒)의 재질은 황동(黃銅)이고 2단으로 제작되었다. 하단에는 인니(印泥)를 넣을 수 있도록 했으며, 상단에 국새를 넣었다. 뚜껑은 4면을 경사지게 꺾어 마무리했다. 하단과 뚜껑 내부에는 붉은 명주 천을 직접 접착해 마무리했으나 국새가 들어가는 상단은 두께 0.5센티미터의 소나무로 내곽을 만든 뒤 붉은 천을 붙여 마감했다.

〈황제어새〉. 인뉴(印鈕)와 인대(印臺)로 구성되었으며, 높이 4.8센티미터, 넓이
5.3×5.3센티미터, 무게 794그램이다.(국립고궁박물관 소장)

〈황제어새〉가 찍힌 친서는 국사편찬위원회 소장 유리원판 사진에
주로 남아 있고, 원본이 남은 사례가 일부 있다. 유리원판 사진으로 남
겨진 친서는 조선사편수회(朝鮮史編修會)가 1927년 5월부터 1935년 9월
까지 한반도와 일본, 만주 지방에 산재해 있던 사료를 수집, 정리, 촬영
할 때 함께 찍은 것으로, 국사편찬위원회 설립과 더불어 현재까지 보관
되어 있다. 발견된 비밀 국새가 찍힌 사례는 1900년(광무 4)부터 1909년
(융희 3)까지 약 10년에 걸쳐 나타나며, 모두 18건이 발견되었다.

2009년에 발견된 국새 외에도 또 하나의 〈황제어새〉가 존재했음을
남겨진 친서를 통해 확인할 수 있다. 이 글에서는 편의상 현재 발견된
국새를 '1형'으로, 발견되지 않은 국새를 '2형'으로 분류하겠다. 1형 국
새의 인문이 비교적 원만하고 곡선적이며 획의 기울기가 다채로운 반
면, 2형 국새는 직선적이고 수평·수직적이며, 획이 꺾이는 부분에 규각
(圭角)이 드러나는 특징이 있다. 2형 국새는 1905년(광무 9)부터 1908년

1927~1935년 사이에 촬영된 〈황제어새〉. 당시까지 외함이 존재했음을 볼 수 있다.(국사편찬위원회 소장 유리원판필름)

〈황제어새〉의 인면(印面). '어(御)' 자 아래 두 군데, '제(帝)' 자 중간에는 언제 뚫렸는지 모를 공혈(孔穴)이 있다.(국립고궁박물관 소장)

(융희 2)까지 집중적으로 나타난다.

1형 〈황제어새〉가 발견되었다는 신문 보도 이후 이 유물이 진품이 아니라고 주장한 일부 전문가들이 있었다. 주요 근거는 국사편찬위원회 소장 유리필름에 남은 어새의 인영과 발견된 유물의 인영에 차이가 보인다는 점이었다. 그러나 고종 황제가 1909년 호머 헐버트에게 보낸 친서의 원본이 발견됨으로써 이러한 견해는 설득력을 잃었다. 이 문서는 고종 황제가 일제에 의해 강제 퇴위된 이후인 1909년 1월 초 헐버트 박사에게 보낸 친서로, 그의 외손녀인 주디 애덤스 여사가 지난 2007년 헐버트 박사 기념사업회에 기증하였다.

유리필름의 인영은 인주가 지나치게 많이 묻어 원본과 대조할 수 있는 자료로는 근본적인 한계가 있었다. 또한 원본이 아닌 오래된 사진으로 전하므로 불가피한 왜곡 현상을 보였다. 그러나 헐버트 박사에게 보

Translation .

C/o Cho-Chung-Koo,
Tai-Kye-Dong,
Seoul (Corea)
January 1st. (1909)

Dear Friend Hulbert,

I feel I must write a few lines to you introducing
you my nephew Cho-Nan-Pok who is now studying at the Y.M.C.A. trai-
ning School, Springfield, Mass. I know , as he has no friends there
and is a young man his friends and relations are anxious about him.

I trust you will assist and guide him as if he were
your own son so that he shall regard you as his father.

Wishing you a happy new year to you and your family,

Yours ,

Retired Emperor of Korea .

고종 황제가 1909년 호머 헐버트에게 보낸
친서(헐버트 박사 기념사업회 소장)

낸 고종의 친서는 찍힌 그대로 전하고, 인주의 양도 적절하였으므로 비
교의 대상으로 적합하였다. 인영을 비교해본 결과 두 어새의 인문은 정
확하게 일치하였다. 이로써 이 유물의 진위 여부에 대한 문제는 결론을
맺을 수 있었다.

〈황제어새〉를 입수한 고궁박물관에서 재질의 함량 분석을 위해 비
파괴검사를 실시한 결과, 거북손잡이는 금과 은의 비율이 81:18, 인대
(印臺)는 57:41로 확인되었다.[149] 따라서 손잡이와 인대를 따로 제작하
여 접착하는 방식으로 제작되었고, 전체적으로는 금의 비율이 은에 비
해 약 2.3배인 것으로 밝혀진 셈이다.

대한제국기에 제작된 새보는 왕실 인사의 위호를 나타낸 어보를 포

---

149 국립고궁박물관, 『고종 황제어새』, 2009. 4.

2009년에 발견된 〈황제어새〉와 문서에 찍힌 인영의 비교표

〈황제어새〉의 인면 (좌우반전)	〈황제어새〉의 인영	1909년 고종이 헐버트에게 보낸 친서에 찍힌 인영

(국립고궁박물관 소장)

함하면 모두 13과이다. 이 가운데 3과만이 옥(玉)이며, 나머지 10과는 모두 금속으로 제작되었다. 당시 새보의 제작에 대해 기록한 『대례의궤 (大禮儀軌)』에서는 10과에 소요된 금속에 대해 천은(天銀) 35근(斤), 황금 41근 12냥(兩)으로 포괄적으로 기재하였다.[150] 따라서 어느 인장에 어느 정도 비율로 금과 은이 섞였는지를 구체적으로 명시하지 않았다. 그러나 금과 은을 주성분으로 하여 제작하였음은 분명하다. 각 인장마다 부수적으로 소요되는 금속에 대해서는 도황금(鍍黃金) 4전(錢), 수은 (水銀) 1냥 9전, 땜황금〔汗音黃金〕 1전으로 기재하였다.[151] 도황금은 용어

---

150 보책조성소(寶冊造成所) 편(編), 『대례의궤(大禮儀軌)』, 1897.

151 이러한 금속성 물질 외에도 붕사(硼砂), 비상(砒礵), 대동사(大銅絲), 탄(炭), 죽청지 (竹淸紙), 황필(黃筆), 진묵(眞墨), 유지(油紙), 황밀(黃蜜), 진말(眞末), 진분(眞粉), 소서판(小書板) 등이 수반되었다.

7장 국새와 어보의 수난

그대로 인장을 제작한 이후 도금을 위한 금이며, 수은은 인장 자체의 성분에 포함되었으리라 여겨진다.

눈여겨봐야 할 물질은 땜황금이다. 의궤에는 '땜'이 '한음(汗音)'으로 기록되어 있지만 이는 순수한 우리말의 한자어 표기에 불과하다. '땜'이란 주로 금이 가거나 뚫어진 곳을 때우는 것과, 쇠붙이 등을 접합시키는 일이란 뜻의 우리말이다. 따라서 의궤에 기재되어 있는 땜황금〔汗音黃金〕1전은 바로 손잡이와 인대를 접합시키기 위한 용도의 황금인 셈이다. 그렇다면 땜황금을 통해 이 둘을 어떠한 방식으로 붙인 것일까? 이는 우리 전통적 야금술(冶金術)의 중요한 방법의 하나이다. 우선 손잡이 부분과 인대 부분을 따로 조각하여 주물을 통하여 완성한다. 그리고 인대의 위, 손잡이의 아래에 얇은 종이판과 같은 땜황금을 깔고 가마에 다시 넣는다. 이 과정에서 중요한 점은 인대와 손잡이가 녹지 않고, 땜황금이 녹는 적정한 온도를 찾아 굽는 일이다. 손잡이와 인대는 이미 금과 은의 합금이므로 열에 녹는 온도가 황금보다 높다. 따라서 땜황금이 녹는 시점에서 손잡이와 인대가 자연스럽게 접합되었던 것이다. 고종의 〈황제어새〉 또한 이러한 땜 과정을 거쳐 붙인 것이다. 대한제국이 선포되기 약 20년 전인 1876년 겨울에 궁궐에 있는 새보를 새로 주조하고 수리한 기록에서도 이러한 '땜'의 방법을 사용하고 있으므로[152] 이러한 금속의 접합 방식은 조선시대 새보 제작에서 일반적이었다고 하겠다.

---

152 『보인소의궤(寶印所儀軌)』(장서각 귀 K3-568).

〈황제지보(皇帝之寶)〉

〈황제지보〉는 대한제국에서 제작한 10과의 국새 가운데 하나이다. 이 국새는 대한제국의 여러 국새 가운데 6·25전란 당시에 잃어버렸던 유물이며, 대한제국에서 제작한 3과의 〈황제지보〉 가운데 하나이다. 대한제국은 19세기 말에서 20세기 초까지 세계적 격변기에 한민족 자주독립의 염원을 담고 수립하였다. 비록 제국주의가 만연한 시기에 여러 약소국들처럼 국권을 잃었지만, 중국 중심의 동아시아적 화이체제(華夷體制)에서 오늘날의 세계체제로 변모하는 과도기에 엄존한 국가이다.

1897년 8월 고종(高宗)은 전년도에 일본의 위압에 의해 정해졌던 건양(建陽)이란 연호를 광무(光武)로 변경하고, 10월 초에는 원구단이 완공되어 마침내 황제 즉위식을 거행하였다. 고종은 국명을 '대조선국(大朝鮮國)'에서 '대한제국(大韓帝國)'으로 바꾸어 황제국의 탄생을 선포하였다. 이로써 505년간 지속된 조선왕조는 종언을 고하였고 대한제국을 수립하였다.

〈황제지보(皇帝之寶)〉(국립고궁박물관 소장)

대한제국에서 제작한 3과의 〈황제지보〉는 손잡이의 형태나 재질, 크기를 각각 달리하였지만 용도는 황제가 직접 관리를 임명할 때 내려주는 친임관칙지(親任官勅旨)에 국한하였다. 재질과 뉴식은 옥제(玉製) 용뉴(龍鈕)이며, 인면의 넓이는 9.4×9.4센티미터, 서체는 소전(小篆)이다.

7장 국새와 어보의 수난

대한제국 선포의 의식 절차와 각종 의물(儀物)이 상세하게 소개된 『대례의궤(大禮儀軌)』에는 이 국새의 재질과 형태 사항이 상세하다.[153] 우선 재질은 남양옥(南陽玉)을 사용한다고 기재하였다. 남양은 본래 경기도 화성군(華城郡) 남양면(南陽面) 지역에 있던 부(府) 이름으로, 이곳에서 생산되는 옥을 흔히 남양옥으로 불렀다. 특히 남양옥은 국새, 어보는 물론 옥책(玉冊), 편경(編磬), 규(圭), 옥대(玉帶) 등 왕실에서 제작하는 각종 의물과 장신구에까지 널리 사용되었다.

한편 이 국새에 새겨진 서체가 주목된다. 조선시대 국새에 사용한 서체는 대부분 구첩전(九疊篆)이다. 앞서 언급했듯이 구첩전은 첩전(疊篆), 혹은 상방대전(上方大篆, 尙方大篆)이라고도 한다. 인장을 새기는 전서의 하나로 필획을 중첩하고 쌓아 올려 인면을 가득 메우는 서체이다. 그런데 대한제국을 수립하면서 제작한 국새 10과 중 8과가 소전(小篆)으로 바뀐 현상을 볼 수 있다. 소전은 전서의 일종으로 발생국의 명칭을 따 진전(秦篆)이라고도 하며 대전(大篆)과는 상대개념이다. 진시황이 천하를 통일하고 승상 이사(李斯)로 하여금 만들게 하였다고 전한다. 소전은 이전의 문자에 비해 균일(均一)하며 좌우 대칭의 정제된 형태로 나타나 제왕의 냉엄한 권위를 대하는 듯하다. 또한 최초로 중원을 통일한 진나라와 시황제의 자긍심이 담긴 서체로 인식된다.

대한제국을 선포한 고종 또한 최초로 중원을 통일하고 황제의 지위에 오른 진시황의 권위와 상징성이 담긴 서체를 대한제국의 국새에 차용한 것으로 이해된다. 또한 중원의 여러 국가에서 대대로 새보에 사용

---

153 전통예술원 음악사료강독회 역, 『국역 대례의궤』, 민속원, 2013.

한 서체 또한 소전이었으므로, 대한제국은 조선왕조 500년 동안 사용하여온 구첩전에서 탈피하여 황제국으로서의 위상을 소전에 담아 국새의 서체에 반영하였던 것으로 여겨진다.

『대례의궤』에 의하면 대한제국 선포 당시 제작하였던 각종 국새와 어보의 전서자(篆書者)가 기재되어 있다. 즉, 보문(寶文)을 누가 썼는지를 밝혀놓은 것이다. 보문은 크게 황제(皇帝), 명헌태후(明憲太后), 황후(皇后), 황태자(皇太子), 황태자비(皇太子妃)로 나누었는데 모두 민병석(閔丙奭)이 쓴 것으로 기재되어 있다. 여기서 황제의 보(寶)는 앞에서 제시한 대한제국 국새 10과 가운데 〈대원수보〉를 제외한 9과인데, 모두 그가 쓴 것이다.

민병석(1858~1940)은 1880년(고종 17) 문과에 급제한 뒤 고종 대와 대한제국기, 일제강점기를 거치면서 정부의 주요 요직을 두루 거친 인물이다. 서예에도 능해 주로 행서를 잘 썼다는 기록이 있고, 고종의 육순(六旬)과 왕위 40년을 기념하기 위해 광화문 앞에 세운 〈고종황제보령육순어극사십년칭경기념비(高宗皇帝寶齡六旬御極四十年稱慶紀念碑)〉도 그의 글씨이다. 고종은 그를 매우 신뢰하였던 듯 대한제국 선포 직전에 의정부참찬(議政府參贊)에 제수하고, 대한제국 선포 후에는 궁내부대신(宮內府大臣), 규장각학사 겸 시강원일강관(奎章閣學士兼侍講院日講官), 내부대신(內部大臣) 등에 차례로 임용하였다. 그러나 그는 1910년 8월 한일병합조약 체결에 찬성하고 협조하여 경술국적(庚戌國賊) 8인의 한 사람이 되었다. 또한 한일강제병합 이후 이왕직 장관(李王職長官)에 취임하였고, 조선귀족령(朝鮮貴族令)에 의거하여 자작(子爵)을 수여받았으며, 조선총독부 중추원 고문을 5회 중임하였다. 또한 1935년 총독부가 발행한 『조선공로자명감』에 조선인 공로자 353명 중 한 명으로 수록되어 있다. 한민족 자주독립의 염원을 담고 출범한 대한제국 국새의 모든 보문(寶文)을 쓴 사람이 이후 경술국적의 한 사람이자 일제강점기 대표적인 친일 인사라는 점은 우리 근현대사의 뼈아픈 부분이 아닐 수 없다.

최근에 반환한 〈황제지보〉를 포함해 현존하는 대한제국 국새 4과의 뉴식과 인영은 아래의 표와 같다.

현존 대한제국 국새 4과

보명	뉴식	인영	현 소장처
황제지보 (皇帝之寶)			국립고궁박물관
제고지보 (制誥之寶)			국립전주박물관
칙명지보 (勅命之寶)			국립중앙박물관
대원수보 (大元帥寶)			국립전주박물관

〈수강태황제보(壽康太皇帝寶)〉

1907년에 순종 황제가 태황제인 고종에게 '수강(壽康)'이란 존호를 올리면서 제작한 어보이다. 어보는 왕실 사람들의 위호(位號)를 나타낸 인장을 말한다. 여기에는 왕비를 비롯하여, 왕세자, 왕세제, 왕세손 및 그들의 배우자 등을 해당 지위에 임명하는 책봉(冊封)을 비롯하여, 왕과 왕비를 포함한 왕실의 선조에 대한 공덕을 찬양하거나 통치를 종합·재평가하는 의미를 담은 존호(尊號), 휘호(徽號), 시호(諡號), 묘호(廟號)와 같은 여러 호칭을 담는다. 어보는 최상 품질의 옥이나 금속으로 만들고 상서로운 동물인 용이나 거북 모양의 손잡이를 갖춤으로써 단순한 인장을 넘어 왕실의 의례와 공예의 정수를 보여주는 예술품으로서도 손색이 없다.[154]

환수한 〈수강태황제보〉는 대한제국기 일제에 의한 국권 침탈의 아픈 기억을 고스란히 담고 있는 유물이다. 당시 고종 황제는 헤이그 특사를 파견해 을사늑약의 부당성을 국제사회에 알리려 했지만, 결국 이 사건을 계기로 일제에 의해 강제 폐위되고 만다. 대한제국의 운명은 이때 이미 말로의 길에 들어서고 있었다. 고종은 아들 순종에게 양위한 뒤 황제 자리에서 물러나게 되는데, 1907년 황위를 물려받은 순종은 고종에게 '수강(壽康)'이란 존호를 올리면서 이 어보를 제작해 아버지에 대한 효심을 드러내고자 했던 것이다.

---

154 성인근, 「조선시대 어보(御寶)의 상징체계 연구」, 『온지논총』 제38집, 온지학회, 2014.

『순종실록』에는 "내각(內閣)에서, '태황제 폐하에게 올릴 존호 망단자를 수강(壽康)으로 의정(議定)하였습니다.'라고 아뢰니, 아뢴 대로 하라는 비지(批旨)를 내렸다."[155]라는 기록이 있어 이 어보의 제작 배경을 확인할 수 있다. 한편 당시 상존호(上尊號) 의례의 상세한 내용이 『존봉도감의궤(尊奉都監儀軌)』[156]에 기록되어 있고,

〈수강태황제보(壽康太皇帝寶)〉(국립고궁박물관 소장)

『고종가상존호옥책문(高宗加上尊號玉冊文)』[157]에는 이 어보가 찍힌 인영(印影)이 선명하여 이 유물의 감정 때 진위 여부를 판가름하는 결정적 자료로 활용하였다. 반환된 어보는 용 모양 손잡이 아래 2단의 보대(寶坮)로 제작하였으며 8각으로 깎아 만들었다. 8각의 측면에는 각각 『주역(周易)』의 8괘(卦)를 새겼다. 조선시대와 대한제국의 어보가 하나같이 정방형으로 제작된 데 반해 이 8각 어보는 유래를 찾아보기 어려운 특별한 유물이다.

『존봉도감의궤』에는 1907년 7월 29일 순종이 고종에게 존호를 올리려는 취지를 밝힌 조령(詔令)이 실려 있다.

---

155 『순종실록』 권1, 즉위년(1907) 8월 12일.

156 규장각 소장본, 도서번호 13163. 이 의궤에는 태황제인 고종에게 '수강'이란 존호를 올린 내용과 함께, 영친왕의 책례(冊禮) 절차가 함께 묶여 있다.

157 장서각 소장본, 도서번호 K2-4036.

조령에 이르기를, 생각건대 우리 태황제 폐하께서는 성대한 덕과 큰 공이 우뚝하고 광대하여 이름 붙일 수 없으나, 지금 존봉(尊奉)의 날을 맞아 나의 작은 정성이 스스로 그만둘 수 없어 이미 (태황제께) 처분을 받았다. 장차 두 글자의 특별한 칭호를 '태(太)'자의 위에 더 높여 만 분의 일이나마 회모(繪摹, 어책과 어보를 만드는 일)를 도모하고자 하니, 존호를 의논하는 의절(儀節)은 궁내부에 명하여 처분하고 상호도감(上號都監)은 존봉도감(尊奉都監)과 합설하라.[158]

이후 8월 12일 존호망(尊號望)에 '수강(壽康)'이란 단망이 올라와 결정되었고,[159] 보문(寶文)은 '수강태황제보(壽康太皇帝寶)'로 확정되었다. 9월 9일에는 존봉도감의 도제조 이근명(李根命)이 책보(冊寶)를 고종에게 섭상(攝上)하였다. 당일 순종 또한 태황제를 배봉(陪奉)하고 준명전(濬明殿)에 나아가 치사(致詞)를 올렸다.[160]

『존봉도감의궤』에는 어보에 수반하는 각종 의물(儀物)이 상세하다. 우선 어보와 관련한 각종 끈과 보자기를 비롯하여 어보를 넣는 보통(寶筒), 보통을 넣는 보록(寶盝), 보록을 넣는 호갑(護匣), 호갑을 어깨에 메는 끈인 담편(擔鞭) 등의 제작 방법, 소요 물품, 담당 공장(工匠) 등이 상세히

---

158 詔曰 洪惟我 太皇帝陛下 盛德鴻功이 巍蕩無能名焉이옵시나 今當尊奉之日하야 朕 小子稱迷之誠이 自不能已하와 已稟承處分矣라. 將欲以二字殊稱으로 加隆於太字 上하야 庶圖萬一之繪摹하노니 議號儀節은 令宮內府稟處하고 上號都監은 合設尊 奉都監하라.(『존봉도감의궤(尊奉都監儀軌)』, 1907년(丁未) 음력 6월 20일)

159 『순종실록』권1, 즉위년(1907) 8월 12일.

160 『순종실록』권1, 즉위년 9월 9일.

　　　　　　　　　　　　　　　　7장 국새와 어보의 수난

보신(寶身)	보문(寶文)
	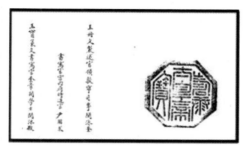
『존봉도감의궤(尊奉都監儀軌)』 (규장각, 13163)	『고종가상존호옥책보문(高宗加上尊號玉冊寶文)』(장서 각, K2-4036)

기재되어 있다. 그러나 현재 모두 유실된 상태이고 어보만이 현존한다.

한편 의궤에는 어보의 형태 사항이 명확히 기재되어 있다. 재질은 지금의 경기도 화성 지역인 남양부(南陽府)에서 채취한 남양옥을 썼다. 보면(寶面)의 넓이는 4촌 2푼, 두께 1촌으로 전각(篆刻)하였으며, 보면의 테두리에 해당하는 외성곽(外城郭)은 4푼이다. 용뉴(龍鈕)의 높이는 2촌 5푼이며 길이는 3촌 5푼이다. 길이는 모두 예기척(禮器尺)을 쓴다. 용의 배 아래로 가로 구멍을 뚫어 영자(纓子)를 꿴다. 팔면의 측면에는 팔괘를 음각으로 새기고 움푹 들어간 부분에는 금으로 메웠다. 보문(寶文)은 1행 2자, 2행 2자, 3행 1자, 총 3행으로 제작한다고 매우 상세히 기록하였다. 당시 전문서사관(篆文書寫官)은 규장각 학사 민영휘(閔泳徽)

였다.[161]

어보의 형태인 8각이 주목되는데 이는 음양(陰陽)의 세계관을 토대로 그 구체적인 삼라만상의 세계를 나타낸 기호인 8괘를 새겨 넣기 위함이었다. 또한 8각은 고종이 원구단에서 대한제국을 선포하고 하늘에 제사를 지낸 이후 각종 신주를 모시기 위해 세운 황궁우가 8각지붕인 점과도 연관성이 있어 보인다. 또한 8각은 원(圓)과 방(方)이 합쳐진 형태로 우주를 상징하기도 하며, 동서남북의 4방과 동북, 동남, 서북, 서남의 사우(四隅)를 상징하여 나라 전체를 가리키기도 한다. 한편 8괘는 태극기 제작의 사상적 밑받침이 되었다는 점에서도 의미를 찾을 수 있다.

〈유서지보(諭書之寶)〉

조선시대 국새의 하나로 유서(諭書)에 찍는다. 조선시대에는 한 지방의 군사권을 위임받은 관리가 왕명 없이 자의로 군사를 발동하거나, 역모에 의한 동병(動兵)을 미연에 방지하기 위한 밀부(密符)의 제도가 있었다. 비상 명령이 내려지면 해당 관원이 간직하고 있던 반쪽의 밀부와

---

161 민영휘(1852~1935)는 조선 말기의 정치인으로 명성황후의 친척 조카이다. 그는 민씨 척족의 중심인물이자 청나라와 밀착한 수구파의 거두로서, 1884년 갑신정변 때 청나라 군대를 이용하여 친일 개화 세력을 몰아냈으며, 1894년 동학농민운동 때 일본을 견제하기 위해 청나라 위안스카이에게 도움을 요청하였다. 일제강점기에 일본 정부로부터 자작 작위와 은사금을 받았으며, 그 밖에 5만 원 상당의 매국 공채를 사들였다. 2007년 대한민국 친일반민족행위진상규명위원회가 발표한 친일반민족행위 195인 명단에도 포함되어 있다.

〈유서지보(諭書之寶)〉(국립고궁박물관 소장)

왕이 보낸 반쪽 밀부를 맞추어 의심할 바가 없을 때 명령대로 거행하였다. 유서는 조선시대에 국왕이 군사권을 가진 관원에게 내렸던 문서로, 각 지방으로 부임하는 관찰사, 절도사, 방어사, 유수 등에게 왕과 해당 관원만이 아는 밀부를 내리면서 함께 발급한 명령서를 말한다.

이 외에도 국왕이 관찰사 및 어사(御史)가 올린 장계(狀啓) 및 계본(啓本) 등을 참고하여 공적이 있는 지방 관원을 포상할 경우에 발급한 포상유서(褒賞諭書), 국왕이 왕족 및 관원과 일반 백성을 훈유(訓諭)하거나 효유(曉諭)할 때 발급한 훈유유서(訓諭諭書)가 있었고 국왕이 지방에 있는 관원을 서울로 부르는 경우 등에도 발급하였다.[162] 이러한 모든 유서에는 국새인 〈유서지보〉를 찍도록 법전에 규정하였다.[163]

162 노인환, 「조선시대 유서(諭書) 연구」, 한국학대학원 석사학위논문, 2009.

163 "《增》諭書之寶 用於諭書"(『대전회통(大典會通)』, 「예전(禮典)」, 새보(璽寶).

안보 문서	보문(寶文)	보신(寶身)
		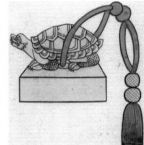
「송세헌 밀부유서(宋世憲密符諭書)」(1890, 고종 27, 서울대학교 규장각한국학연구원 소장)	『보인소의궤』	『보인소의궤』

조선왕조에서 〈유서지보〉를 처음 제작한 시점은 정확하게 알 수 없지만, 『세종실록』 「오례」의 '대가(大駕)·법가(法駕) 노부(鹵簿)'에 처음 보인다.[164] 국왕의 각종 행차 때 행렬에서 여타 국새들과 함께 봉송한 것이다. 한편 1444년(세종 26)에 정식(鄭軾)에게 내린 유서에 이 국새가 찍혀 있어 실존 문서로서의 상한선을 확인할 수 있다.[165] 이때의 〈유서지보〉는 소전(小篆)으로 제작되었다. 이후 1459년(연산군 1) 새로운 〈유서지보〉를 제작한 기록이 『연산군일기』에 보이며,[166] 남겨진 여러 문서

---

164 『세종실록』, 「가례(嘉禮) 서례(序禮)」, 노부(鹵簿), 대가 노부(大駕鹵簿)·법가 노부(法駕鹵簿).

165 노인환, 위의 논문.

166 『연산군일기』권5, 1년 5월 16일 무술(戊戌).

를 통해 첩전(疊篆)으로 제작하였음을 확인하였다. 최근 환수한 〈유서지보〉는 1876년(고종 13)에 제작하였음을, 왕실 인장의 개수(改修) 및 개조(改造)에 대한 구체적 기록인 『보인소의궤(寶印所儀軌)』를 통해 확인하였다.[167] 한편 대한제국기에 제작한 『보인부신총수(寶印符信總數)』에는 〈유서지보〉의 형태 사항이 상세하게 실려 있다. 재질은 동도금(銅鍍金), 인면의 넓이는 3촌 6푼, 대고(坮高)는 1촌, 뉴식은 귀뉴(龜鈕), 뉴의 길이는 4촌, 넓이는 2촌으로 각각 기재되어 있다.

　　조선시대 왕명 문서에 찍었던 수십 과의 국새는 대부분 유실되었고, 국왕의 서적 반사와 관련한 〈선사지기(宣賜之記)〉(성암고서박물관)만이 현존했었다. 이번 〈유서지보〉의 발견과 환수는 조선시대 국새 유물을 찾을 가능성을 보여주는 중요한 사례라 하겠다.

〈준명지보(濬明之寶)〉

세자시강원(世子侍講院) 관원의 교지(敎旨) 및 교서(敎書)에 찍기 위해 1889년(고종 26) 제작한 국새이다. 세자시강원은 '춘방(春坊)'이라고도 하는데, 세자에게 유교 경전과 역사를 강의하는 데 목적이 있다. 세자의 사부(師傅)는 주로 영의정과 좌·우의정이 겸직하였으나, 강학(講學)은 주로 빈객(賓客) 이하의 보덕(輔德), 필선(弼善), 문학(文學), 사서(司書), 설서(說書) 등 10여 명의 관료들이 담당하였다.

　　세자시강원은 조선 초기 서연(書筵)에 연원을 두고 있으며, 1466년

167　한국정신문화연구원 장서각 편, 『보인소의궤(寶印所儀軌)』, 2004.

〈준명지보(濬明之寶)〉〈국립고궁박물관 소장〉

(세조 12)에 '세자시강원'으로 명칭을 변경하여 조선시대에 줄곧 유지
되었다. 그러나 개화기를 전후하여 세자를 비롯한 세자시강원은 국왕
을 위시한 왕실의 호칭 변경에 따라 몇 차례의 변화가 있었다. 1895년
(고종 32) 조선에서는 '왕세자'를 '왕태자'로 고치고, 이듬해인 1896년
(건양 1)에는 기존의 '왕세자시강원'을 '왕태자시강원으로 변경하였다.
이후 대한제국이 들어선 1897년(광무 1)에 다시 '황태자'와 '황태자시
강원'으로 각각 격상하였다.

　　그러나 왕세자나 시강원의 명칭이 바뀌기 이전부터 고종은 이미 시
강원의 관격(官格)을 격상하는 조치를 취하였다. 1889년(고종 26) 7월 18
일 고종은 "춘방(春坊)의 직책들은 본래 청렴하고 뛰어나 마땅히 우대
하는 뜻을 보여야 할 것이다. 보덕(輔德) 이하의 시임(時任)과 새로 임명
하는 사람에게 본원(시강원)에서 교서(敎書)를 만들어 특별히 반포하는

것을 이제부터 정식으로 삼도록 하라." 명을 내렸다.[168] 한편 세자시강원의 규정 및 의례 등을 기록한 『이원조례(离院條例)』[169]에서는 이 고종의 명과 함께, 춘방교지(春坊敎旨)에는 〈준명지보〉를 청하여 찍는 일을 정식으로 삼았음을 밝혔다.

시강원 관격 격상에 대한 명을 내린 지 약 보름여 후인 1889년(고종 26) 8월 5일 고종은 〈준명지보〉를 비롯한 여러 국새의 신조(新造)를 명하였고,[170] 약 3개월 후인 10월 7일, '세자시강원의 교서(敎書)에는 '준명지보'를 청해 찍는 것을 규례로 정하라'는 고종의 명이 있었다.[171] 이후 『승정원일기』에는 1889년(고종 26) 12월 1일 '설서(說書) 박기양(朴箕陽)에게 내리는 교서에 찍기 위해 〈준명지보〉를 내어주기를 청하는 시강원의 계(啓)'로부터 1894년(고종 31) 7월 14일 '보덕(輔德) 이준용(李峻鎔)에게 내리는 교지에 찍을 〈준명지보〉를 내어주기를 청하는 시강원의 계'까지 모두 67건의 〈준명지보〉 청출(請出)에 대한 계가 실려 있다.

당시 시강원 관원들은 종3품 보덕(輔德)을 비롯하여, 필선(弼善, 정4품), 문학(文學, 정5품), 사서(司書, 정6품), 설서(設書, 정7품) 등이 모두 〈준명지보〉가 찍힌 교지나 교서를 받은 것으로 파악된다. 〈준명지보〉 사용 이전 시강원 관원의 교지는 다른 왕명 문서와 마찬가지로 4품 이상의

---

168 『고종실록』 권26, 26년 7월 18일 임술(壬戌).

169 『이원조례(离院條例)』(장서각 K2-2035).

170 이때 새로 제작한 국새는 〈준명지보〉를 비롯해 〈동문지보(同文之寶)〉, 〈흠문지보(欽文之寶)〉, 〈명덕지보(命德之寶)〉, 〈광운지보(廣運之寶)〉이다. 〔『고종실록』, 26년 8월 무인(戊寅)〕

171 『고종실록』 권26, 26년 10월 7일 기묘(己卯).

안보 문서	인영

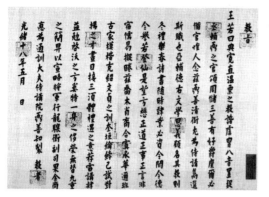

「김상덕 시강원필선교지(金商惠侍講院弼善教旨)」(1892, 고
종 29)[172]

〈준명지보(濬明之寶)〉

경우 〈시명지보(施命之寶)〉를 사용하였고, 5품 이하는 〈이조지인(吏曹之
印)〉을 찍었다. 이는 『경국대전』에서 문무관 4품 이상 고신식(告身式)에
서는 '보(寶)'를 찍고, 5품 이하는 '인(印)'을 찍는다고 차등을 두고, 후
자의 경우 문관은 이조에서, 무관은 병조에서 각각 〈이조지인〉과 〈병조
지인〉을 찍는다는 규정에 근거하였다. 이로써 〈준명지보〉는 고종이 세
자시강원의 관격을 격상하면서 제작한 국새로, 1889년 10월 7일부터

---

172 한국학중앙연구원 장서각 고문서연구실, 『보령 경주김씨 기탁 전적』, 2006, 도판
참조.

조선 왕실의 사인(私印)(국립고궁박물과 소장)

품계에 관계없이 모든 시강원 관원에 대한 교지 및 교서에 찍었던 국새였음을 확인할 수 있다. 『보인부신총수』에 의하면 〈준명지보〉의 재질은 백옥(白玉)이며, 인면의 넓이는 3촌 2푼, 인대의 높이는 1촌 1푼이다. 거북뉴의 길이는 4촌, 뉴의 넓이는 2촌 7푼으로 기재되어 있다.

왕실 사인(私印) 5과의 내용과 가치

버락 오바마 대통령이 박근혜 대통령과의 한미정상회담에서 한국 측에 정식 반환한 조선 왕실의 인장 가운데 사인(私印) 5과이다. 이 인장들은 국새와 어보는 아니지만 왕실 인장의 한 부류로 앞으로의 환수를 위해서 중요하게 다루어야 할 유물들이다. 〈쌍리(雙螭)〉, 〈우천하사(友天下士)〉, 〈연향(硯香)〉, 〈춘화(春華)〉, 〈향천심정서화지기(香泉審定書畵之記)〉, 총 5점의 사인이다. 환수한 인장들은 모두 헌종 대에 제작한 『보소당인존(寶蘇堂印存)』 가운데 인장의 실물을 실제와 핍진하게 그린 책에 수록되어 있어 고종 대 모각본이 아닌 헌종 당대의 유물임을 확인하였다.[173] 특히 인장의 재질이나 손잡이의 조각 등이 매우 뛰어나 미술품으로서의 가치도 크다. 반환된 유물과 『보소당인존』의 채색도 및 인영을 비교하면 다음 표와 같다.

환수 유물과 『보소당인존(寶蘇堂印存)』의 비교

	유물의 현 상태	유물의 인영	『보소당인존』의 채색도	『보소당인존』의 인영	비고
1					인문 : 쌍리(雙螭) 뉴식 : 쌍리뉴(雙螭鈕) 재질 : 옥(玉, 宋宣和玉印) 인영 발췌 : 3-565
2					인문 : 우천하사(友天下士) 뉴식 : 사자뉴(獅子鈕) 재질 : 동(銅) 인영 발췌 : 3-563
3					인문 : 연향(硯香) 뉴식 : 귀뉴(龜鈕) 재질 : 옥(玉, 古玉印) 인영 발췌 : 3-565
4					인문 : 춘화(春華) 뉴식 : 운문뉴(雲紋鈕) 재질 : 옥(玉, 古彩石) 인영 발췌 : 3-563
5					인문 : 향천심정서화지기(香泉審定書畫之記) 뉴식 : 사자(獅子) 재질 : 옥(玉, 凍石) 인영 발췌 : 3-565

173 『보소당인존』(장서각, 3-561A).

7장 국새와 어보의 수난

이 인장들의 성격을 파악하기 위해서는 우선 『보소당인존』에 대한 이해가 필요하다. 『보소당인존』은 조선시대 여러 국왕이 개인 용도로 사용하던 사인과 왕실에서 수장하던 인장에 대해 헌종(憲宗) 때 조두순(趙斗淳, 1796~1870)과 신위(申緯, 1769~1847)가 편집한 인보(印譜)이다. 헌종은 주로 중희당에서 정무를 보았고 일상생활은 1847년에 지은 낙선재에서 영위하였다. 그는 낙선재의 부속 건물인 보소당을 중심으로 고조당(古藻堂), 유재(留齋), 연경재(硏經齋), 자이당(自怡堂) 등에서 많은 서화 작품을 수집해놓고 감상하였다.[174]

『보소당인존』은 역대로 왕실에 전해 내려오던 각종 사인(私印)은 물론 헌종이 소장하였던 서적 및 서화, 탁본 등에 찍었던 수장인(收藏印), 감상인(鑑賞印)과 자인(字印), 호인(號印)을 비롯하여 중국 한대(漢代)부터 명대(明代)에 이르는 고인(古印)의 모각인(摹刻印), 강세황(姜世晃)·성해응(成海應)·신위(申緯)·권돈인(權敦仁)·김정희(金正喜)·조희룡(趙熙龍)·남병철(南秉吉) 등 걸출한 문인(文人) 묵객(墨客)들이 사용한 여러 인장 등 실로 많은 내용의 인영(印影)을 담고 있어 조선 후기 인장의 집대성이라 해도 과언이 아닌 중요한 가치를 지닌 자료이다. 이 인보는 현재 한국학중앙연구원 장서각을 비롯하여 국내의 여러 중요 도서관에 소장되어 있다.[175]

---

174 황정연, 「조선시대 궁중 서화(書畵) 수장(收藏)과 미술 후원」, 『조선왕실의 미술문화』, 대원사, 2005, 68쪽.

175 『보소당인존』은 장서각 6종, 규장각 5종, 이화여대 1종, 성균관대 1종, 중앙도서관 1종, 종로도서관 1종 등이 전한다. 『보소당인존』에 대한 상세한 내용은 성인근, 「『보소당인존』의 내용과 이본의 제작 시기」(『장서각』 14집, 한국학중앙연구원, 2005) 참조.

창덕궁 취운정에서 본 낙선재와 승화루 일대(문화재청, 공공누리 자료)

보소당은 현재 창덕궁 낙선재에 있는 건물 이름이다. 본래 이곳에
소장된 인장들은 어느 시점에서인가 덕수궁으로 옮겨졌고, 고종 대의
궁궐 화재 사건(1904년 덕수궁의 함녕전, 중화전, 즉조당, 석어당과 각 전각이
모두 불탄 사건)으로 왕실의 서적과 소장품이 소실되면서 『보소당인존』
에 실린 실인(實印)들도 상당수 파손되었다. 당시 고종 황제는 덕수궁
화재로 소실된 인장들의 복원을 명하였고, 당시 전각(篆刻)의 명가(名
家)였던 정학교(丁學敎), 유한익(劉漢翼), 강진희(姜瑨熙), 김태석(金台錫)
등에 의해 다시 복각(復刻)되었다. 이후 이 인장들은 헌종 대부터 보관
하여오던 인장들과 고종 대에 복각한 인장들이 뒤섞여 덕수궁에 보관
되어 있었다.

현재 『보소당인존』에 수록된 인장들은 대부분 국립고궁박물관에 소
장되어 있다. 그러나 『보소당인존』에는 그 존재가 확인되지만 실제 유

7장 국새와 어보의 수난

물이 확인되지 않는 경우가 상당수 있다.[176] 이번에 환수한 5과의 왕실 사인도 바로 이러한 사례에 해당한다. 『보소당인존』은 이본마다 수록한 인영의 수에 차이가 있는데, 수가 적은 사례로 장서각 소장 '귀3-561B'본에는 459과가, 많은 사례로 '귀3-562'본에는 776과의 인장이 보인다. 후자는 고종 대에 제작한 인보이므로[177] 적어도 고종 대까지 궁궐에 수장되었던 왕실의 사인은 776과 이상이었다는 사실을 확인할 수 있다.

한편 국립고궁박물관에는 현재 『보소당인존』에 수록된 실제 인장들을 보관하였던 장(欌)이 두 점 소장되어 있다. 하나는 전집(前集), 다른 하나는 후집(後集)을 보관하였음을 장에 새겨놓았다. 양쪽으로 장을 열면 각 서랍에 보관된 인장을 한눈에 볼 수 있도록 문 안쪽에 종이를 붙여 보관 인장에 대한 정보를 적어두었다. 일련번호순으로 적혀 있는데 1층부터 16층까지 총 774방이 보관되었던 것으로 기록되어 있다. 그런데 현재 국립고궁박물관이 소장하고 있는 사인 가운데 『보소당인존』에 실린 인영과 일치하는 사례는 195과에 불과하다고 한다.[178] 이를 통해 본래 『보소당인존』에 수록되었던 인장 가운데 약 580여 과를 유실하였음을 확인할 수 있다. 이번에 반환한 조선왕실의 사인 5과는 잃어버린

---

176 『보소당인존』을 위시한 왕실 구장(舊藏) 사인들은 대부분 국립고궁박물관에 소장되어 있으며, 지난 2006년 특별전을 통해 일반에 공개되었다.(국립고궁박물관 편, 『조선왕실의 인장』, 국립고궁박물관 개관 1주년 기념 특별전 도록, 2006)

177 성인근, 위의 논문.

178 김연수, 「국립고궁박물관 소장 조선왕실 수집 인장 고찰」, 『조선왕실의 인장』, 국립고궁박물관, 2006, 222쪽.

580여 과 가운데 극히 일부임을 알 수 있다. 유실된 나머지 인장들이 언제 어떻게 없어졌는지도 알려진 바가 없다. 우선 유실 사례에 대한 정확한 목록 작성이 필요한 시점이라 하겠다.

우선 1번 쌍리인(雙螭印)은 『보소당인존』에서 '송선화옥인(宋宣和玉印)'이라 기록하였다. 선화는 북송(北宋) 휘종(徽宗, 재위 1100~1125) 때의 연호로, 선화옥인은 휘종이 썼던 옥도장을 말한다. 휘종은 문화재를 수집·보호하고 궁정서화가를 양성하여 문화사상 선화시대(宣和時代)라는 한 시기를 이끈 인물로 평가된다. 또한 음악·원예·서화 등에 능통하였고 특히 옛 서화를 모아 『선화서화보』를 만들 정도로 이 방면에 지대한 관심을 가졌다. 당시 휘종을 중심으로 궁정에서 모았던 서화에는 여러 수장인(收藏印)이 찍혀 있는데, 그 가운데 방형과 원형의 쌍리인이 포함되어 있다.[179] 이번에 환수한 인장은 그중 원형인을 모각한 것이다. 뉴식 또한 쌍리로 이러한 문양은 중국 전국시대로부터 한대까지의 패옥기(佩玉器)에서도 자주 보인다.

2~4번 인장은 왕실에서 소장되어온 사인들로, 의미 있는 문구를 새긴 사구인(詞句印, 閒章)이다. 재질은 각각 동(銅), 옥(玉), 석(石) 등으로 다르다. 2번 인장은 동제인(銅製印)으로 뉴에는 동물 한 마리가 앉아 있는데, 『보소당인존』을 통해 사자임을 확인하였다. 인문은 '우천하사(友天下士)' 넉 자를 십자(十字)의 계선(界線) 안에 넣었다. 이 문구는 본래 '독고금서(讀古今書) 우천하사(友天下士)'의 문구에서 따왔으며, 선비의

---

179 이 외에도 당시 궁정 수집 서화에 찍힌 수장인은 〈선화(宣和)〉, 〈선화중비(宣和中秘)〉, 〈어서(御書)〉, 〈집희전보(緝熙殿寶)〉 등이 보인다. (黃惇 總主編, 1999, 『中國歷代印風系列-隋唐宋印風(附遼夏金)』, 重慶出版社, 113~115쪽)

호방한 독서와 교유를 나타낸다. 서체는 소전(小篆)을 기본형으로 공간의 필요에 따라 굴곡을 넣은 인전(印篆)으로 분류할 수 있다.

3~4번은 양질의 인재(印材)를 사용하였고, 손잡이의 조각 또한 뛰어난 솜씨를 발휘하였다. 3번은 4각의 인신(印身) 위에 타원의 귀뉴(龜鈕)를 얹은 형태로 단순하면서도 고채(古彩)를 띠고 있다. 4번은 반투명의 옥인재(玉印材)에 단순한 구름문을 드러낸 것이지만, 수준 높은 조각품이다. 두 인장의 전각은 자법(字法), 장법(章法), 도법(刀法)의 측면에서 모두 무난한 수준이며, 동일 인물이 새긴 것으로 추측된다.

5번은 헌종이 소장한 서화 및 탁본에 찍기 위해 제작한 수장인(收藏印)이다. 빙렬(氷裂)이 있는 동석(凍石)에 사자가 웅크린 뉴를 조각하였다. 전각 또한 절파(浙派)[180]의 각풍이 돋보이는 매우 수준 높은 작품이다. 향천은 헌종의 호이며, 이 호로 제작한 인장이 현재 국립고궁박물관에 12과 이상이 소장되어 있다. 이 외에도 〈향천심정(香泉審正)〉, 〈향천심정금석문자(香泉審定金石文字)〉, 〈향천진장(香泉珍藏)〉 등 헌종의 수장 활동에 관련한 인장도 상당수 남아 있다.[181]

---

180 청대에 항주를 중심으로 형성된 전각의 유파이다. 정경(丁敬)을 비조로 하며, 장인(蔣仁), 해강(奚岡), 진예종(陳豫鍾), 진홍수(陳鴻壽), 조지침(趙之琛), 전송(錢松) 등이 유명하다. 절파는 명대에 하진(何震)이 창시한 '환파(皖派)'와 함께 중국 전각 예술의 양대 유파를 형성했다.

181 국립고궁박물관 편, 『조선왕실의 인장』, 국립고궁박물관 개관 1주년 기념 특별전 도록, 2006, 25~31쪽.

4. 현황

국새 유물의 개요와 현황

국새 유물의 현황은 크게 조선시대, 개화기, 대한제국기의 시기순으로 살펴보고자 한다. 기본 사료는 대한제국기에 역대 국새와 각종 부신을 정리한 자료인『보인부신총수(寶印符信總數)』를 비롯하여, 1876년(고종 13) 궁중의 여러 보와 인 가운데 11과를 추려 개주, 개조, 수보하고 난 후 그 전말을 채색화와 함께 기록한 의궤인『보인소의궤』, 대한제국 탄생과 관련한 모든 의식을 기록한『대례의궤』,『보인부신총수』가운데 대한제국 선포 이후의 내용을 이왕직에서 전사(轉寫)하고 세부 사항을 추가한『이조새보인압부신의 제(李朝璽寶印押符信の制)』를 참조하였다. 현황표의 목록 구성은 각 인장의 제작 경위, 보문, 재질, 뉴식, 크기, 사용처 등의 조사를 통해 작성하였다.

이 외에『조선왕조실록』,『승정원일기』등 관찬 사료를 검색하고, 고문서를 포함한 기타 역사 자료를 통해 찾은 국새를 포함해 조선과 대한제국 국새의 전모에 대한 목록을 작성하였다. 또한 일제강점기로부터 현대에 이르기까지의 신문 자료에서 국새 유실에 대한 기록을 반영하였다.

『보인부신총수』에 실린 조선시대의 국새는 총 12과이며 이 가운데 현존 국새는 성암고서박물관이 소장한 〈선사지기(宣賜之記)〉와 2014년 미국에서 환수한 〈유서지보(諭書之寶)〉 등 2과에 불과하다. 현재 소재를 알 수 없는 조선시대 국새는 총 10과이다.

개화기 국새의 목록 또한 대한제국 당시 사용하지는 않았지만 궁궐에 보관 중이던 개화기 국새들을 추려 형태 및 참고 사항, 현존 여부, 유실 시기 및 경위 등을 기재하였다. 『보인부신총수』에 실린 개화기 국새는 총 12과이며 이 가운데 현존 국새는 2014년 미국에서 환수한 〈준명지보(濬明之寶)〉 1과에 불과하며, 소재를 알 수 없는 개화기 국새는 총 11과이다. 특히 개화기 일본과의 외교 관계 변화로 인해 제작한 6과의 외교용 국새는 1과도 남아 있지 않다.

대한제국 국새의 목록은 대한제국 당시 사용한 국새들을 추려 형태 및 참고 사항, 현존 여부, 유실 시기 및 경위 등을 기재하였다. 이 외에 대한제국기 고종 황제가 비밀 외교를 위해 제작하고 사용하였던 〈군주어새(君主御璽)〉 1과와 〈황제어새(皇帝御璽)〉 2과도 함께 포함하였다. 『보인부신총수』에 실린 대한제국 국새는 총 10과이며, 고종이 비밀리에 제작하여 외교 활동을 펼친 국새 3과를 포함해 대한제국 국새는 총 13과인 셈이다.

조선시대 국새 개요와 유실 현황

조선시대의 외교용 국새는 대부분 명·청의 황제들에 의해 책봉과 동시에 사여되었고, 국왕 문서용 국새는 국내에서 제작하였다. 1392년 조선을 건국한 태조는 고려의 국새를 명에 반납하고, 새로 내려주기를 여러 차례 요청하였다. 그러나 태조 당대에는 실현되지 않다가, 태종 대에 금제 〈조선국왕지인(朝鮮國王之印)〉을 받았다. 이 국새는 인조 대까지 주로 명과의 외교문서에 사용하다가, 이후 두 차례 더 인수하였다. 1636년 병자호란 이후에는 청나라에서 사여된 국새를 사용하였다. 그러나 숙종 대에 명나라에서 준 옛 국새의 자취를 찾아 모조해 별도로 비장해 두고 왕위 계승에만 사용하기도 하였다.

이러한 국새들은 새로운 국새 반사의 필요에 따라 중국에 반납하고 다시 받는 경우가 있어 명나라에서 받은 국새는 현전하지 않는다. 다만 세 번째 받은 국새만은 대한제국기에 제작한 『보인부신총수』에도 실려 있다. 그러나 원 문서에 찍혀 있는 보문과는 약간의 차이를 보인다.

조선시대에는 명·청으로부터 받은 외교용 국새 외에도 국왕이 발행하는 각종 문서에 사용할 국새를 국내에서 만들어 사용하였다. 교명(敎命), 교서(敎書), 교지(敎旨)를 비롯하여 과거(科擧) 관계의 문서, 유서(諭書), 서적(書籍) 반사(頒賜) 등 각각의 용도에 따라 국새를 달리하였다.[182] 조선시대 마지막 법전인 『대전회통(大典會通)』에 수록된 국새의

---

182 조선시대에 국왕 문서와 서적 반사를 위해 제작한 내치용 국새의 전모는 다음과 같다. 〈조선왕보(朝鮮王寶)〉, 〈국왕행보(國王行寶)〉, 〈국왕신보(國王信寶)〉, 〈시명지보(施命之寶)〉, 〈시명(施命)〉, 〈소신지보(昭信之寶)〉, 〈과거지인(科擧之印)〉, 〈과거지

명(明)·청(淸)으로부터 반사된 조선 국새 일람

	인영(印影)	인문(印文)	안보 문서(安寶文書)	문자·서체	사용 기간
1		조선국왕지인 (朝鮮國王之印)	1402년 성석린 고신 (成石璘告身)	한자(漢字)· 구첩전(九疊篆)	1401. 6.~1403. 3.
2		조선국왕지인	1406년 조흡 고신 (曺恰告身)	한자·구첩전	1403. 4.~성화(成化) 연간(1465~1487)
3		조선국왕지인	1633년 주본(奏本)	한자·구첩전	성화(成化) 연간 (1465~1487)~ 1637. 10.
4		조선국왕지인	1643년 방물전(方物箋)	청자(淸字)	1637. 11.~1653.
5		조선국왕지인	1763년 방물표(方物表)	한자[漢字(小篆)] + 청자(淸字)	1653~1776. 7.
6		조선국왕지인	1853년 사은표(謝恩表)	한자[漢字(芝英篆)] + 청자(淸字)	1776. 8.~대한제국 이전

전모와 용도를 정리하면 다음 페이지의 표와 같다. 이 법전이 제작된
시기인 1865년(고종 2)까지 총 10과의 국새가 보이며, 이 가운데 서적
반사에 사용하는 〈선사지기(宣賜之記)〉와 〈선황단보(宣貺端輔)〉는 명칭
만을 기록하였을 뿐 쓰지 않는다고 기록하였다. 따라서 당시에 사용한

보(科擧之寶)〉, 〈유서지보(諭書之寶)〉, 〈선사지기(宣賜之記)〉, 〈선황단보(宣貺端輔)〉,
〈동문지보(同文之寶)〉, 〈규장지보(奎章之寶)〉, 〈준철지보(濬哲之寶)〉.

『대전회통(大典會通)』에 수록된 국새의 명칭과 용도

	보명	용도	비고
1	대보〔大寶(朝鮮國王之印)〕	사대문서(事大文書)	
2	시명지보(施命之寶)	교명(敎命)·교서(敎書)· 교지(敎旨)	
3	이덕보〔以德寶(爲政以德)〕	통신 문서(通信文書)	
4	유서지보(諭書之寶)	유서(諭書)	
5	과거지보(科擧之寶)	시권(試券) 및 홍패(紅牌)· 백패(白牌)	
6	선사지기(宣賜之記)	서적 반사(書籍頒賜)	폐기〔대전통편(大典通編)〕
7	선황단보(宣貺端輔)	서적 반사	〃
8	동문지보(同文之寶)	서적 반사	
9	규장지보(奎章之寶)	어제(御製)	
10	준철지보(濬哲之寶)	각신 교지(閣臣敎旨)	

국새는 청나라에서 받아 사대문서에 사용한 대보 1과와, 일본과의 외교 관계 통신 문서에 사용하는 이덕보(以德寶) 1과, 그 외 각종 국왕 문서 및 서적 반사에 사용하는 내치용 국새 6과 등 총 8과가 있었음을 알 수 있다.

다음 페이지의 목록은 1907년 이전에 제작된 『보인부신총수』를 기본 자료로 하고, 1876년 제작된 『보인소의궤』를 보조 자료로 삼아 작성하였다.

『보인부신총수』는 대한제국기인 1907년 이전까지 사용하고 있었거나, 사용하지는 않지만 궁궐에 보관 중이던 국새들의 전모를 수록한 자료이다. 여기서는 당시 사용하지는 않았지만 궁궐에 보관 중이던 조선

	명칭	현존 여부		유실 시기	관련 기록	현 소장처
		여	부			
1	조선왕보(朝鮮王寶)		○	1907년 이후	『보인소의궤(寶印所儀軌)』 『보인부신총수(寶印符信總數)』	
2	조선국왕지인(朝鮮國王之印) 1형(한자)		○	1907년 이후	『보인부신총수』	
3	조선국왕지인(朝鮮國王之印) 2형 (한자+만주문)		○	1907년 이후	『보인소의궤』 『보인부신총수』	
4	위정이덕(爲政以德)		○	1907년 이후	『보인소의궤』 『보인부신총수』	
5	소신지보(昭信之寶)		○	1907년 이후	『보인소의궤』 『보인부신총수』	
6	시명지보(施命之寶)		○	1907년 이후	『보인소의궤』 『보인부신총수』	
7	규장지보(奎章之寶)		○	1907년 이후	『보인부신총수』	
8	준철지보(濬哲之寶)		○	1907년 이후	『보인부신총수』	
9	유서지보(諭書之寶)	○			『보인소의궤』 『보인부신총수』	국립고궁박물관
10	과거지보(科擧之寶)		○	1907년 이후	『보인소의궤』 『보인부신총수』	
11	선사지기(宣賜之記)	○			『보인소의궤』 『보인부신총수』	성암고서박물관
12	선황단보(宣貺端輔)		○	1907년 이후	『보인부신총수』	
	총계	2	10			

시대 국새들을 추려 형태 및 참고 사항, 현존 여부, 유실 시기 및 경위
등을 기재하였다.

개화기 국새의 유실 현황

개화기 국새의 개요에 대해서는 2장 3절 '개화기의 국새'에서 상세히 다루었으므로 여기서는 중복을 피하기로 한다.

아래 목록도 1907년 이전에 제작된 『보인부신총수』를 기본 자료로 하고, 1876년 제작된 『보인소의궤』를 보조 자료로 삼아 작성하였다. 『보인부신총수』에 실린 개화기 국새는 총 12과이며 이 가운데 현존 국새는

개화기 국새 현황표

	명칭	현존 여부		유실 시기	관련 기록	현 소장처
		여	부			
1	대조선국주상지보 (大朝鮮國主上之寶)		○	1907년 이후	『보인소의궤』 『보인부신총수』	
2	대조선국보 (大朝鮮國寶) 1형		○	1907년 이후	『보인부신총수』	
3	대조선국대군주보 (大朝鮮國大君主寶)		○	1907년 이후	『보인부신총수』	
4	대조선대군주보 (大朝鮮大君主寶)		○	1907년 이후	『보인부신총수』	
5	대군주보(大君主寶)		○	1907년 이후	『보인부신총수』	
6	대조선국보(大朝鮮國寶) 2형		○	1907년 이후	『보인부신총수』	
7	준명지보(濬明之寶)	○			『보인부신총수』	국립고궁박물관
8	동문지보(同文之寶)		○	1907년 이후	『보인부신총수』	
9	흠문지보(欽文之寶)		○	1907년 이후	『보인부신총수』	
10	명덕지보(命德之寶)		○	1907년 이후	『보인부신총수』	
11	광운지보(廣運之寶)		○	1907년 이후	『보인부신총수』	
12	수훈지보(垂訓之寶)		○	1907년 이후	『보인부신총수』	
	총계	1	11			

2014년 미국에서 환수한 〈준명지보(濬明之寶)〉 1과에 불과하다. 소재를 알 수 없는 개화기 국새는 총 11과이다. 특히 개화기 일본과의 외교 관계 변화로 인해 제작한 6과의 외교용 국새는 1과도 남아 있지 않다.

대한제국 국새의 개요와 유실 현황

고종은 대한제국을 수립하면서 황제국에 걸맞은 새로운 국새를 제작하였다. 이때 제작한 국새는 〈대한국새(大韓國璽)〉, 〈황제지새(皇帝之璽)〉, 〈황제지보(皇帝之寶)〉(3과), 〈제고지보(制誥之寶)〉, 〈칙명지보(勅命之寶)〉(2과), 〈흠문지새(欽文之璽)〉, 〈대원수보(大元帥寶)〉로 총 10과이다. 대한제국에서 제작한 국새의 전모를 정리하면 아래의 표와 같다.

대한제국 국새 일람

	보명	뉴식	재질	서체	제작 시기	사용처
1	대한국새 (大韓國璽)	용뉴 (龍鈕)	천은도금 (天銀鍍金)	첩전 [疊篆(9첩)]	1897. 9. 19.	국서(國書)
2	황제지새(皇帝之璽)	용뉴	천은도금	첩전(9첩)	1897. 9. 19.	훈기(勳記)
3	황제지보(皇帝之寶)	용뉴	천은도금	소전(小篆)	1887. 9. 17.	친임관칙지(親任官勅旨)
4	황제지보	용뉴	옥(玉)	소전	1897. 9. 19.	친임관칙지
5	황제지보	귀뉴(龜鈕)	옥	소전	1897. 9. 19.	친임관칙지
6	제고지보(制誥之寶)	용뉴	순금도금 (純金鍍金)	소전	1897. 9. 19.	친임관칙지
7	칙명지보(勅命之寶)	용뉴	순금도금	소전	1897. 9. 19.	주임관칙지(奏任官勅旨)
8	칙명지보	용뉴	천은도금 (天銀鍍金)	소전	1897. 9. 20.	가자승육칙지(加資陞六 勅旨), 조칙(詔勅)
9	흠문지새(欽文之璽)	용뉴	천은도금	소전	미상	어제검지(御製鈐識) 반사서적(頒賜書籍)
10	대원수보(大元帥寶)	용뉴	천은도금	소전	1899. 6. 22.	군령(軍令)

다음 목록은 1907년 이전에 제작된 『보인부신총수』와 『대례의궤』를 기본 자료로 삼아 작성하였다. 이 외에 대한제국기 고종 황제가 비밀 외교를 위해 제작하고 사용하였던 〈군주어새(君主御璽)〉 1과와 〈황제어새(皇帝御璽)〉 2과도 함께 다루었다. 『보인부신총수』에 실린 대한제국 국새는 총 10과인데, 기록에는 보이지 않으나 고종이 비밀리에 제작하여 외교 활동을 펼친 국새 3과를 포함하면 대한제국 국새는 총 13과인 셈이다.[183] 이 가운데 현존 국새는 2014년 미국에서 환수한 〈황제지보(皇帝之寶)〉 1과를 비롯하여, 〈제고지보(制誥之寶)〉, 〈칙명지보(勅命之寶)〉, 〈대원수보(大元帥寶)〉, 〈황제어새(皇帝御璽)〉로 총 5과에 불과하다. 소재를 알 수 없는 대한제국 국새는 총 8과이다.

식민지와 전쟁을 겪은 한반도의 국새와 어보는 늘 도난과 해외 불법 반출의 표적이 되어왔다. 국왕을 중심으로 사회가 형성된 왕조 시대의 국새와 어보는 국가 최고 권력자의 인장인 동시에 왕실의 정통성을 담고 있는 상징물이다. 유물 자체로서의 국새는 최고 품질의 금속과 옥을 사용하며, 제작 방식에서도 왕실 공예술의 정수를 담고 있다. 그러나 그 부피가 여타의 문화재보다 작기 때문에 비교적 용이하게 도난 및 반출할 수 있다는 약점을 지니고 있었다.

국새의 사례만 들더라도 조선시대와 대한제국기에 사용하여 1900년대 초반까지 한국에 존재했던 국새는 모두 37과에 달한다. 그러나 최근 환수한 국새를 포함하더라도 현재까지 파악된 사례는 8과에 불과하

---

183 이 외에 〈시명지보(施命之寶)〉와 〈원수지보(元帥之寶)〉가 있으나 이는 황태자인 순종의 행정 문서와 군령(軍令)과 관계되므로 대한제국 국새의 목록에서 제외하였음을 밝힌다.

	명칭	현존 여부		유실 시기	관련 기록	현 소장처
		여	부			
1	대한국새(大韓國璽)		○	1950년 이후	『대례의궤』 『보인부신총수』	
2	황제지새(皇帝之璽)		○	1907년 이후	『대례의궤』 『보인부신총수』	
3	황제지보(皇帝之寶) 1형		○	1907년 이후	『대례의궤』 『보인부신총수』	
4	황제지보(皇帝之寶) 2형	○			『대례의궤』 『보인부신총수』	국립 고궁박물관
5	황제지보(皇帝之寶) 3형		○	1907년 이후	『대례의궤』 『보인부신총수』	
6	제고지보(制誥之寶)	○			『대례의궤』 『보인부신총수』	국립 전주박물관
7	칙명지보(勅命之寶) 1형		○	1950년 이후	『대례의궤』 『보인부신총수』	
8	칙명지보(勅命之寶) 2형	○			『대례의궤』 『보인부신총수』	국립 중앙박물관
9	흠문지새(欽文之璽)		○	1907년 이후	『보인부신총수』	
10	대원수보(大元帥寶)	○			『보인부신총수』	국립 전주박물관
11	군주어새(君主御璽)		○	일제강점기 이후	고종 황제 외교문서	
12	황제어새(皇帝御璽)-1형	○		일제강점기 이후	고종 황제 외교문서	국립 고궁박물관
13	황제어새(皇帝御璽)-2형		○	일제강점기 이후	고종 황제 외교문서	
	총계	5	8			

다. 29과의 국새 유물의 소재가 파악되지 않는 셈이다. 국내외의 어디엔
가 존재하고 있을 이들 국새를 찾는 일에 눈을 크게 뜨지 않을 수 없다.

| 참고 문헌 |

한국 원전 자료

『三國史記』,『高麗史』,『朝鮮王朝實錄』,『承政院日記』,『國朝五禮儀』,『交隣志』,『大韓禮典』,『諡法總記』,『增補文獻備考』,『离院條例』,『寶印所儀軌』,『寶蘇堂印存』.

중국 원전 자료

『周易』,『獨斷』,『史記』,『水經注』,『唐律疏義』,『金史』.

단행본

국립고궁박물관 편,『高宗 皇帝御璽』, 2009.

국립고궁박물관 편,『조선왕실의 인장』, 국립고궁박물관 개관 1주년 기념 특별전 도록, 2006.

국립전주박물관 편,『大韓帝國期 古文書』, 2003.

노태돈 외,『역주 한국고대금석문』제1책, 駕洛國史蹟開發研究院, 1992.

성백효 역주,『周易全義』, 傳統文化研究會, 2004.

성인근,『고종 황제 비밀 국새』, 소와당, 2010.

_____,『한국인장사』, 다운샘, 2013.

신채호,『조선상고사』, 1948.

이종일 역주,『大典會通研究─戶典·禮典 編』, 한국법제연구원, 2002.

임민혁,『왕의 이름, 묘호』, 문학동네, 2010.

장경희,『의궤 속 조선의 장인』, 솔과학, 2013.

전통예술원 음악사료강독회 역,『국역 대례의궤』, 민속원, 2013.

최병욱,『동남아시아사』, 대한교과서, 2007.

한국고전번역원 편,『종묘의궤』, 김영사, 2009.

한국정신문화연구원 장서각 편,『寶印所儀軌』, 학연문화사, 2004.

尾崎雄二郎 編,『訓讀 說文解字注』匏冊, 東海大學出版會, 1993.

郭福祥,『明淸帝后寶璽』, 古宮博物院, 1994

徐官,『古今印史』,『歷代印學論文選』, 西泠印社, 1999.

黃惇 總主編,『中國歷代印風系列 — 隋唐宋印風(附遼夏金), 重慶出版社, 1999.

川西裕也,『朝鮮中近世の公文書と國家』, 九州大學出版會, 2014.

논문

김양동,「韓國 印章의 歷史」,『韓國의 印章』, 國立民俗博物館. 1987.

김연수,「국립고궁박물관 소장 조선왕실 수집 인장 고찰」,『조선왕실의 인장』, 국립
　　고궁박물관, 2006.

김종수,「尊號, 尊崇, 上號都監儀軌 명칭에 대한 소고」,『온지논총』12집, 온지학회,
　　2005.

노인환,「조선시대 諭書 연구」, 한국학대학원 석사학위논문, 2009.

류재춘,「朝鮮後期 朝·日國書硏究」,『韓日關係史硏究』창간호, 1993.

박성호,「새로 발견된 고려말 홍패의 고문서학적 고찰과 사료로서의 의의」,『고문
　　서연구』48, 한국고문서학회, 2016.

백　린,「내사기와 선사지기에 대하여」,『국회도서관보』8, 1969

서　준,「국립고궁박물관 소장 어보의 제작과 종류 소고」,『조선왕실의 어보』, 국립
　　고궁박물관, 2011.

성인근,「『보소당인존』의 내용과 이본의 제작 시기」,『장서각』14집, 한국학중앙연
　　구원, 2005.

＿＿＿,「조선시대 어보(御寶)의 상징체계 연구」,『온지논총』제38집, 온지학회,
　　2014,

＿＿＿,「미국에서 환수한 조선왕실 인장문화재의 가치와 과제」,『문화재』, 국립문
　　화재연구소, 2014.

_____, 「숙종과 그 왕후들의 어보와 의장물에 대하여」, 『숙종대왕자료집 4』, 한국
　　학중앙연구원, 2015.

손환일, 「조선 왕조 어보 보문의 서체」, 『왕의 상징 어보』, 국립고궁박물관, 2012.

신명호, 「조선시대 국왕 호칭의 종류와 의미」, 『역사와 경계』 52집, 부산경남사학
　　회, 2004.

윤병태, 「내사기와 선사지기」, 『숭의여자전문학교 도서관학연구지』 8, 1983.

이　훈, 「朝鮮後期 對日外交文書」, 『古文書硏究』 4, 1993.

이민주, 「조선시대 왕세손 책례도감의궤에 나타난 복식에 관한 연구」, 『복식문화연
　　구』 6집, 1998.

임민혁, 「高·純宗의 號稱에 관한 異論과 왕권의 정통성—廟號·尊號·諡號를 중심
　　으로」, 『사학연구』 78호, 한국사학회, 2005.

임현우, 「朝鮮時代 御寶 硏究」, 홍익대학교 대학원 석사학위논문, 2007.

장경희, 「조선 후기 왕실의 옥공예 장인 연구」, 『미술사연구』 15호, 미술사연구회,
　　2001.

정구복, 「조선조의 고신(사령장) 검토」, 『고문서연구』 9, 1996.

정재훈, 「조선의 어보와 의례」, 『왕실의 상징 어보』, 국립고궁박물관, 2012.

황정연, 「조선시대 궁중 書畵收藏과 미술 후원」, 『조선왕실의 미술문화』, 대원사,
　　2005.

中村榮孝, 「朝鮮官板の內賜記と國王印にいいて」, 『韓國學報』 25, 1962.

田中健夫, 「漢字文化圈のなかの武家政權」, 『前近代の國際交流と外交文書』, 吉川弘
　　文館, 1996.